FACULTÉ DE DROIT DE PARIS.

DROIT ROMAIN.

DE LA GARANTIE DANS LA VENTE

EN CAS D'ÉVICTION.

DROIT FRANÇAIS.

DES ACHATS ET VENTES

DE MARCHANDISES

ENTRE COMMERÇANTS.

THÈSE POUR LE DOCTORAT

PRÉSENTÉE PAR

Henri COUETOUX,

Avocat à la Cour d'appel.

*L'acte public sur les matières ci-incluses sera soutenu le mardi
28 Juillet 1874, à une heure et demie.*

PARIS

A PARENT, IMPRIMEUR DE LA FACULTÉ DE MÉDECINE

31, RUE MONSIEUR-LE-PRINCE 31

1874

DROIT ROMAIN.

DE LA GARANTIE DANS LA VENTE
EN CAS D'ÉVICTION.

DROIT FRANÇAIS.

DES ACHATS ET VENTES

DE MARCHANDISES
ENTRE COMMERÇANTS.

THÈSE POUR LE DOCTORAT

PRÉSENTÉE PAR

Henri COUETOUX,
Avocat à la Cour d'appel.

L'acte public sur les matières ci-incluses sera soutenu le mardi 28 Juillet 1874, à une heure et demie.

Président :	M. RATAUD,	Professeur.
	MM. VALETTE,	
Suffragants :	MACHELARD,	Professeurs.
	DEMANTE,	
	BOISTEL,	Agrégé.

Le candidat répondra, en outre, aux questions qui lui seront faites sur les autres matières de l'enseignement.

PARIS

A PARENT, IMPRIMEUR DE LA FACULTÉ DE MÉDECINE

31, RUE MONSIEUR-LE-PRINCE 31

1874

DROIT ROMAIN

DE LA

GARANTIE DANS LA VENTE

EN CAS D'EVICTION.

INTRODUCTION.

I.

Le jurisconsulte Paul, parlant, au titre *De rerum per-mutatione*, des obligations du vendeur, les ramène à trois : livrer à l'acheteur la libre possession de la chose, lui garantir cette libre possession, et enfin s'affranchir de tout dol : « Venditori sufficit ob evictionem se obli-«gare, possessionem tradere, et purgari dolo malo » (1).

Ainsi, en droit romain, à la différence de ce qui existe aujourd'hui, le contrat de vente n'oblige pas le vendeur à transférer à l'acheteur la propriété de la chose vendue, il suffit que le vendeur soit constitué libre possesseur de cette chose. On a donné de ce principe de droit une explication historique. Les Romains sentirent de bonne heure le besoin des transports de biens entre citoyens et étrangers, et comprirent cette

(1) Paul, Dig., *De rerum permutatione*. (L. 1, pr.)
Couetoux.   1

nécessité que la vente ne fût pas exclusivement réservée à ceux-là seulement qui jouissaient du *jus civile*. Mais, comme la propriété romaine, le *dominium ex jure Quiritium* était le privilége des seuls citoyens de Rome, et que les étrangers étaient également incapables de l'acquérir et de la transférer, il devint nécessaire, pour que la vente fût possible entre Romains et étrangers, que ses effets fussent réduits à une simple translation de la possession libre de la chose vendue, abstraction faite de tout droit de propriété.

Quoi qu'il en soit de cette explication historique, ingénieuse, mais non peut-être tout à fait certaine, on ne saurait élever aucun doute sur l'exactitude du principe de droit que nous avons posé.

Mais la rigueur de cette règle, qui restreignait ainsi les effets de la vente, n'était pas toujours observée, et l'on s'efforçait, dans la pratique des affaires, d'étendre les effets du contrat. Les contractants étaient-ils tous deux citoyens romains, ils pouvaient convenir, lorsqu'il s'agissait de *res mancipi*, que la tradition serait suivie de la mancipation. Un pérégrin, au contraire, figurait-il dans la vente, ou la chose vendue était-elle impropre à être transmise par mancipation, on avait alors recours à des moyens que les progrès du droit ne tardèrent pas à faire découvrir. D'abord l'acheteur stipula une peine pour le cas où le vendeur commettrait un dol; plus tard, à l'exemple de ce qui se pratiquait pour les défauts physiques de la chose vendue, il se fit promettre une certaine somme d'argent pour tout fait qui le priverait du bénéfice du contrat; enfin la jurisprudence finit par imposer au vendeur l'obligation d'indemniser l'acheteur dépouillé comme découlant naturellement de la vente. Ce progrès accompli, la vente, arrivée à toute la perfection qu'elle devait atteindre dans le droit romain, entraînait d'elle-même les obligations que Paul nous a énumérées.

Supposé maintenant que le vendeur ait satisfait à son obligation de délivrer, l'acheteur qui n'éprouve dans sa possession aucun trouble de droit, lors même qu'il découvrirait n'avoir pas acquis la propriété, ne peut élever aucune réclamation, car le but de la vente est rempli. Il n'est pas nécessaire, dit Ulpien, que le vendeur transfère à l'acheteur la propriété de la chose vendue : « Qui vendidit necesse non habet fundum emptoris facere » (1). Il suffit, comme l'enseigne Africain, que l'acheteur soit mis en mesure de recueillir le bénéfice d'une libre jouissance, « præstare emptori rem habere licere » (2). Il suit de là que rien ne s'oppose à la validité de la vente de la chose d'autrui. Pour que cette vente produise tout son effet, il suffira que le vendeur obtienne du véritable propriétaire qu'il consente à ne point faire valoir ses droits au préjudice de l'acheteur mis en possession.

Et cependant ce principe que nous avons posé n'est pas rigoureusement exact; il demande à être renfermé dans de justes limites. Car si le vendeur, d'après les règles strictes de la vente, n'a pas été obligé de transférer la propriété, si l'objet du contrat a été rempli par la délivrance faite à l'acheteur, et la libre jouissance de celui-ci, nous avons vu pourtant que le vendeur doit être exempt de dol, *purgari dolo malo*. De là cette conséquence

(1) Dig., *De contr. empt.* (l. 25, § 1.)
(2) Dig., *De act. empt.* (l. 30, § 1.)

que, s'il est de mauvaise foi, s'il s'est présenté comme propriétaire, sachant ne pas l'être, l'acheteur trompé, qui a pu légitimement espérer acquérir la propriété, peut recourir contre le vendeur pour être indemnisé du dommage qu'il éprouve à n'avoir pas été rendu propriétaire. Mais on arrive à ce résultat, non pas par la considération des effets essentiels du contrat de vente, mais seulement parce que la vente étant un contrat de bonne foi dans lequel le vendeur est tenu de ne commettre aucun dol, ce même vendeur doit indemnité à son acheteur pour le préjudice que sa mauvaise foi lui a fait éprouver (1).

Nous avons vu que l'acheteur doit être mis en possession de la chose vendue. Or il peut arriver que, après sa mise en possession, il soit inquiété par des troubles de droit. Alors apparaît pour le vendeur une obligation nouvelle, l'obligation de garantie.

II.

La garantie du vendeur, prise dans son acception générale, a deux chefs parfaitement distincts. Ou bien la chose vendue est atteinte de vices qui en déprécient la valeur, et alors le vendeur doit à l'acheteur de justes dommages-intérêts : c'est la garantie pour cause de vices rédhibitoires. Ou bien l'acheteur est inquiété dans sa possession par des troubles de droit, et alors le vendeur doit le protéger contre ces troubles, c'est la garantie pour cause d'éviction. La matière de la garantie est vaste ; nous ferons abstraction, dans ce travail, de

(1) Dig., *De act. empt.* (L. 30, § 1.)

la garantie pour cause de vices rédhibitoires, et nous n'étudierons que la garantie pour cause d'éviction.

Dire quelle est la nature exacte et l'étendue normale de l'obligation de garantie, quelles sont les clauses qui peuvent en modifier la portée, soit pour la restreindre soit, au contraire, pour l'étendre ; dans quels cas, par quels moyens et pour quel objet l'acheteur évincé a recours contre son vendeur ; enfin comment s'éteint l'obligation de garantie, tel sera l'objet de cette étude.

Nous examinerons successivement ces différents points.

CHAPITRE PREMIER.

DE LA NATURE ET DE LA FORMATION DE L'OBLIGATION
DE GARANTIE.

On a dit que la vente oblige le vendeur à livrer à l'acheteur la libre possession de la chose vendue. Mais cet acte de mise en possession actuelle n'est pas suffisant, il faut encore que le vendeur assure à l'acheteur la libre possession pour l'avenir. Il doit fournir la possession libre et permanente, c'est-à-dire le moyen de triompher contre toute revendication d'un droit de propriété, de gage, d'usufruit ou autre. Si l'acheteur succombe dans un semblable procès, il n'y a pas eu, à proprement parler, tradition de la libre possession, on n'a remis à l'acheteur qu'une possession viciée et révocable, et le vendeur n'a pas satisfait à tous ses engagements. L'obligation de garantir est donc, jusqu'à un certain point, contenue dans celle de livrer. On a dit fort ingénieusement que la garantie est la continuation de la délivrance : je dirai volontiers qu'elle en est le complément et la perfection dernière.

Cette idée, du reste, n'est pas arbitraire ; elle s'appuie sur plusieurs textes. Si l'acheteur est évincé de la chose vendue, dit Pomponius, la tradition est censée ne pas avoir eu lieu. « Ratio possessionis, quæ a venditore « fieri debeat ita est ut, si quis eam possessionem jure « avocaverit, tradita possessio non intelligatur. » (1). Le

(1) Dig., *De act. empt.* (L. 3, pr.)

vendeur, dit un autre texte, doit faire délivrance de
telle sorte qu'il mette son acheteur en mesure de triompher dans tout procès relatif à la possession de la chose
vendue : « Venditorem in re tradenda debere præstare
« ut in lite de possessione potior sit, » et la raison nous
en est donnée par Ulpien : c'est que la délivrance ne
doit pas être un simple fait de mise en possession actuelle, elle doit être pour l'acheteur une source de profits. « Si quis vacuam possessionem tradi promiserit,
« non nudum factum hæc stipulatio continebit, sed
« causam bonorum. » (1).

Quelque raisonnables et logiques que soient ces décisions, elles n'ont pas toujours été admises, et quoique
l'obligation de garantie paraisse essentielle au contrat de
vente, cependant, dans l'ancien droit, elle n'était pas
engendrée par le contrat lui-même. Au temps où la
vente consensuelle « *emptio-venditio* » n'existait pas encore
et où les transports de biens se faisaient sous la forme
de *mancipatio*, les parties avaient besoin, pour obliger le
vendeur à protéger l'acquéreur contre l'éviction, d'ajouter à la *mancipatio* une *nuncupatio* ou une *stipulatio* particulière. Le vendeur promettait alors que ni lui ni ses héritiers n'évinceraient l'acheteur, « neque per se, neque
« per heredes suos fieri quominus emptori habere
« liceat », ou bien, d'une manière plus générale : « em-
« ptori rem habere licere; » ou explicitement : « neque per
« se neque per alium fieri quominus emptori rem habere
« liceat. » Dans ces deux derniers cas, le vendeur avait
promis son fait, le fait de ses héritiers et le fait des tiers.
Les deux premières stipulations étaient valables sans

____

(1) Dig., *De verb. oblig.* (L. 52, § 1.)

aucun doute, mais comment la promesse du fait d'un tiers pouvait-elle obliger le vendeur? Cela fit difficulté dans l'ancien droit, les jurisconsultes engagèrent sur ce point de vives controverses. Tandis que Venuleius et Ulpien tenaient pour la nullité d'un semblable engagement, Paul soutenait, au contraire, sa validité, en l'interprétant comme si on eût dit : « Spondesne te cura- « turum, effecturum ut mihi habere liceat. » Cette interprétation équitable de Paul finit par prévaloir sur la solution rigoureuse de Venuleius et d'Ulpien, et nous croyons que, dans le dernier état du droit, elle fut admise sans controverse.

Mais déjà, à l'époque du droit classique, la caution *rem emptori habere licere* n'était plus nécessaire pour obliger le vendeur à la garantie. Cette obligation naissait du contrat de vente lui-même, au même titre que l'obligation de délivrer et celle de ne commettre aucun dol. Nous avons vu Paul, traitant des effets du contrat de vente, mettre ces trois obligations sur la même ligne comme dérivant immédiatement du contrat. Elles étaient toutes trois sanctionnées par l'action *ex empto*.

Néanmoins l'usage resta d'ajouter à la vente proprement dite certaines stipulations particulières relatives à l'obligation de garantie, pour la confirmer ou pour l'étendre. Ces sûretés spéciales, ces cautions accessoires, que l'acheteur obtiendra du vendeur sont au nombre de trois:

1° *Cautio de re vendita, id est rem emptori habere licere,*
2° *Cautio duplæ,*
3° *Cautio de vitiis et morbis rei venditæ.*

Cette dernière caution a trait à la garantie des vices

rédhibitoires. Elle est, parconséquent, étrangère à notre sujet, et nous n'en parlons que pour mémoire.

Les deux autres sont relatives à la garantie en cas d'éviction. Elles sont trop importantes pour qu'il ne soit pas nécessaire d'en dire ici quelques mots.

CAUTIO DE RE VENDITA.

La caution *de re vendita* ou caution *rem emptori habere licere* est la promesse que fait le vendeur qu'il sera permis à l'acheteur d'avoir la chose et de la posséder librement : « Tenere sine cujusque avocatione aut interpellatione justa », et l'engagement qu'il contracte d'indemniser l'acheteur en cas d'éviction.

Mais cela existe déjà antérieurement à la caution et par le seul effet du contrat. Quelle est donc l'utilité de cette sûreté accessoire que se fait donner l'acheteur?

C'est que, par l'action du contrat, l'acheteur obtient la valeur de la chose au moment de l'éviction, tandis que, par l'action *ex stipulatu* qui est née de la *cautio de re vendita*, il obtient la valeur de la chose au moment de la stipulation. Or, il peut se faire que cette seconde valeur soit supérieure à la première, et cela se présentera toutes les fois que la chose vendue aura, postérieurement à la vente, subi quelques détériorations.

CAUTIO DUPLÆ.

La *cautio duplæ* est une stipulation en vertu de laquelle le vendeur s'oblige à payer à l'acheteur, en cas d'éviction, le double du prix de vente. Elle est obligaoire pour le vendeur, à moins qu'elle n'ait été exclue

par une convention des parties (1), non pas toutefois
dans toutes les ventes, mais seulement dans les ventes
de choses précieuses, « de his rebus quæ pretiosiores
« sunt, » dit Ulpien. Ainsi elle est due pour les immeubles (2), pour les esclaves, les bêtes de somme, les perles,
les bijoux, les habits de soie, etc. (3).

Mais quel sera le criterium général pour distinguer
les cas où la *cautio duplæ sera due* et ceux où elle ne le
sera pas? Ulpien dit que la caution est due « si quid
« non contemptibile venit; » ailleurs il a dit que l'action
de dol ne doit pas être donnée *passim*, surtout si la somme
est modique, « imprimis si modica summa sit; » et Paul,
interprétant ce passage d'Ulpien, indique que la
somme devra être réputée *modica* si elle ne dépasse pas
deux sous d'or, « id est usque ad duos aureos » (4).

Doneau, étendant au premier principe posé par Ulpien
l'interprétation que Paul donne du second, a soutenu
que la chose vendue devra être réputée précieuse, et
que, par suite, la *cautio duplæ* sera due si la valeur de
cette chose est supérieure à deux sous d'or. Une autre
solution, qui nous paraît plus probable, veut que l'on
suive la coutume du lieu où se conclut l'opération, « ex
« consuetudine regionis in qua negotium gestum est »,
car, dit Ulpien, les clauses d'usage doivent être exécutées dans les contrats de bonne foi : « Ea enim, quæ sunt
« moris et consuetudinis, in bonæ fidei judiciis debent
venire » (6).

<hr>

(1) Dig., *De act. empt.* (L. 37 pr., § 1.)
(2) Dig., *De act. empt.* (L. 6.) Code *De evict.* (L. 8.)
(3) Dig., *De act. empt.* (L. 37, § 1.)
(4) Dig., *De dolo malo.* (L. 9, § 5. L. 10.)
(5) Dig., *De evict.* (L. 6.)
(6) Dig., *De ædil. edict.* (L. 31, § 20.)

A côté de cette *cautio duplæ*, qui est la plus fréquente, on trouve dans un texte de Paul d'autres cautions du simple, du triple ou du quadruple : « Si dictum fuerit « vendendo, ut simpla promittatur, vel triplum, aut « quadruplum promitteretur, ex empto perpetua actione « agi poterit » (1). Ce texte a soulevé des difficultés parmi les commentateurs. Noodt a soutenu que les mots *vel triplum aut quadruplum* devaient être effacés du texte de Paul. Selon lui, l'acheteur ne pourrait jamais stipuler au delà du double. En d'autres termes, il ne reconnaît que la caution du simple et la caution du double. On peut citer à l'appui de cette opinion un texte d'Africain et un texte de Paul. Le vendeur, dit Africain, ne doit pas être responsable au delà du double : « non ultra duplum peri- « culum subire eum oportet » (2). Si l'acheteur est évincé de la chose vendue, dit Paul, le vendeur est tenu comme garant jusqu'à concurrence du double : « res « empta... *si evincatur*, auctoritatis venditor duplo tenus « obligatur » (3).

Mais ces textes ne nous paraissent pas suffisamment précis pour faire échec au texte de Paul, dont nous avons parlé plus haut, et qui établit d'une manière for- melle une stipulation du triple et une stipulation du quadruple. La loi 5 (*de jure fisci*) vient, du reste, con- firmer notre solution, en parlant d'une stipulation du triple.

Mais remarquons avec soin la différence qui sépare la caution du double des cautions du triple ou du qua- druple : la première, du moins dans certaines ventes,

(1) Dig., *De evict.* (L. 56 pr.)
(2) Dig., *De act. empt.* (L. 44.)
(3) Pauli Sent., liv. II, tit. XVII, § 3.

est due de droit commun, et en vertu de l'usage; il faut
une clause spéciale pour l'exclure du contrat; au contraire, les cautions du triple et du quadruple sont exceptionnelles et ne sont jamais dues qu'autant que le vendeur s'est expressément obligé à les fournir. Cela nous
paraît offrir un moyen facile de concilier les textes, en
apparence contradictoires, que nous avons cités sur la
question.

Lorsque Paul et Africain enseignent que le vendeur,
en cas d'éviction, n'est tenu que jusqu'à concurrence
du double, ils raisonnent d'après le droit commun et
se placent dans l'hypothèse où aucune clause particulière n'a modifié la portée normale du contrat. Ainsi
entendue, leur solution est parfaitement exacte; mais
elle n'empêche pas que certaines conventions exceptionnelles ne puissent exister, en vertu desquelles l'obligation du vendeur, en cas d'éviction, sera portée au triple
ou même au quadruple.

Dans les ventes faites par le fisc, la caution n'est
jamais que du simple, alors même, nous dit Ulpien (1),
que le *procurator Cæsaris* aurait promis le double ou le
triple du prix : « Si procurator Cæsaris rem aliquam
« vendiderit quamvis duplum vel triplum pro evictione
« promiserit, tamen fiscus simplum præstabit. »

L'intérêt de la stipulation du simple consiste en ce
que, par l'action *ex stipulatu*, l'acheteur évincé obtiendra
le prix même de la vente, tandis que l'action *ex empto*
lui donnerait la valeur de la chose au moment de l'éviction. Il aura donc, suivant les circonstances, avantage
à agir par l'une ou l'autre action. Cette caution se con-

____

(1) Dig., *De jure fisci*. (L. N.)

fond, dans ses effets, avec la *cautio de re vendita* ou *cautio rem emptori habere licere.*

Quelle est la nature de la *cautio duplæ*, soit qu'on la rencontre sous sa forme ordinaire, soit qu'elle ait été contractée au triple ou au quadruple? Est-ce une simple promesse par stipulation, *nuda repromissio?* Est-ce, au contraire, une promesse avec fidéjusseurs, *satisdatio ?* Ulpien nous dit, en termes formels, que c'est une simple promesse par stipulation : « Emptori duplam promitti a « venditore oportet, nisi aliud convenit; non tamen ut « satisdetur, nisi specialiter id actum proponatur » (1). On a cherché pourtant à combattre cette solution, et on lui a opposé la loi 18, § 1, au Dig. (*De peric. et comm. rei vend.*), de Papinien, et un rescrit des empereurs Dioclétien et Maximien qui forme la loi 24, au Code (*De evictionibus*); ces deux lois enseignent que, si un ache- teur a reçu tradition de la chose vendue, et qu'il soit troublé dans sa possession avant d'avoir payé son prix, il ne peut être contraint de le payer, si le vendeur ne lui offre de fidéjusseurs *idonei* pour le garantir de l'évic- tion dont il est menacé : « Ante pretium solutum, dit « Papinien, dominii quæstione mota, pretium emptor « solvere non cogetur, nisi fidejussores idonei a vendi- « tore ejus evictionis offerantur. »

Mais ce texte, et il en est de même du rescrit de Dio- clétien et Maximien, ne nous paraît pas combattre la solution que nous avons proposée. Ces deux lois se pla- cent dans une hypothèse toute particulière, celle où, avant le paiement du prix de vente, l'acheteur est me- nacé d'une éviction. Si elles exigent dans ce cas que

(1) Dig., *De evict.* (L. 37, pr.)

l'acheteur soit protégé par des fidéjusseurs contre l'éviction spéciale dont il est actuellement menacé, on n'en saurait assurément pas induire logiquement qu'il en doit être de même, et que l'acheteur a droit aux mêmes garanties lorsque les circonstances du procès sont changées. Nous admettons sans difficulté la solution de Papinien pour l'hypothèse spéciale dans laquelle il raisonne; mais, en dehors de cette hypothèse, et dans le domaine du droit commun, nous soutenons avec Ulpien que la *cautio duplæ* est une *nuda repromissio* et que l'acheteur n'a aucun droit à se faire garantir de l'éviction par une *satisdatio*.

La *stipulatio duplæ* est rangée par Pomponius dans la classe des *stipulationes communes*, c'est-à-dire des stipulations qui peuvent intervenir, soit sur l'ordre du préteur ou de l'édile, soit sur l'ordre du juge (1). On ne peut contester que la *cautio duplæ* ne soit *prætoria* et *judicialis*; on a prétendu que, en tant qu'elle s'applique à l'éviction et, comme telle, rentre dans notre matière, elle n'est pas *ædilitia*, et l'on a soutenu que, sur ce dernier point, le texte de Pomponius ne devait être appliqué qu'à la *cautio duplæ* intervenant pour garantir l'acheteur des vices rédhibitoires de la chose vendue. Cette distinction nous paraît arbitraire, et nous trouvons, du reste, la confirmation du texte de Pomponius dans un texte d'Ulpien inséré au Digeste au titre de l'éviction : « Per edictum autem curulium, dit-il, etiam de servo cavere venditor jubetur. » Il s'agit bien là d'une stipulation édilitienne, et nous ne croyons pas que la place occupée par ce texte permette de supposer que cette stipulation

<hr>

(1) Dig., *De verb. oblig.* (L. 5, pr.)

édilitienne ne soit pas relative à la garantie en cas
d'éviction.

Qu'arrivera-t-il si l'acheteur, qui aurait droit d'après
la nature de la vente à la stipulation du double, n'a, par
erreur, stipulé que le simple? Neratius enseigne qu'il
pourra obtenir par l'action *ex empto* ce qu'il a omis de
stipuler expressément, et Ulpien, en citant cette décision dans ses commentaires *ad edictum*, l'appuie encore
de son autorité (1).

Le vendeur, avons-nous dit déjà, est obligé en certaines ventes de fournir à l'acheteur la *cautio duplæ*.

Qu'arrivera-t-il si le vendeur refuse de répondre à
l'interrogation de l'acheteur? Celui-ci agira *ex empto*, à
l'effet d'obtenir la réparation du dommage qui lui est
causé par le refus du vendeur. Mais, s'il est encore en
possession, pourra-t-il exiger immédiatement le double
du prix? Quelques-uns ont admis cette condamnation
immédiate au double, en prenant à la lettre un texte de
Paul : « Si dupla non promitteretur, et eo nomine age-
« tur, dupli condemnandus est reus » (2). Mais nous,
nous rejetons, avec notre savant maître M. Labbé, cette
interprétation rigoureuse. Comment exiger le paiement
immédiat du double quand l'acheteur n'éprouve aucun
dommage? M. Labbé indique une combinaison fort
équitable. La condamnation serait prononcée, mais elle
ne serait exécutée que si l'acheteur était évincé de la
chose, et l'action *judicati* tiendrait lieu de l'action *ex stipulatu*. Cette condamnation, avec effet conditionnel, n'est
pas contraire aux principes du droit sur la matière, et

(1) Dig., *De evict.* (L. 37, § 2.)
(2) Dig., *De evict.* (L. 2.)

nous en trouvons un exemple dans la loi 10, *ad leg. Aquil.*

· Mais si l'acheteur peut toujours, en agissant *ex emplo*, obtenir tout l'avantage de la *stipulatio duplæ*, quel intérêt a-t-il à se faire donner expressément cette sûreté par son vendeur? C'est que, dans le cas où la stipulation n'a pas eu lieu, il peut s'élever des doutes sur la question de savoir si cette stipulation n'aurait pas été écartée par les parties par une clause particulière du contrat. Nous avons vu, en effet, que les parties pouvaient renoncer par une convention spéciale à la garantie du double. Or la stipulation expresse a pour effet de prévenir cette difficulté.

Nous pensons, du reste, avec M. Labbé, que le seul laps d'un temps considérable écoulé depuis la vente, sans qu'aucune stipulation soit intervenue, pouvait à lui seul faire présumer que l'acheteur avait fait remise au vendeur de cette obligation accessoire de son contrat.

Cujas enseigne que le vendeur peut, au lieu de la *cautio duplæ*, fournir à l'acheteur un gage contre l'éviction. Il appuie cette solution sur un texte de Paul : «Cautum intelligitur, sive personis, sive rebus cautum «sit (1). » Elle paraît d'autant plus probable que Paul, dans le livre XXXIII, *ad edictum*, dont ce texte est tiré, traite surtout du contrat de vente.

L'action *ex emplo* est-elle novée par l'interposition de la stipulation *de evictione?* Favre l'a soutenu en s'appuyant sur la loi 1, § 2, au Dig. *De stipul. prætor.* La loi 18, *de evict.* ne serait pas, selon lui, contraire à cette solution; on agirait *ex stipulatu* si la *cautio duplæ* a été four-

______

(1) Dig., *De verb. signif.* (L. 188, § 1.)

nie, *ex empto* dans l'autre cas. Mais Hilliger, l'annota-
teur de Doneau, a combattu ce système avec une entière
raison, croyons-nous. D'après lui, la *stipulatio duplæ* est
jointe à l'obligation du contrat pour l'affermir et la confirmer, non pour l'ébranler ni la restreindre en aucune
manière. D'ailleurs, la novation n'a lieu, du moins dans
le dernier état du droit, que si elle est clairement exprimée (1).

Le système de Favre repose sur une erreur matérielle. Il avait lu la loi 1, § 2, au Dig., *De stip. prætor.*
« Cautionales sunt autem quæ instar actionis habent, ET
« UT FIAT NOVATIO intercedunt. » Tandis que le vrai texte,
tel qu'il se trouve dans les Florentines et tel qu'il a été
adopté par les commentateurs les mieux autorisés, porte
« UT SIT NOVA ACTIO. » Quant aux lois 40 *de evict.* et 4, *de
act. empt.*, il suffit de les lire pour voir qu'elles ne prêtent aucun solide appui au système que nous combattons.

L'OBLIGATION DE GARANTIE EST-ELLE DIVISIBLE?

Il nous faut aborder maintenant une question célèbre et féconde en difficultés. L'obligation de garantie
est-elle divisible ou indivisible?

La question présente deux faces bien distinctes, suivant que l'action en garantie est intentée contre le vendeur originaire ou contre ses héritiers.

1° L'obligation de garantie incombe-t-elle au vendeur
originaire : les textes nous la représentent alors comme
parfaitement divisible. En cas d'éviction partielle, dit

(1) Code, *De novat.* (L. 8.)

Couetoux.　　　　　　　　　　　　　　　　　　　2

Papinien (1), l'acheteur n'a droit à la garantie que dans la mesure dans laquelle l'éviction a eu lieu. Il en est de même dans le cas où l'acheteur originaire serait décédé, laissant plusieurs héritiers; si ces héritiers sont évincés, chacun n'a de recours en garantie contre le vendeur que pour sa part et portion : « Si is qui du- « plam stipulatus est, dit Paul, decesserit pluribus he- « redibus relictis, unusquisque ob evictionem suœ partis « pro portione sua habebit actionem. » (2).

Si, au lieu d'un vendeur, nous supposons plusieurs vendeurs originaires, l'obligation de garantie dont ils sont tenus est également divisible entre eux. La vente a-t-elle eu lieu avec indication des parts fournies par chacun des vendeurs, si l'acheteur est évincé d'une de ces parts, il n'a aucun recours contre celui qui lui a vendu l'autre part. C'est là la doctrine formelle de Julien : « Si a me bessem fundi emeris, a Titio trientem, « deinde partem dimidiam fundi a te quis petierit : si « quidem ex besse, quem a me acceperas, semis petitus « fuerit, Titius non tenebitur. » (3).

De même, si l'éviction subie par l'acheteur atteint l'une et l'autre part, chacun des vendeurs est tenu dans la mesure où l'éviction a porté sur la part qu'il avait vendue. C'est encore ce qu'enseigne Julien dans la loi que nous venons de citer plus haut. « Si vero, » continue-t-il, « triens quem Titius tibi tradiderat, et sextans « ex besse, quem a me acceperas, semis petitus fuerit, « Titius quidem pro triente, ego vero pro sextante evic- « tionem tibi prœstabimus. »

(1) Dig., *De evict.* (L. 61.)
(2) Dig., *De verb. oblig.* (L. 4, § 2.)
(3) Dig., *De evict.* (L. 39, § 2)

Ces textes sont formels.

S'il y a plusieurs vendeurs, chacun d'eux est tenu de la garantie proportionnellement aux parts qu'ils ont vendues.

Si l'acheteur ne subit qu'une éviction partielle, il n'a d'action en garantie que dans la mesure du préjudice qu'il a éprouvé.

L'obligation de garantie est donc, en tant qu'elle atteint le vendeur ou les vendeurs originaires, parfaitement divisible.

2° Mais si, au lieu de nous trouver en face du vendeur originaire, nous nous trouvons en face de ses héritiers, comment les choses se passeront-elles? La garantie dont sont tenus ces héritiers présentera-t-elle encore tous les caractères d'une obligation divisible? Cette seconde face de notre question est loin d'être aussi facile à résoudre que la première, et nous y rencontrerons des textes qu'il ne nous sera pas facile d'expliquer.

Notons d'abord un point certain, c'est que, si l'acheteur subit une éviction partielle, il ne pourra pas agir en garantie pour le tout; à cet égard, l'obligation de garantie est aussi divisible pour les héritiers du vendeur; elle sera encore divisible, en ce sens que chacun d'eux devra supporter l'indemnité due à l'acheteur pour sa part et portion héréditaire : « Unicuique, » dit Paul, « pro parte hereditaria prœstatio injungitur » (1).

Mais supposons l'acheteur évincé, comment devrat-il agir contre les héritiers de son vendeur? Et si un seul de ces héritiers se présente pour défendre à l'ac-

(1) Dig., *De verb. oblig.* (L. 85, §5.)

tion, quel sera l'effet de la condamnation obtenue contre lui ?

Dans ce cas, nous disent les textes, la vente et les obligations qui en découlent sont considérées comme revêtant au regard des héritiers du vendeur un certain caractère d'indivisibilité.

L'obligation de garantie est une et indivisible, nous dit Celse : « Una de evictione obligatio est » (1), « In soli- « dum defendenda est venditio, » dit à son tour Venu- leius, « cujus indivisa natura est » (2).

Comme conséquence de cette indivisibilité relative de la vente, l'acheteur devra intenter son procès contre tous les héritiers, et si, quelques-uns de ces héritiers faisant défaut, un seul se présente, le jugement que l'acheteur obtiendra contre lui sera opposable à ses cohéritiers pour leurs parts et portions héréditaires : « Si ei, qui (mihi) vendidit, « dit Celse, » plures heredes « exstiterunt : una de evictione obligatio est, omni- « busque denunciari, et omnes defendere debent : si « de industria non venerint in judicium, unus tamen « ex his liti subsistit, propter denunciationis vigorem, « et prædictam absentiam, omnibus vincit aut vinci- « tur; recteque cum cæteris agam, quod evictionis no- « mine victi sint » (3). « Cum ex causa duplæ stipula- « tionis, «dit Venuleius, » aliquid intendimus, venditoris « heredes in solidum omnes conveniendi sunt, omnes- « que debent subsistere; et quolibet eorum defugiente, « cæteris subsistere nihil prodest; quia in solidum defen- « denda est venditio, cujus indivisa natura est; sed

(1) Dig., *De evict.* (L. 62, § 1.)
(2) Dig., *De verb. oblig.* (L. 130.)
(3) Dig., *De evict.* (L. 62, § 1.)

« cum uno defugiente omnes defugere videantur ideo-
« que omnes teneantur, unicuique pro parte hereditaria
• « præstatio incumbit » (1).

La doctrine contenue dans ces textes ne nous paraît
pas douteuse. L'obligation de garantie dont était tenu
le vendeur originaire ne doit pas se morceler en passant
à ses héritiers.

Sans doute une éviction partielle n'entraînera contre
eux qu'une garantie partielle, sans doute chacun ne
sera responsable vis-à-vis de l'acheteur que dans la
proportion de sa part héréditaire, c'est-à-dire dans la
mesure où il représente le vendeur ; mais, de même
qu'une seule condamnation devait entraîner contre le
vendeur originaire la totalité des effets auxquels l'acheteur avait droit, de même aussi une seule action et une
seule condamnation *in solidum* devront entraîner contre
les héritiers de ce vendeur tous les effets de la garantie.

C'est là une dérogation au droit commun. Tandis que
que les obligations ordinaires se divisent de plein droit
entre les héritiers du débiteur au triple point de vue
de l'obligation, de l'action et de la contribution, la loi
romaine veut que l'obligation de garantie, tout en
restant soumise aux règles ordinaires de la divisibilité
au point de vue de l'obligation et au point de vue de
la contribution, demeure indivisible au point de vue de
l'action, c'est-à-dire qu'une seule action puisse être
intentée *in solidum* contre tous les héritiers du vendeur
à l'effet de les lier au procès et de permettre qu'une
condamnation prononcée contre l'un d'entre eux seulement, réagisse contre tous les autres.

(1) Dig., *De verb. oblig.* (L. 139.)

Cette doctrine nous paraît résulter d'une manière certaine des textes que nous avons cités.

Qu'importe maintenant que dans ces textes nous trouvions quelque différence de rédaction; que Paul nous dise qu'au cas où un seul des héritiers se présente, les autres faisant défaut, celui qui répond à l'action de l'acheteur représente tous les autres: « Omnibus vincit aut vincitur, » tandis que Venuleius, dans le même cas, indique que « cæteris subsistere « nihil prodest »?

Nous avons vu que Venuleius est d'accord avec Paul pour étendre à tous les cohéritiers l'effet de la condamnation prononcée contre l'un d'entre eux. Si maintenant il a écrit une phrase qui est obscure et qui paraît difficile à concilier avec une autre phrase du texte de Paul, en quoi cela pourrait-il infirmer le système que nous avons proposé comme étant le système de la loi? Bartolo, Paul Castro, Dumoulin se sont ingéniés à trouver une explication plausible de ces fameux mots de Venuleius: « Cæteris subsistere nihil prodest. » A notre sens ils n'ont pas réussi. Nous n'essaierons pas à notre tour de donner une interprétation acceptable de cette phrase; nous ne discutons pas sur des mots, nous discutons des doctrines. La doctrine de Venuleius est certaine et parfaitement d'accord avec celle de Paul; peu nous importe le reste !

Nous venons de voir quelle est la doctrine romaine sur le point de savoir comment un acheteur évincé devra agir contre les héritiers de son vendeur. Essaierons-nous maintenant d'en expliquer l'origine? Cette explication est difficile peut-être; nous nous hasardons ici sur le terrain tremblant des probabilités.

Dans l'ancien droit romain, la clause pénale rendait l'obligation indivisible en ce sens que la peine était encourue malgré l'exécution partielle, et encourue à l'égard de tous les débiteurs. Or, la *stipulatio duplæ* étant une clause pénale, devait rendre l'obligation de garantie indivisible avec ce double effet : 1° que la peine sera encourue pour le tout en cas d'éviction même partielle; 2° qu'elle sera encourue par tous les débiteurs, même par la faute d'un seul d'entre eux. Mais peu à peu ces effets rigoureux de la clause pénale furent modifiés par le droit prétorien dans les contrats de bonne foi et dans les conventions accessoires à ces contrats. La *stipulatio duplæ*, étant accessoire au contrat de vente, qui est un contrat de bonne foi, cessa donc d'être rigoureusement indivisible, et le seul effet qu'on lui conserva fut qu'il devait y être défendu *in solidum* par tous les héritiers du vendeur, et que la condamnation prononcée contre un de ces héritiers seulement produirait effet contre tous les autres. Si maintenant la même chose a lieu quand l'acheteur, au lieu d'agir *ex stipulatu*, agit *ex empto*, c'est que par cette action il doit obtenir tous les avantages qu'il aurait pu obtenir par la voie de l'action *ex stipulatu*.

C'est ce qu'explique très-bien Duaren : « Si vero pro-« missa non sit pœna aliqua, tamen quia in judiciis « bonæ fidei ea pro expressis habentur quæ moris sunt « ac consuetudinis, ideo inesse aliqua conditio hic « intelligitur ut si res defensa non fuerit simpla vel « dupla præstetur a venditore. Quare venditionis natura « dicitur indivisa esse a Venuleio. »

CHAPITRE II.

Nous avons vu que l'obligation de garantie découle naturellement du contrat de vente (1), mais en même temps qu'on peut ajouter au contrat certaines clauses particulières relatives à la garantie. Cela nous amène à étudier séparément dans ce chapitre : 1° quelle est l'étendue normale de l'obligation de garantie; 2° quelles sont les clauses qui peuvent l'augmenter; 3° quelles sont celles qui peuvent la restreindre.

Section I. — Étendue normale de l'obligation de garantie.

Deux circonstances influent sur l'étendue normale de l'obligation de garantie : 1° la nature de l'objet vendu; 2° la qualité du vendeur. Nous examinerons successivement en quoi chacune de ces circonstances modifie les obligations du vendeur en notre matière.

§ 1. *Influence de la nature de l'objet vendu.*

Lorsque la vente a pour objet une chose corporelle, la substance même de cette chose est facile à apercevoir, et l'étendue de l'obligation du vendeur relativement à la garantie ne présente pas de difficulté. Mais, lorsque la vente a pour objet une chose incorporelle, une créance, une servitude, une alea, une hérédité, l'appréciation de

(1) Code, *De evict.* (L. 6.)

l'étendue de l'obligation de garantie qui incombe au vendeur en vertu même du contrat est plus délicate et donne
lieu à plusieurs difficultés.

I. *Vente d'une créance.* — Quelle est, en matière de
vente de créance, l'étendue de l'obligation de garantie?
Le vendeur doit-il garantir tout à la fois l'existence et la
validité de la créance, la solvabilité du débiteur, et tous
les accessoires qui en assurent l'exécution?

Cette question est prévue et tranchée par plusieurs
textes du Digeste. D'abord Ulpien, se référant en cela à
l'opinion de Celse, enseigne que, en matière de vente
de créance, le vendeur n'est pas obligé de garantir la
solvabilité du débiteur, mais seulement l'existence et la
validité de la créance : « Si nomen sit distractum, » dit-il,
« Celsus, lib. 9 Digestorum, scribit locupletiorem esse
« debitorem non debere præstare : debitorem autem,
« esse præstare, nisi aliud convenit » (1). Hermogénien dit
de même : « Qui nomen, qualo fuit, vendidit, duntaxat
« ut sit, non ut exigi etian aliquid possit, et dolum
« præstare cogitur » (2).

Le vendeur n'est obligé de garantir ni la solvabilité
future, ni même la solvabilité actuelle du débiteur.

Si le droit principal de créance est accompagné d'accessoires, comme gage, fidéjusseurs, hypothèques, le
vendeur doit-il garantir ces accessoires? Cette difficulté
est prévue par Paul : « Periculum pignorum nominis
« venditi ad emptorem pertinere, si tamen probetur eas
« res obligatas fuisse » (3). Mais ce texte a été interprété

(1) Dig., *De hered. vel act. vend.* (L. 4.)
(2) Dig., *De evict.* (L. 74, § 3.)
(3) Dig., *De pign. et hyp.* (L. 30.)

de diverses manières par les commentateurs. Les uns prétendent que les risques mis par Paul à la charge do l'acheteur sont seulement les chances de détérioration ou de perte des objets compris dans le gage. D'autres, au contraire, et parmi eux Cujas et Pothier, enseignent que le mot *periculum*, employé par le jurisconsulte romain, comprend, dans la généralité de sa signification, tous les risques, quels qu'ils soient, et ils prétendent que le vendeur n'est tenu que d'une seule obligation, celle de garantir qu'en fait un gage ou une hypothèque a été constituée.

Ces deux opinions extrêmes ne sont-elles pas trop absolues, et ne serait-il pas plus conforme aux principes du droit de faire une distinction? Le vendeur n'a-t-il déclaré aucun accessoire comme assurant l'efficacité de la créance vendue; pourquoi, dans ce cas, le déclarer obligé à la garantie d'accessoires qui n'ont pas été considérés par les parties comme étant l'objet même du contrat? Au contraire a-t-il été exprimé que la créance vendue était accompagnée de certains droits accessoires, dans ce cas ces accessoires ont été compris dans le contrat au même titre que le droit principal, et nous ne voyons pas comment on pourrait soutenir que le vendeur n'en doit pas garantie.

II. *Vente d'une servitude.* — En matière de vente d'un droit de servitude, le vendeur est soumis à la garantie, d'après les termes du droit commun, c'est-à-dire qu'il doit assurer à l'acheteur l'avantage qu'il s'est engagé à lui procurer. La vente d'un droit de servitude peut se présenter en deux hypothèses distinctes: ou bien c'est une constitution d'une servitude nouvelle, ou bien c'est l'attribution à un tiers de l'émolument d'un droit déjà établi. Dans ces deux cas l'acheteur a droit à la garantie si, par une cause antérieure au contrat, il est empêché d'exercer utilement le droit qui lui a été vendu.

III. *Vente d'une alea.* — Quand la vente a pour objet une chance, une simple espérance, on ne saurait appliquer les règles de la garantie. Ces sortes de contrats doivent, du reste, être interprétés *secundum subjectam materiam*, et il est difficile d'établir un principe général dans une matière qui doit être appréciée surtout en fait. La loi 8 au Dig. (*de contrah. empt.*) parle de la vente d'un coup de filet. Il est clair que si le coup de filet ne produit rien, l'acheteur n'a droit à aucune indemnité. De même il n'aurait aucun droit à exercer contre son vendeur si le coup de filet mettait en sa possession un objet dont il serait par la suite évincé. Car il était dans la nature du contrat qui s'est formé de ne porter que sur des objets dont la propriété s'acquiert par occupation; si un cas fortuit a mis en la possession de l'acheteur un objet perdu qui est ensuite revendiqué par son propriétaire, on ne saurait considérer le vendeur comme obligé à la garantie (1).

IV. *Vente d'une hérédité.* — La vente d'une hérédité d'une personne actuellement vivante est nulle (2). Il ne peut donc être ici question que de la vente d'une hérédité d'une personne décédée. Ici ce qui fait l'objet du contrat, c'est un être juridique, un *nomen juris*, ce sont

(1) Dig., *De verb. signif.* (L. 71.)
(2) Dig., *De hered. vel act. vend.* (L. 7.)

les avantages attachés à la qualité d'héritier. L'héritier vendeur doit garantir son titre héréditaire; il ne doit rien autre chose (1).

Il est certain, du reste, que les parties pourraient, par une convention expresse, étendre ces effets de la garantie en matière de vente d'une hérédité, et par exemple, si le vendeur a indiqué certains objets particuliers comme faisant partie de l'hérédité vendue, il n'y pas de doute que si l'acheteur est, par la suite, évincé de ces objets, il aura un recours en garantie contre son vendeur.

Ce que nous disons ici de la vente d'une hérédité doit être étendu à la vente de toute autre universalité juridique, comme un pécule, un troupeau, etc... (2).

§ 2. — *Influence de la qualité du vendeur. Vente par un créancier gagiste ou hypothécaire.*

Le créancier gagiste ou hypothécaire a, soit par une convention expresse, soit par le seul effet du contrat, le droit de vendre la chose affectée à la sûreté de sa créance. S'il use de ce droit, à quelle garantie est-il soumis envers l'acheteur?

Supposons d'abord une vente faite dans les termes du droit commun. Cela se présentera dans le cas où le créancier gagiste ou hypothécaire n'a pas déclaré à l'acheteur sa qualité, et aussi dans le cas où, ayant fait connaître sa qualité, il se serait soumis expressément à la garantie du droit commun. Dans ces deux cas, il n'est apporté aucune dérogation aux règles générales de la garantie.

(1) Dig., *De hered. vel act. vend.* (L. 14, § 1.)
(2) Dig., *De evict.* (L. 8.)

Arrivons, maintenant, au cas où le vendeur a déclaré qu'il agissait en qualité de créancier gagiste ou hypothécaire, et voyons comment cette circonstance modifiera les règles ordinaires de la garantie. Dans ce cas, le vendeur est tenu par l'action *ex empto* de fournir à son acheteur tous les droits qu'il a sur la chose engagée ou hypothéquée. Un rescrit d'Alexandre Sévère restreint son obligation de garantie à ce seul point, qu'il avait sur la chose engagée ou hypothéquée un droit préférable à ceux des autres créanciers : « Hoc utique præstare debet qui pignoris jure « vendit potiorem se cæteris esse creditoribus. » (1).

Ce même rescrit d'Alexandre Sévère indique cependant deux cas où le créancier gagiste agissant *jure pignoris* est tenu à la garantie. Le premier est celui où il a expressément promis la garantie ; le second, celui où il est coupable de dol.

Le système que nous avons exposé et d'après lequel le créancier gagiste vendeur *jure pignoris* ne doit garantir que ce seul point : « potiorem se esse cæteris creditoribus », ce système, disons-nous, a été critiqué par quelques commentateurs. D'après eux, le vendeur, agissant *jure pignoris*, ne serait pas même tenu de cette garantie, et dans le cas où son droit serait rendu inefficace par suite de créances préférables, il ne devrait indemnité à l'acheteur que s'il est coupable de dol. Ce système se fonde sur un texte d'Ulpien où il est dit que le vendeur qui a vendu *jure pignoris* une chose qu'il savait ne pas bien être valablement engagée est tenu *ex empto* d'indemniser l'acheteur, « quia dolum is præstare debet. » (2).

(1) Code, *Credit. evict.* (L. 1.)
(2) Dig., *De act. empt.* (L. 11, § 16.)

On argumente de ce texte *a contrario*. Si Ulpien, nous dit-on, représente l'obligation du vendeur comme découlant de son dol, c'est donc que, de droit commun, il n'en serait pas tenu. Mais cet argument *a contrario* nous paraît éminemment hasardé, et nous ne voyons rien là qui puisse infirmer en aucune manière la doctrine si claire et si précise que nous avons trouvée dans le rescrit d'Alexandre Sévère.

Section II. — Modifications extensives de l'obligation de garantie.

Nous avons déjà indiqué, en parlant de la vente d'une hérédité et de la vente par un créancier gagiste ou hypothécaire, certaines clauses qui peuvent soit faire naître une obligation nouvelle de garantie, soit augmenter une obligation déjà existante.

C'est ainsi que le vendeur d'une hérédité peut garantir à son acheteur la libre possession de certains objets héréditaires, bien que, de droit commun, il ne doive garantir que le titre même d'héritier, ce que les jurisconsultes appellent *nomen hereditarium*. Et, de même, le créancier gagiste qui vend *jure pignoris*, la chose qui lui a été engagée, peut, par une clause spéciale, garantir à son acheteur la libre jouissance de cette chose, quoique son contrat ne l'oblige lui-même qu'à garantir la validité de son droit de gage sur la chose vendue.

Il est d'autres cas où une clause spéciale augmente l'étendue normale de la garantie. Lors, en effet, que l'acheteur a connu le péril d'éviction dont il était menacé, il n'a pas droit à garantie d'après les règles du droit commun : « Si fundum sciens alienum vel obliga- « tum comparavit Athenocles, neque quicquam de evic-

« tione convenit : quod eo nomine dedit, contra juris
« poscit rationem » (1). Cette règle s'applique certainement aux dommages-intérêts qui pourraient être dus à
l'acheteur évincé s'il eût été de bonne foi ; elle s'applique aussi, suivant nous, même à la restitution du prix
de vente. Mais il n'en serait plus ainsi, et l'acheteur
aurait droit à garantie s'il l'avait expressément stipulée.
Nous trouvons la confirmation de cette doctrine dans le
texte même que nous venons de citer, et qui établit des
réserves pour le cas où il serait intervenu quelque convention particulière relative à la garantie. Un rescrit
des empereurs Dioclétien et Maximien enseigne la
même solution : « Si fundi, scientes obligationem, do-
« minium suscepistis ; tantum evictionis promissionem
« solemnitate verborum vel pacto promissam probantes,
« eos conveniendi facultatem habebitis » (2). Enfin Ulpien ne tient pas un autre langage : « Item Labeo scri-
« bit, si quis, fugitivum esse sciens, emerit servum, et
« si stipulatus fuerit fugitivum non esse, deinde agat
« ex stipulatu : non esse eum exceptione repellendum,
« quoniam hoc convenit ; quamvis ex empto actionem
« non habent ; sed si non convenisset, exceptione repel-
« letur. » (3).

La doctrine contenue dans tous ces textes est bien
celle que nous avons exposée plus haut, à savoir
que l'acheteur qui a connu, au moment de la vente, le
péril d'éviction dont il était menacé, n'a pas droit nor-
malement à la garantie, et qu'il ne peut exercer un re-

(1) Code, *De evict.* (L. 27.)
(2) Code, *Comm. utr. jud.* (L. 7.)
(3) Dig., *De doli mali et metus except.* (L. 4, § 5.)

cours contre son vendeur qu'autant qu'une convention particulière est intervenue à ce sujet.

La loi 3 au Code (*Comm. de leg.*) nous donne une solution contraire pour une hypothèse particulière. Si un héritier vend une chose qui a été léguée conditionnellement par son auteur, l'acheteur qui connaissait, au moment de la vente, la révocabilité du droit de son vendeur, ne pourra jamais exiger de lui que la restitution du prix : « Neque dupla stipulatione, neque melioratione « locum habente. » Mais c'est là une règle exceptionnelle qui ne saurait infirmer en rien le système général que nous avons exposé, et dont le motif est peut-être dans le désir d'empêcher qu'on ne vienne sciemment et imprudemment conclure une vente contraire à la volonté du défunt.

Voici encore une autre clause extensive de la garantie du vendeur. L'acheteur, redoutant le cas fortuit, a stipulé du vendeur l'indemnité de ce qu'il pourra avoir à payer en cas de revendication ou d'action hypothécaire. S'il est, par la suite, attaqué par des voies de droit, et que, pour se maintenir en possession, il soit obligé de désintéresser ceux qui l'attaquent, il pourra, même en dehors de toute éviction, recourir contre son vendeur à l'effet de se faire rembourser ce qu'il s'est vu dans la nécessité de dépenser. Cette clause spéciale s'appelle *stipulatio de indemnitate*.

Enfin, il peut se faire que le vendeur, sachant que la chose vendue ne lui appartenait pas, et, par conséquent, qu'elle était sujette à revendication de la part du véritable propriétaire, ait négligé de prévenir l'acheteur du danger qu'il courait. Dans ce cas, l'acheteur a l'action *ex empto in id quanti sua interest rem suam esse factam*, même avant que l'éviction se produise.

Le vendeur, il est vrai, est obligé seulement à procurer à l'acheteur la libre possession, et non à le rendre propriétaire. Mais cependant, comme il doit s'abstenir de tout dol, on le déclare tenu envers l'acheteur pour n'avoir pas déclaré ce qu'il savait (1).

Section III. — Modifications restrictives de l'obligation de garantie.

De même que certaines clauses particulières du contrat de vente peuvent étendre les obligations du vendeur par rapport à la garantie, de même aussi il est des clauses et des circonstances spéciales qui restreignent ces obligations. Ces restrictions de l'obligation de garantie tiennent :

1° A la connaissance chez l'acheteur du danger d'éviction;

2° A la déclaration faite par le vendeur d'un état de droit pouvant amener l'éviction;

3° Aux clauses de non-garantie.

§ 1. — *Connaissance chez l'acheteur du danger d'éviction, en l'absence de toute déclaration.*

Si l'acheteur a connu, au moment de la vente, le danger d'éviction qui le menaçait, un rescrit des empereurs Dioclétien et Maximien décide qu'il n'aura pas droit à répéter ses déboursés : « Quod eo nomine dedit, « contra juris poscit rationem » (2).

(1) Dig., *De act. empt.* (L. 30, § 1.)
(2) Code, *De evict.* (L. 27.)

Couctoux.   3

Cette loi a donné lieu à diverses interprétations :

1° Suivant Zoesius, Perezius, Caballinus, l'acheteur évincé, quoique perdant tout droit à la garantie quant aux dommages-intérêts, pourrait cependant réclamer la restitution du prix.

2° Cujas et Pothier proposent une distinction. Si l'acheteur a transigé avec le véritable propriétaire de la chose vendue, et si, moyennant une certaine somme qu'il lui a payée, il a conservé la possession, dans ce cas, il n'a aucun recours à exercer contre son vendeur. Mais, s'il a été réellement évincé, il peut actionner le vendeur en restitution du prix.

3° Enfin la doctrine des glossateurs, Accurse et Bartole, reproduite par Doneau, Noodt, Fatchinée, de Vangerow, etc., est que l'acheteur qui a connu, lors de la vente, le danger de l'éviction, n'a droit ni à des dommages-intérêts, ni même à la restitution du prix.

Nous suivrons, pour notre part, ce troisième système. Il s'appuie sur le sens le plus naturel du rescrit de Dioclétien et de Maximien, sur des textes nombreux du Digeste et du Code (1), enfin sur les principes généraux du droit et sur l'équité. Nous avons vu, en effet, que, dans la vente consentie par un créancier gagiste ou hypothécaire, le vendeur qui a agi *jure pignoris* n'est pas tenu de la garantie. Pourquoi en serait-il autrement en l'absence d'une déclaration formelle du vendeur, lorsque, du reste, l'acheteur a connu la situation véritable du vendeur? Car, s'il connaissait la précarité des droits du vendeur, il n'avait pas besoin d'en être

(1) Dig., *De doli mali et met. except.* L. 4, § 5. *De contr. empt.* L. 57, §§ 2 et 3. Code *Com. utr. jud.* (L. 7, in fine.)

informé par lui : *non enim debuit certiorari qui non igno-
ravit* (1).

L'acheteur qui a connu le danger d'éviction est réputé avoir acheté la chose telle quelle, à ses risques et
périls.

La loi 3, au Code (*communia de legatis*), apporte, dans
une hypothèse particulière, une double dérogation au
principe que nous avons posé. Elle suppose un héritier
recueillant dans la succession de son auteur une chose
qui fait l'objet d'un legs conditionnel ; *pendente condi-
tione*, il vend cette chose à un acheteur qui connaît la
véritable situation. Si par la suite cet acheteur est évincé
par le légataire, la condition de son legs s'étant accomplie, le texte décide que : 1° l'acheteur n'aura droit à
aucun recours contre le vendeur à titre de dommages-
intérêts, lors même qu'une clause formelle serait intervenue entre eux à cet égard ; 2° qu'il pourra agir en
restitution du prix. Cette double dérogation aux principes est fondée sur cette règle, posée par Justinien,
dans cette même loi 3, que la vente par l'héritier d'une
chose qui fait l'objet d'un legs conditionnel est nulle. Or,
si la vente est nulle, elle ne peut produire aucun effet.
D'une part, le prix a été payé indûment et peut être
répété ; d'autre part, les clauses accessoires du contrat
relatives au dommages-intérêts en cas d'éviction, doivent tomber avec le contrat lui-même et devenir nulles
et de nul effet.

§ 2. *Vente avec déclaration par le vendeur d'un état de
droit pouvant amener l'éviction.*

Lorsque le vendeur a déclaré, au moment de la vente,

(1) Dig., *De act. empt.* (L. 1, in fine.)

un état de droit pouvant amener l'éviction de la chose vendue, l'acheteur est réputé avoir acheté à ses risques et périls, et si l'éviction se réalise par la suite, il n'a droit à aucune garantie de la part du vendeur, pas même à l'effet d'obtenir la restitution du prix qu'il a payé. Cette règle est appliquée à la vente faite *jure pignoris* d'une chose constituée en gage par plusieurs textes du Digeste (1). D'autres textes l'appliquent à la vente d'un esclave affranchi sous condition (2).

Mais, si le vendeur a désigné d'une manière spéciale la cause pouvant amener l'éviction de la chose vendue, et que ce soit une autre cause qui amène cette éviction, il n'est point dans ce cas déchargé de la garantie (3). Cette exception toutefois doit être restreinte au cas où la fausse déclaration du vendeur aurait fait subir à l'acheteur un préjudice véritable ; car, si l'acheteur n'a éprouvé aucun dommage, le vendeur ne saurait être rendu responsable de l'inexactitude de sa déclaration (4).

L'acheteur qui a souffert de la fausse déclaration du vendeur peut agir contre lui *ex empto*. Paul décide qu'il pourrait aussi intenter, dans le cas de *stipulatio duplæ*, l'action *ex stipulatu* (5).

§ 3. *Clauses de non-garantie.*

Il arrive parfois que les parties, au moment de la vente, excluent d'une manière formelle l'obligation de garantir. Quel est l'effet de cette convention ?

---

(1) Dig., *De act. empt.* (L. 11, § 10.) *De distr. pign.* (L. 10.)
(2) Dig., *De evict.* (L. 69, pr.)
(3) Dig., *De evict.* (L. 69, § 2.)
(4) Dig., *De evict.* (L. 10, §§ 2-3.)
(5) Dig., *De statulib.* (L. 10.)

Il faut d'abord distinguer le cas où le vendeur aurait connu la cause d'éviction, l'acheteur l'ignorant. Dans ce cas, nous disent les textes, le vendeur qui a stipulé la non-garantie, s'est rendu coupable de dol, et le dol s'oppose à ce qu'il puisse bénéficier de la clause qu'il a fait insérer au contrat. L'acheteur pourra agir *ex empto*, à l'effet d'obtenir réparation pleine et entière du préjudice qu'il aura éprouvé (1).

Mais, dans tous les autres cas, c'est-à-dire quand le vendeur a stipulé sans fraude la non-garantie, quel est l'effet de cette disposition spéciale du contrat? On est d'accord pour reconnaître que le vendeur ne devra pas de dommages-intérêts à l'acheteur comme réparation du préjudice que lui a fait éprouver l'éviction; mais l'acheteur ne pourra-t-il pas du moins actionner le vendeur en répétition du prix?

Sur ce point, deux systèmes ont été présentés. Suivant les glossateurs, Doneau et Pothier, le prix pourrait être répété par l'acheteur évincé. Nous pensons, au contraire, que l'acheteur n'a rien à réclamer au vendeur.

Toute la difficulté consiste dans l'interprétation qu'il convient de donner au § 18 de la loi 11 du titre *de actionibus empti et venditi*, au Digeste.

Dans cette loi, Ulpien rapporte l'opinion du jurisconsulte Julien sur la matière. Julien était d'avis que la clause de non-garantie insérée de bonne foi dans un contrat de vente libérait bien le vendeur de toute obligation à des dommages-intérêts en cas d'éviction, mais qu'elle ne le dispensait pas, l'éviction ayant eu lieu, de

(1) Dig., *De act. empt.* (L. 11, §§ 15-16, *in fine.*)

rendre le prix qui lui avait été payé. Et il donnait pour raison de son système que la nature même du contrat de vente, qui est un contrat de bonne foi, s'opposait à ce que l'acheteur, perdant la chose, le vendeur pût conserver son prix : « Neque enim bonæ fidei contractus « hanc patitur conventionem ut emptor rem amitteret « et venditor pretium retineret. » Julien ne faisait d'exception à ce principe que pour les ventes dont l'objet était essentiellement aléatoire, comme la vente d'un coup de filet. Telle est l'opinion de Julien, mais Ulpien, en la rapportant, y distingue la règle générale et les exceptions. Il approuve formellement la doctrine de Julien en tant qu'elle s'applique aux ventes exceptionnelles dont il a parlé en dernier lieu ; mais pour les autres ventes, dit-il, l'opinion de Julien ne saurait être admise, à moins que le vendeur ne se soit rendu coupable de dol, en ne déclarant pas le danger d'éviction qu'il connaissait, auquel cas il est tenu de l'action *ex empto* : « Sed in supradictis conventionibus contra erit dicen- « dum, nisi forte sciens alienum vendit; tunc enim, « secundum supra a nobis relatam Juliani sententiam , « dicendum est, ex empto cum teneri, quia dolo fecit. »

Toute la question revient à savoir à laquelle des opinions exposées dans ce texte il convient de se réfé· rer de préférence. Nous n'hésitons pas, pour notre part, à adopter l'opinion d'Ulpien, et cela pour deux raisons qui nous paraissent décisives : la première, que l'opinion de Julien n'étant qu'une simple citation faite par Ulpien et contredite par lui, ne saurait avoir, dans notre texte, aucune force législative ;— la seconde, que la doctrine d'Ulpien est seule conforme aux principes généraux du droit.

Ces principes veulent, en effet, que les clauses non frauduleuses ajoutées aux contrats de bonne foi soient respectées. Or, si les parties ont exclu la garantie par une clause formelle, sans en retenir aucun effet, par quel motif juridique contredirait-on leur volonté?

De plus, les partisans du système que nous combattons sont contraints par le texte de reconnaître que, au cas où le vendeur a déclaré un état de droit pouvant amener l'éviction, si l'éviction a lieu par la suite, l'acheteur n'a aucune action ni en dommages-intérêts ni en restitution du prix. Lorsque les parties, au lieu de se référer spécialement à un certain danger d'éviction, ont traité du danger d'éviction en général, pourquoi leur volonté cesserait-elle d'être capable de produire les mêmes effets que précédemment?

Nous croyons donc, avec Ulpien, que la clause de non-garantie, consentie de bonne foi, protége le vendeur contre toute action en dommages-intérêts et même contre toute action en restitution du prix qui a été payé.

CHAPITRE III.

DES EFFETS DE L'OBLIGATION DE GARANTIE.

L'obligation de garantie fait naître au profit de l'acheteur contre le vendeur tout à la fois des moyens d'action et des moyens d'exception. Nous étudierons successivement les uns et les autres.

Section I. — Moyens d'action de l'acheteur évincé contre le vendeur.

Deux actions naissent de la garantie au profit de l'acheteur. L'une est l'action du contrat de vente lui-même, l'action *ex empto;* l'autre dérive d'une stipulation particulière qu'il est d'usage, du moins dans certaines ventes, d'ajouter au contrat, c'est l'action *ex stipulatu.* Il importe que nous traitions séparément de ces deux actions.

I. ACTION EX STIPULATU.

Nous examinerons : 1° quand il y a lieu à l'action *ex stipulatu;* 2° à qui et contre qui elle est donnée; 3° quel est l'objet de la condamnation qui intervient sur cette action.

§ 1. *Quand il y a lieu à l'action* ex stipulatu.

Les conditions requises pour qu'il y ait lieu à l'action *ex stipulatu* sont relatives à l'éviction, à la chose évincée et à la personne évincée.

I. Conditions relatives a l'éviction.

Cinq conditions sont exigées pour que l'éviction puisse donner lieu à l'action *ex stipulatu*. Il faut :

1° Que l'éviction procède *ex causa antiqua ;*

2° Que l'acheteur ait dénoncé au vendeur l'action sur laquelle il a été évincé ;

3° Que la chose vendue soit réellement sortie de sa possession ;

4° Que la perte de la possession soit le résultat d'un jugement ;

5° Que l'éviction soit conforme aux règles du droit.

Nous étudierons ces cinq conditions sous les titres de *causa antiqua, denuntiatio, ablatio rei, ablatio rei judicio* et *ablatio rei jure facta.*

Causa antiqua. — Pour que l'éviction donne lieu à l'action de garantie *ex stipulatu*, il faut qu'elle soit le résultat d'une cause antérieure à la vente. Et, par exemple, dit Ulpien, si on a vendu un esclave et que cet esclave commette ensuite un vol qui donne lieu à une action noxale contre l'acheteur, celui-ci ne pourra pas agir *ex stipulatu* contre le vendeur, car ici la cause d'éviction est née postérieurement au contrat (1). Paul a exprimé cette doctrine d'une manière générale en disant que les chances futures d'éviction ne retombaient pas sur le vendeur : « Futuros casus evictionis post con« tractam emptionem ad venditorem non pertinere » (2).

Ce système a toujours été suivi en droit romain, et

(1) Dig., *De evict.* (L. 3.)
(2) Dig., *De evict.* (L. 11 pr.)

même par les jurisconsultes qui, comme Africain, mettaient les risques à la charge du vendeur jusqu'à la tradition.

Denuntiatio. — L'acheteur menacé d'une éviction doit en avertir son vendeur. Si vous êtes attaqué dans votre possession, porte un rescrit des empereurs Sévère et Antonin, dénoncez votre trouble à votre vendeur ou à son héritier : « Si controversia tibi possessionis, quam « bona fide te emisse allegas, ab aliquo movetur, auctori « heredive ejus denuncia » (1). Si l'acheteur omet de faire cette *denuntiatio*, il est déchu de son recours en garantie : « Emptor fundi, nisi auctori heredive ejus de- « nunciaverit, evicto prædio, neque ex stipulatu, neque « ex dupla... actionem contra venditorem habet » (2).

Exceptionnellement la *denuntiatio*, que quelques textes appellent encore *auctoris laudatio*, n'est pas nécessaire, sous peine de déchéance du droit de recours en garantie.

1° Si les parties sont convenues dans le contrat d'exclure cette particularité de la procédure (3);

2° Si le vendeur est absent, de telle sorte que l'acheteur ne sait où le trouver (4);

3° Si le vendeur rend lui-même, et par sa faute, impossible la *denuntiatio* qu'on veut lui faire (5).

La *denuntiatio* cesse-t-elle d'être nécessaire lorsque le vendeur a connaissance par une autre voie du danger d'éviction qui menace l'acheteur? Nous ne le pensons

(1) Code, *De evict.* (L. 0.)
(2) Code, *De evict.* (L. 8.)
(3) Dig., *De evict.* (L. 63, pr.)
(4) Dig., *De evict.* (L. 55, § 1.)
(5) Dig., *De evict.* (L. 56, § 5.)

pas. En effet, dans la situation de droit pour laquelle les textes exigent la *denuntiatio*, il y a deux choses à distinguer : le procès intenté à l'acheteur et la volonté de celui-ci d'appeler son vendeur en garantie, au lieu de défendre au procès à ses risques et périls. Si le vendeur a connaissance du procès intenté contre l'acheteur, ce n'est pas une raison pour que ce dernier ne doive pas l'appeler en garantie, et lui dénoncer officiellement le recours auquel il serait exposé en cas d'éviction.

Du reste, suivant Caillet et Dumoulin, il faut entendre avec une certaine latitude, *civiliter*, les règles relatives à la *denuntiatio*, c'est-à-dire que si le vendeur est absent, on pourra faire la *denuntiatio* aux amis, au *procurator* ou même *ad domum venditoris*. Ils s'appuient en cela sur les lois : 22 au Dig. (*Ex quibus causis majores...*), 5 au Dig. (*Quibus ex causis in poss...*), 5, § 2, au Dig. (*Quod vi aut clam.*) (1). Cette dernière loi est fondamentale en la matière : « Et si forte non sit, cui denuntietur, « neque dolo malo factum sit, ne sit : amicis denique, « aut procuratori, aut ad domum denunciandum est. »

A quel moment la *denuntiatio* doit-elle être faite au vendeur? Pomponius répond à cette question : « Quoli- « bet tempore venditori denuntiari potest, ut de ea re « agenda adsit, quia non præfinitur certum tempus in « ea stipulatione, dum tamen ne prope ipsam condem- « nationem id fiat. »

Les textes ne déterminent pas de délai préfix; il n'appartient pas à l'interprète de suppléer à leur silence. « Quod lex non determinat, nec ego. » Pomponius nous

---

(1) Dig., *De evict.* (L. 20, § 2.)

dit cependant que la *denuntiatio* ne doit pas être faite au dernier moment du procès, et Doneau enseigne qu'elle doit précéder la sentence d'un délai suffisant pour permettre au vendeur de préparer les moyens de défense. Aussi Tiraqueau assimile à la sentence déjà rendue celle qui est sur le point d'être prononcée. On a discuté fort longuement sur la portée exacte qu'il convient d'attribuer à la loi 29, § 3, au Dig. *De legatis*. Nous n'insisterons pas sur cette difficulté, qui vise une hypothèse particulière et ne saurait ébranler le système général que nous avons exposé.

Le vendeur auquel il n'a pas été fait de *denuntiatio* peut cependant, de son propre gré, intervenir au procès en revendication intenté contre l'acheteur. S'il s'est décidé à agir ainsi et que l'acheteur ait été évincé, ce dernier aura-t-il conservé son recours en garantie? Doneau enseigne qu'il ne pourra agir ni *ex stipalutu*, ni même *ex empto*. D'après lui, le principe posé dans les lois 8 et 9 au Code (*De evictionibus*) est formel et ne doit pas souffrir d'exception en notre matière. La loi 20 au même titre ne contredit pas cette solution, qui, du reste, est conforme aux principes. Le vendeur, en prenant volontairement la défense de l'acheteur, lui a rendu un service purement gratuit; or, « nulli debet officium « suum esso damnosum. » D'après Dumoulin et Caillet, l'acheteur, quoique déchu de l'action *ex stipulatu*, pourrait cependant agir *ex empto;* mais alors l'acheteur devrait prouver à nouveau la légalité de l'éviction et ne pourrait se référer pour cette question au jugement déjà intervenu.

L'acheteur, qui n'a pas fait la *denuntiatio* pour une première instance, peut-il la faire en appel? Voët, Ca-

ballinus et Covarruvias admettent l'affirmative, d'après
ce principe que «provocationis remedio condemnatio-
« nis extinguitur pronuntiatio » (1).

Accurse distingue : si les choses sont demeurées en-
tières pour le garant, la *denuntiatio* peut être valablement faite, sinon elle ne produit aucun effet. Caillet propose une autre distinction ; l'acheteur, qui a fait la
denuntiatio seulement en appel, ne pourra pas agir *ex
stipulatu*, mais il conservera l'action *ex empto.*

ABLATIO REI. — Il est nécessaire, pour que l'acheteur
puisse agir en garantie *ex stipulatu* contre son vendeur,
qu'il ait réellement subi une éviction, c'est-à-dire qu'il
ait perdu la chose, ou que, du moins, il ne puisse garder aucun espoir de la conserver. Un rescrit des empereurs Sévère et Antonin le décide expressément : « Qui
« rem emit, et post possidet, quamdiu evicta non est,
« auctorem suum, propterea quod aliena vel obligata
« res dicatur, convenire non potest » (2). Ainsi, pour que
l'acheteur puisse actionner le vendeur *ex stipulatu*, il ne
suffit pas qu'il ait découvert que la chose vendue appartient ou est engagée à autrui, il est nécessaire qu'il ait
perdu la possession. Gaius nous cite des applications de
ce principe général : « Habere licere rem videtur em-
« ptor, « dit-il, » et si is, qui emptorem in evictione rei
« vicerit, ante ablatam vel abductam rem sine successore
« decesserit; ita ut neque ad fiscum bona pervenire pos-
« sint, neque privatim a creditoribus distrahi : tunc
« enim nulla competit emptori ex stipulatu actio, quia
« rem habere ei licet. Quod cum ita est, videamus num,

(1) Dig., *Ad sc. Turpil.* (L. 1, § 11.)
(2) Code, *De evict.* (L. 3.)

« et si ab eo qui vicerit donata legatave res fuerit em-
« ptori, æquo dicendum sit ex stipulatu actionem non
« nasci? Scilicet, si antequam abduceret vel auferret,
« donaverit aut legaverit; alioquin semel commissa sti-
« pulatio resolvi non potest. » (1).

Ce n'est pas à dire que l'acheteur, qui s'aperçoit que
la chose vendue n'appartenait pas en pleine et libre propriété à son vendeur, ne puisse agir contre lui par l'action *ex empto*, à l'effet d'obtenir certaines sûretés contre
le danger d'éviction qui le menace. Mais il ne peut pas
avant l'éviction réalisée, agir en garantie *ex stipulatu*,
et nous établirons plus loin qu'il ne le peut même pas
ex empto.

Il existe deux exceptions à ce principe : 1° s'il a été
expressément convenu que, en cas de réclamation élevée par des tiers, l'acheteur pourrait agir en garantie
même avant l'éviction (2); 2° si le vendeur a vendu
sciemment la chose d'autrui à un acheteur de bonne
foi (3). Mais, dans ce dernier cas, l'acheteur ne pourra
agir que par l'action *ex empto*, *in id quanti intererit*.

En dehors de ces deux cas exceptionnels, il n'est
même pas suffisant, pour faire naître l'action de garantie
ex stipulatu, que la sentence d'éviction ait été rendue; il
faut encore qu'elle ait été exécutée (4). Il faut aussi qu'il
y ait eu éviction véritable, et, par exemple, si le vendeur
au lieu de délivrer cent arpents qu'il a promis, n'en délivre que quatre-vingts; comme, dans ce cas, il n'y a pas

(1) Dig., *De evict.* (L. 57.)
(2) Code, *De evict.* (L. 12.)
(3) Dig., *De evict.* (L. 21, pr.) *De act. empt.* (L. 30, § 1.)
(4) Dig . *De evict.* (L. 57.)

eu éviction, *ablatio rei*, l'acheteur ne pourra agir en ga-
rantie(1).

Il est cependant certains cas où l'action *ex stipulatu* naît
de certains faits particuliers, en dehors d'une éviction
proprement dite. Pomponius nous indique deux de ces
cas : « Duplæ stipulatio, « dit-il, » committi dicitur tunc,
« cum res restituta est petitori, vel damnatus est litis
« æstimatione vel possessor conventus absolutus est » (2).

Le premier de ces cas est celui où l'acheteur n'est resté
en possession qu'en payant au revendiquant la *litis æsti-
matio*, et Ulpien nous donne le motif de cette exception
au principe qu'une éviction véritable est nécessaire
pour donner naissance à l'action *ex stipulatu* : « Neque
« enim, » dit-il, » habere licet eum cujus si pretium quis
« non dedisset, ab adversario auferretur ; propo enim
« hunc ex secunda emptione, id est, est ex litis æsti-
« matione, emptori habere licet, non ex pristina » (3).

Le second cas qui nous est indiqué par Pomponius
est celui où l'acheteur, ayant déjà perdu la possession,
et voulant s'y faire réintégrer, succombe dans l'action
qu'il intente contre le possesseur actuel.

Ablatio rei judicio. — Pour que l'action de garantie
ex stipulatu prenne naissance, il faut que l'acheteur ait
été évincé judiciairement (4). Elle ne naîtra donc pas si
l'acheteur est dépossédé par violence (5), par cas fortuit (6), ou par l'effet de sa propre volonté ; par exem-

(1) Dig., *De act. empt.* (L. 2, pr.)
(2) Dig., *De evict.* (L. 16, § 1.)
(3) Dig., *De evict.* (L. 21, § 2.)
(4) Dig., *De evict.* (L. 21.) *De rei vindic.* (L. 16.) *De negot. gest.*
(L. 10.)
(5) Code, *De act. empt.* (L. 16.)
(6) Dig., *De evict.* (L. 21.) Code, *De evict.* (L. 26.)

ple, s'il affranchit un esclave, ou s'il abandonne *pro derelicto* la chose vendue (1).

L'instance judiciaire doit être une instance régulière : si l'acheteur avait fait un compromis avec le revendiquant à l'effet de faire juger leur procès par un arbitre amiable, la condamnation de l'acheteur prononcée par cet arbitre ne donnerait pas lieu à l'action *ex stipulatu* (2).

C'est à tort, suivant nous, que d'anciens interprètes du droit romain ont excepté de la nécessité d'une éviction par sentence du juge le cas où il est notoire que la chose n'appartenait pas au vendeur. La loi 11, § 12, au Dig., *De act. empt.*, sur laquelle ils se sont appuyés, ne peut fournir aucun argument solide en faveur de cette opinion. Elle est, en effet, relative à la *stipulatio de noxis aut vitiis servi* et nullement à la *stipulatio de evictione*.

Il faut encore que l'action sur laquelle succombe l'acheteur soit *in rem* ou mixte, pour qu'il puisse agir *ex stipulatu* contre son vendeur. Ainsi l'action noxale intentée, *in personam domini vel possessoris servi*, ne peut donner lieu à un recours en garantie *ob evictionem*, parce que le but de cette action est d'obtenir, non point l'esclave lui-même, mais l'estimation du dommage causé par cet esclave. Si l'acheteur, pour éviter une condamnation plus forte, abandonne l'esclave lui-même, on ne peut pas dire qu'il ait été véritablement évincé de la libre possession de cet esclave, et dès lors on ne se trouve plus dans les conditions requises pour que la *stipulatio de evictione* puisse être commise.

Cujas a formulé, d'une manière générale, la théorie

(1) Dig., *De evict.* (L. 76.)
(2) Dig., *De evict.* (L. 56, § 1.)

que nous exposons en disant que, pour donner lieu à l'action *ex stipulatu*, l'éviction doit provenir d'une « vin-
« dicatio, vel dominii, vel usus, vel usus fructus, pigno-
« ris, hypothecæ, emphyteuseos, superficiei, possessio-
« nis. »

ABLATIO REI JURE FACTA. — Enfin une dernière condition que doit remplir l'éviction pour donner naissance à l'action *ex stipulatu*, c'est qu'elle soit conforme aux règles du droit (1).

Si l'acheteur, quoique devenu propriétaire d'après les principes du droit civil, est cependant évincé par suite d'une action en restitution prétorienne, dans ce cas il n'aura pas l'action directe *ex stipulatu* contre le vendeur, mais le préteur lui accordera une action utile (2).

Si l'éviction n'est pas conforme aux règles du droit, si elle n'a été prononcée par le juge que par suite de dol, d'ignorance ou d'erreur, alors l'acheteur n'a pas l'action *ex stipulatu* contre le vendeur (3), à moins toutefois que l'acheteur condamné injustement ne l'ait été au profit de ceux-là mêmes qui lui devaient garantie (4). Et, en effet, dans ce cas, bien que la responsabilité principale incombe au juge qui a rendu une sentence illégale, cependant les demandeurs qui ont obtenu cette sentence ne sont pas exempts de toute responsabilité personnelle, et cette responsabilité s'oppose à ce qu'ils puissent bénéficier de l'illégalité de l'éviction qui a dé-

---

(1) Code, *De evict.* (L. 15.) Dig., *De evict.* (L. 30, § 1, L. 63, § 1.) Dig., *De statulib.* (L. 9, pr.)

(2) Dig., *De evict.* (L. 30, pr. L. 60, § 1.) Dig., *Ex quib. caus. maj.* (L. 1.)

(3) Code, *De evict.* (L. 8, L. 15.) *De rer. permut.* (L. 1.)

(4) Dig., *De evict.* (L. 17, L. 73.) Code, *De evict.* (L. 11, L. 11.)

Coucloux.   4

pouillé l'acheteur. Lorsque l'acheteur évincé agira *ex stipulatu* contre ses garants, ceux-ci pourront encore, à vrai dire, lui opposer qu'il n'a été évincé que par suite de l'*injuria judicis*, mais il pourra leur répondre par une *replicatio doli*.

La *stipulatio duplæ*, une fois commise, ne peut pas être résolue (1). Toutefois il faut admettre à ce principe un certain tempérament, au cas où, postérieurement à l'éviction, un fait nouveau rendrait à la vente toute son efficacité et permettrait à l'acheteur de jouir librement de la chose vendue (2).

II. CONDITIONS RELATIVES A LA CHOSE ÉVINCÉE.

Il importe que nous examinions sous ce titre quelle influence peuvent exercer sur l'action en garantie *ex stipulatu* :

1° La nature de la chose évincée;

2° La mesure de l'éviction, soit totale, soit partielle;

3° La qualité de principale ou accessoire de la chose évincée;

4° La nature du droit enlevé à l'acheteur.

Nature de la chose évincée. — Les choses incorporelles, quoique non susceptibles de possession véritable, peuvent cependant être l'objet d'une quasi-possession. La perte de cette quasi-possession est considérée comme une *ablatio rei* suffisante pour motiver la garantie *ex stipulatu* (3).

Mesure de l'éviction. — L'éviction partielle donne nais-

(1) Dig., *De receptis.* (L. 23.) *De évict.* (L. 57.)
(2) Dig., *De evict.* (L. 35.)
(3) Dig., *De evict.* (L. 10, L. 46. § 1.)

sance à l'action *ex stipulatu*, de même que l'éviction totale, mais nous verrons plus loin que la condamnation doit être proportionnée à la mesure dans laquelle l'éviction s'est produite (1). Il existe une exception formelle à ce principe pour la vente d'un esclave (2).

Mais il peut être quelquefois assez difficile de décider si, en fait, il y a eu éviction partielle ou non. Et, par exemple, je vous ai vendu une vache, cette vache a mis bas un veau dont par la suite vous êtes évincé ; ou bien je vous ai vendu une maison de campagne, et on a revendiqué avec succès contre vous une statue qui décorait cette maison : y a-t-il là une véritable éviction partielle, et la *stipulatio duplæ* est-elle commise ? Les textes décident que non (3). Pothier, pour arriver à une formule générale, distingue dans les choses des parties homogènes et des parties hétérogènes. Les premières sont celles qui sont susceptibles d'être désignées par le nom de la chose elle-même, par exemple un arpent qui fait partie d'un fonds de terre ; les autres sont celles qui ont une nature complètement distincte de la nature du tout, par exemple, les pierres dont est construit un édifice, les planches dont est formé un navire. L'éviction des parties homogènes peut seule donner naissance à l'action *ex stipulatu*. Mais cette solution n'empêche pas que l'acheteur, évincé d'une partie hétérogène, ne puisse agir *ex empto in id quanti interest*.

Qualité de principale ou accessoire de la chose évincée. — En principe général, l'éviction d'une chose qui n'a été

(1) Dig., *De evict.* (L. 1, L. 25, L. 34, § 1, L. 57.) *De verb oblig.* (L. 38, § 3.)

(2) Dig., *De evict.* (L. 56, § 2.)

(3) Dig., *De evict.* (L. 42, L. 43, L. 36, L. 44.)

considérée dans le contrat que comme un accessoire de la chose vendue, ne donne pas lieu à l'action *ex stipu-latu* (1).

Nature du droit enlevé à l'acheteur. — La nature du droit enlevé à l'acheteur exerce une grande influence sur la question que nous étudions. Il ne saurait y avoir de difficulté si l'acheteur est évincé, soit par le véritable propriétaire, soit par un emphythéote, un superficiaire ou un usufruitier (2). Dans tous ces cas, en effet, l'acheteur perd véritablement la libre jouissance de la chose vendue.

Mais la question est difficile, en ce qui concerne les servitudes prédiales.

Un premier système, enseigné par Maynz, distingue entre les servitudes apparentes et celles qui ne le sont pas. Le vendeur serait toujours tenu de la garantie relativement aux servitudes non apparentes ; il ne le serait, à l'égard des servitudes apparentes, qu'autant qu'il aurait vendu le fonds *uti optimus maximus* (3).

Ce système, quoique rationnel, ne nous paraît pas suffisamment appuyé par les textes qu'on invoque en sa faveur.

Suivant Cujas et Doneau, dont l'opinion a été reproduite avec une grande autorité par notre savant maître, M. Labbé, il n'y aurait pas lieu de distinguer entre les servitudes apparentes et les servitudes non apparentes. La revendication d'une servitude prédiale n'obligerait

(1) *De evict.* (L. 16.) *De act. empt.* (L. 11, § 17.) *De ædil. edict.* (L. 31, §§ 24-25.)

(2) Dig., *De evict.* (LL. 12, 13, 16, 19, 52, § 2, 39, § 5, 15, § 1.) Dig., *De usufr.* (L. 4.) Dig., *De verb. oblig.* (L. 38, § 3.)

(3) *De evict.* (L. 75.) Dig., *De ædilit. edict.* (L. 61.)

jamais le vendeur à la garantie, que s'il avait vendu le fonds *uti optimus maximus*. Et Doneau explique fort bien la raison pour laquelle on applique, en matière de servitudes prédiales, une solution différente de celle qui est donnée en matière de servitudes personnelles, en faisant remarquer que la servitude personnelle prive l'acheteur de la libre jouissance de la chose, tandis que la servitude prédiale n'attente point directement à sa possession.

Mais Doneau et M. Labbé se séparent de Cujas en ce point qu'ils n'admettent pas comme ce dernier que l'acheteur puisse, au cas où le fonds vendu serait reconnu grevé d'une servitude prédiale, agir contre le vendeur par l'action *quanti minoris,* et qu'ils ne lui accordent un recours que dans le cas où le vendeur aurait déclaré le fonds libre de toute servitude.

C'est ce système que nous croyons devoir adopter de préférence. Nous nous appuyons pour cela sur la loi 75 au Dig., *De evictionibus,* qui déclare en termes formels que, en matière de servitude prédiale, le vendeur n'est pas tenu de l'éviction : « Venditorem ob evictionem teneri « non posse », et qui ne fait aucune distinction entre les actions *ex stipulatu, ex empto* ou *quanti minoris* (1).

Quant aux lois 61 *de ædilit. edict.* et 15, § 1, *de evict.,* sur lesquels Cujas s'appuie pour accorder à l'acheteur l'action *quanti minoris,* nous croyons y répondre d'une manière péremptoire en faisant remarquer qu'elles n'ont pas pour objet d'accorder une action à l'acheteur, mais de déterminer l'action qu'il pourrait avoir dans certains cas. Or ces cas, suivant nous, sont ceux où le

(1) Voyez aussi au Digeste, *De contrah. empt.* (L. 59.) *De act. empt.* (L. 35.)

vendeur a déclaré le fonds libre et l'a vendu comme tel
« *uti optimus maximus* ».

Si nous supposons le vendeur garant de la liberté du
fonds vendu, et que ce fonds se trouve grevé d'une servitude tellement gênante que l'acheteur, la connaissant,
eût renoncé au contrat, M. Labbé enseigne qu'il pourra
abandonner le fonds et réclamer contre le vendeur
l'indemnité d'une éviction totale (1).

Nous avons examiné le cas où le fonds vendu se trouve
grevé d'une servitude passive au profit d'un fonds voisin. Que déciderons-nous dans le cas où le fonds vendu
n'aurait pas droit à une servitude active dont il paraissait jouir sur un fonds voisin? Dans ce cas le vendeur
n'est garant de l'éviction qu'autant qu'il aurait déclaré
l'existence de cette servitude active (2). La déclaration
par le vendeur que le fonds est *optimus maximus* ne suffisait même pas à l'obliger à la garantie; cette déclaration ne se réfère qu'à la non-existence de servitudes
passives.

III. Conditions relatives a la personne évincée. —
Il peut y avoir lieu à l'action en garantie *ex stipulatu*,
non-seulement lorsque la chose est enlevée à l'acheteur
lui-même, mais encore lorsqu'elle est enlevée à un ayant
cause à la non-éviction duquel l'acheteur avait intérêt.
Et, par exemple, le père qui a constitué en dot à sa fille
un fonds acheté par lui, a l'action *ex stipulatu* contre le
vendeur, si son gendre est évincé de cette dot profec-
tice (3).

(1) Dig., *De except. rei judic.* (L. 25, § 1.) Dig., *De ædilit.* (L. 43, § 6.)
(2) Dig., *De evict.* (L. 75.) Dig., *De verb. signif.* (L. 169.) Dig.,
De contr. empt. (L. 66.)
(3) Dig., *De evict.* (L. 22, § 1. L. 23, L. 71.)

§ 2.—*A qui et contre qui appartient l'action* ex stipulatu?

L'action en garantie *ex stipulatu* appartient à l'acheteur ou à ses ayants cause à titre universel. Elle ne passe à ses successeurs à titre particulier qu'autant qu'il la leur a cédée expressément (1). Elle est donnée contre le vendeur ou contre ses héritiers ou ayants cause à titre universel (2).

S'il y a eu plusieurs ventes successives, et que le dernier acheteur soit évincé de la chose vendue, il ne pourra agir que contre son propre vendeur, à moins que ce dernier ne lui ait cédé ses actions contre le vendeur précédent. En dehors de cette hypothèse de la cession d'actions, on devra ainsi remonter, *non omisso medio*, depuis l'acheteur évincé jusqu'au vendeur originaire.

§ 3.— *Objet de la condamnation dans l'action* ex stipulatu.

Dans l'action *ex stipulatu*, l'objet de la condamnation est la restitution du prix au simple, au double, au triple ou au quadruple, suivant ce qui a été déduit dans la stipulation. Cela ne présente aucune difficulté au cas d'éviction totale.

Si l'éviction n'est que partielle, et si elle est d'une part indivise, la stipulation est commise proportionnellement à la partie évincée, *pro quantitate evictæ partis* (3).

(1) Dig., *De evict.* (L. 59.)
(2) Code, *De evict.* (L. 8, L. 9.) Dig., *De evict.* (L. 19, § 1, L. 61.
(3) Dig., *De evict.* (L. 1.)

Si l'éviction est d'une part divise, on a alors recours à une estimation de la valeur de cette part au jour de la vente; car, en matière d'action *ex stipulatu*, c'est toujours à la valeur de la chose au jour du contrat qu'il importe de se référer (1).

Nous arrivons maintenant à l'explication d'un texte célèbre de Papinien, la loi 64, au Dig., *de evictionibus*.

Papinien examine le cas où un fonds de terre vendu aurait subi entre les mains de l'acheteur des augmentations et des diminutions, non pas seulement de valeur mais de substance, par suite d'un cas fortuit, par exemple de l'action d'un fleuve qui a déposé des alluvions le long de ce fonds de terre, ou qui, au contraire, en a miné et emporté une partie. Si l'éviction se produit après ces augmentations ou diminutions matérielles du fonds, dans quelle mesure l'acheteur évincé pourra-t-il agir *ex stipulatu* contre le vendeur?

Papinien distingue trois cas, suivant que l'éviction est totale, d'une part divise, ou d'une part indivise.

Si l'éviction est totale, la stipulation sera commise pour le tout, lors même qu'une partie du fonds aurait été matériellement détruite. Si, au contraire, le fonds s'est accru par suite d'alluvions, on ne tiendra pas compte de cet accroissement dans le calcul de la condamnation qui sera prononcée au profit de l'acheteur. En un mot les augmentations ou diminutions n'exerceront aucune influence sur le quantum de l'indemnité due par le vendeur, et tout se passera exactement de même que si elles n'avaient pas eu lieu.

(1) Dig., *De evict.* (L. 1, L. 13, L. 64, § 3.) Dig., *De ædil. edict.* (L. 64, pr.)

La solution est identique pour le cas où l'éviction est d'une part divise.

Mais on se décidera d'après d'autres principes si l'éviction est d'une part indivise. Pour ce dernier cas, il faut distinguer deux hypothèses différentes : celle de l'augmentation et celle de la diminution du fonds vendu. Si c'est une augmentation qui s'est produite, la stipulation sera commise dans la proportion de la contenance évincée à la contenance actuelle du fonds. Par exemple si un fonds de 800 arpents a été porté à 1000 arpents par suite d'alluvions, et que l'acheteur soit ensuite évincé de 200 arpents, comme cette portion évincée n'est que le cinquième de la contenance actuelle du fonds, la stipulation ne sera commise que pour un cinquième.

Si, au contraire d'une augmentation, c'est une diminution qui s'est produite, la solution sera différente, et la stipulation sera commise dans la proportion de la contenance évincée à la contenance, non plus actuelle, mais originaire du fonds vendu. Ainsi, un fonds de terre de 1000 arpents a été miné par les eaux et réduit à une contenance actuelle de 800 arpents, l'acheteur est évincé de 200 arpents, la stipulation ne sera commise que pour un cinquième, parce que la portion évincée n'est que le cinquième de la contenance originaire du fonds vendu.

Ces diverses solutions du texte de Papinien peuvent être réunies dans le tableau synoptique suivant :

Éviction totale. — pour la totalité.

La stipulation de garantie est commise.

Éviction d'une part divise. — dans la proportion de la valeur, au jour de la vente, de la portion évincée à la valeur totale au même jour.

Éviction d'une part indivise.
1° en cas d'augmentation. — dans la proportion de la contenance évincée à la contenance totale au jour de l'éviction.
2° en cas de diminution. — dans la proportion de la contenance évincée à la contenance totale au jour de la vente.

Ces deux dernières solutions, quoique contradictoires en apparence, peuvent, je crois, se concilier. Et, en effet, ce qui donne naissance à l'action *ex stipulatu*, c'est l'éviction réalisée de la chose vendue. Lorsqu'un fonds a subi des diminutions matérielles, si une partie est évincée, on ne peut tenir compte que de la partie qui a été réellement évincée, et non pas de celle qui aurait pu l'être si le fonds n'avait pas subi de diminution ; et cette portion évincée, il faudra la comparer au fonds, tel qu'il était au jour de la vente, puisque, en matière d'action *ex stipulatu*, c'est toujours à cette époque qu'il faut se référer.

Si les apparences sont différentes lorsque le fonds, au lieu de subir des diminutions, a reçu des augmentations, cependant le principe est le même au fond. Il importe, en effet, de bien distinguer dans un fonds vendu, qui a ensuite reçu des augmentations, deux choses bien distinctes en elles-mêmes, d'abord le fonds vendu, ce qui a fait l'objet de la vente, et les accroissements de ce fonds qui ne sont entrés dans la vente qu'à titre d'espérances et d'accessoires. Lorsque l'acheteur a été évincé d'une portion indivise de ce fonds ainsi accru, cette éviction a porté tout à la fois et sur l'objet même de la vente pour lequel le vendeur est tenu à garantir, et sur les accroissements de cet objet, relativement auxquels le vendeur n'a aucune obligation.

Or le moyen de savoir dans quelle proportion l'éviction de cette portion indivise a frappé ce fonds originaire, celui-là seul qui a fait l'objet du contrat, est précisément de comparer la totalité de la contenance évincée à la totalité de la contenance du fonds au jour de l'éviction, puisque, un tout étant diminué dans une certaine mesure, chacune de ses parties se trouve nécessairement diminuée dans la même mesure.

Ces deux solutions nous paraissent donc se concilier parfaitement. Mais la conciliation est moins facile en ce qui concerne la solution de Papinien en cas d'éviction partielle et celle qu'il nous donne en cas d'éviction totale. Dans le premier cas, la stipulation est commise seulement dans la mesure où l'éviction a dépouillé l'acheteur; dans le second, au contraire, la stipulation est toujours commise pour le tout, lors même que la plus grande partie du fonds ayant été détruite par cas fortuit, l'éviction n'aurait pu porter que sur une portion insignifiante de la chose vendue. Plusieurs commentateurs se sont efforcés de trouver de bonnes raisons pour justifier cette diversité de solutions. Nous ne les suivrons pas dans cette voie difficile et périlleuse. Nous avons interprété la loi, nous ne nous chargeons pas de la défendre.

II. ACTION EX EMPTO.

Nous avons dit que, dans le dernier état du droit, la garantie est de la nature du contrat de vente, et qu'elle fait partie des obligations que le contrat lui-même impose au vendeur. La conséquence de ce principe est que la garantie est sanctionnée par l'action même du contrat par l'action *ex empto* (1).

L'action *ex stipulatu* est une action de droit strict, nous l'avons vue entourée par la loi romaine de rigueurs extrêmes. L'action *ex empto*, au contraire, est une action de bonne foi, et les règles qui y sont relatives s'appuient principalement sur l'équité

§ 1. *Quand il y a lieu à l'action* ex empto.

Nous distinguerons, comme nous avons fait pour l'action *ex stipulatu*, les conditions de naissance de l'action *ex empto* relatives à l'éviction, à la chose évincée et à la personne évincée.

I. *Conditions relatives à l'éviction*. — Il faut que l'éviction procède d'une cause antérieure à la vente ou d'un fait du vendeur. Il faut aussi qu'elle soit conforme aux règles du droit; l'éviction qui serait le résultat de l'*injuria judicis* ou de la violence d'un tiers ne donnerait pas l'action *ex empto* contre le vendeur (2).

Mais les autres conditions que nous avons énumérées

(1) Dig., *De act. empt.* (L. 3, pr.) Code, *De evict.* (L. 6.) Code, *De act. empt.* (L. 11.)

(2) Code *De evict.* (L. 8, L. 15.) Code, *De act. empt.* (L. 17.)

en parlant de l'action *ex stipulatu* ne sont plus exigées pour l'action *ex empto.*

Il n'est pas nécessaire que la chose soit enlevée réellement à l'acheteur; il suffit qu'il ne la détienne plus qu'en vertu d'une cause autre que la vente, par exemple, en vertu d'un legs ou d'une donation qui lui aurait été consentie par le véritable propriétaire (1). Il n'est pas nécessaire que l'éviction soit le résultat d'une instance judiciaire. Dans certains cas même l'action sera donnée contre le vendeur, quoique toute instance judiciaire, toute dépossession de l'acheteur soit impossible, par exemple, si l'acheteur est devenu héritier du véritable propriétaire (2). Ce sera assez pour l'acheteur de prouver que la vente ne lui a pas tranféré la libre jouissance de la chose vendue.

Enfin l'acheteur n'aura pas besoin, pour avoir l'action, de faire au vendeur la *denuntiatio* du trouble qui serait apporté à sa possession. Doneau, à vrai dire, enseigne le contraire, en se fondant sur ce motif qu'il y a dol de l'acheteur à ne pas dénoncer au vendeur ce trouble dont il est victime (3). Nous ne faisons aucune difficulté de reconnaître que, si vraiment il y a eu dol de l'acheteur à ne pas faire la *denuntiatio*, il ne pourra pas agir *ex empto* contre le vendeur; mais nous ne saurions admettre que le dol résulte nécessairement de la simple absence de *denuntiatio*, or lorsqu'il n'y a pas eu dol, l'acheteur a l'action *ex empto* (4).

(1) Dig., *De legat.* 1° (L. 84, § 5.) Dig., *De act. empt.* (L. 13, § 15, L. 29.)
(2) Dig , *De evict.* (L. 9, L. 11, L. 66, § 2.)
(3) Dig., *De evict.* (L. 53, § 1.)
(4) Dig., *De evict.* (L. 9, L. 21.) Dig., *De act. empt.* (L. 11, § 12.)

II. *Conditions relatives à la chose évincée.* — Il importe peu, pour que l'action *ex empto* soit donnée à l'acheteur, que la chose évincée soit corporelle ou incorporelle, qu'elle soit évincée en totalité ou par partie seulement. L'éviction de ce qui provient de la chose vendue donne lieu à l'action, de même que l'éviction de la chose vendue (1).

III. *Conditions relatives à la personne évincée.* — L'action prend naissance, soit que la chose ait été évincée entre les mains de l'acheteur ou entre les mains d'une personne à la non-éviction de laquelle l'acheteur avait intérêt.

§ 2. *A qui et contre qui appartient l'action* ex empto.

L'action *ex empto* est donnée à l'acheteur ou à ses héritiers contre le vendeur ou les héritiers du vendeur.

§ 3. *Objet de la condamnation dans l'action* ex empto.

Nous avons dit que le quantum de la condamnation dans l'action *ex stipulatu* est calculé d'après le prix de de vente. Il en est différemment en ce qui concerne l'action *ex empto*. La condamnation est basée sur le préjudice que l'éviction a causé à l'acheteur : « In id quanti interest rem non evictam esse » (2). Paul définit ce qu'il faut entendre par le préjudice que l'éviction cause à l'acheteur ; ce préjudice comprend tout à la fois le *damnum datum* et le *lucrum cessans* : « In quantum mea

(1) Dig., *De act. empt.* (L. 45, § 2.) Dig., *De evict.* (l. 8, L. 35, L. 42, L. 43.)
(2) Dig., *De evict.* (l. 8, l. 70.) Code, *De evict.* (L. 23.)

« interfuit, id est quantum mihi abest quantumque lu-
« crari potui » (1). Le vendeur est tenu de réparer ce
préjudice, qu'il soit ou non de bonne foi (2).

La perte éprouvée par l'acheteur peut se référer soit
à la chose elle-même dont il est évincé, soit à ce qui en
est provenu, soit à des biens étrangers.

En ce qui concerne la chose elle-même, il faut se
placer, pour en apprécier la valeur, et par conséquent
le préjudice causé par l'éviction, au moment même
où l'éviction s'est produite.

Il peut se faire que la chose vendue ait augmenté de
valeur par suite de certains travaux d'améliortion faits
par l'acheteur. Si la dépense est égale à la plus-value,
l'acheteur a pu l'obtenir du revendiquant par l'exception de dol, et il n'aura plus rien à réclamer de ce chef
au vendeur. Si la plus-value est supérieure à la dépense, l'acheteur qui n'a pu réclamer que la dépense
au revendiquant obtiendra le surplus contre le vendeur. Mais si la plus-value est inférieure à la dépense,
l'acheteur qui n'aura pu réclamer au revendiquant
que la plus-value (3), pourra-t-il agir pour le surplus
contre le vendeur? Non, car le préjudice qu'il a éprouvé
par suite de l'éviction n'est que de la valeur de la
chose évincée, et, pour apprécier cette valeur, il n'y a
pas à tenir compte des dépenses qui ont pu être faites
sur cette chose. Toutefois il en serait différemment si
le vendeur était coupable de dol (4).

Si la chose a augmenté de valeur au jour de l'évic-

(1) Dig., *Ratam rem. haberi.* (L. 13.)
(2) Dig., *De evict.* (L. 8, L. 70.)
(3) Dig., *De rei vindic.* (L. 38.)
(4) Dig., *De evict.* (L. 21, pr.)

tion, l'acheteur obtiendra, comme indemnité, la valeur même de cette chose. Si, au contraire, elle a diminué de valeur, l'acheteur pourra-t-il néanmoins réclamer par l'action *ex empto* l'intégralité du prix? Dumoulin et Pothier tiennent pour l'affirmative. Nous pensons, au contraire, avec Cujas, Voët, Doneau et un grand nombre d'interprètes modernes du droit romain, que la condamnation dans l'action *ex empto* ne doit jamais excéder le préjudice causé. Paul a consacré ce principe dans un texte formel : « Minuitur præstatio, « dit-il, » « si servus deterior apud emptorem factus est, cum evin- « citur » (1). La manière dont cette solution est présen- tée par Paul montre bien que, dans sa pensée, il se ré- férait à un principe général et certain. Les textes qui sont allégués par les partisans de l'autre système ne nous paraissent pas pouvoir ébranler notre solution.

Dumoulin, se plaçant sur le terrain des principes, nous fait une objection qui au premier abord est spé- cieuse ; l'obligation de payer le prix, dit-il, a pour cause l'acquisition de la chose ; celle-ci étant évincée, le vendeur retient le prix sans cause ; donc l'acheteur peut le réclamer par l'action *ex empto* et aussi par la *condic- tio sine causa*. Mais cela n'est pas spécieux, et Caillet y a répondu avec beaucoup de raison que la cause de l'obli- gation de l'acheteur de payer ce prix est, non pas comme le prétend Dumoulin, l'acquisition de la chose vendue, mais bien l'obligation du vendeur de « præ- « stare rem habere licere. » Or cette obligation du ven- deur existe, même en cas d'éviction, et par conséquent le prix n'a pas été indûment payé.

(1) *De act. empt.* (L. 13, pr.)

Le principe que l'acheteur évincé doit être indemnisé par le vendeur de tout le préjudice causé, ce principe subit quelques limitations. Si le dommage s'élève à un chiffre que le vendeur n'a pas pu prévoir, par exemple si l'acheteur a fait un comédien habile d'un esclave acheté à très-bas prix, il serait injuste de condamner le vendeur à payer une somme considérable, surtout s'il n'est pas riche, dit Africain (1). — Le texte de ce jurisconsulte limite au double du prix de vente la responsabilité de l'acheteur (2).

Mais cette limitation ne profite qu'au vendeur de bonne foi : « Sciens omnimodo teneri debet » (3).

Outre la valeur de la chose vendue, l'intérêt de l'acheteur à la non-éviction, et par suite l'indemnité due par le vendeur comprennent ce qui est provenu de cette chose, par exemple les fruits d'un fonds, le croît des animaux, l'hérédité acquise par l'esclave vendu, etc. (4).

Enfin nous avons dit que le préjudice causé à l'acheteur par l'éviction pouvait comprendre certaines choses étrangères à la chose vendue, par exemple le *lucrum cessans* et les frais du procès.

Mais si l'acheteur triomphe dans le procès en revendication, et que, pour soutenir ce procès, il ait eu à faire certaines dépenses dont il ne peut obtenir le remboursement contre le revendiquant, pourra-t-il de ce chef agir *ex empto* contre le vendeur? Il ne le pourra pas, car le vendeur ne doit garantie à l'acheteur que pour les troubles légaux qui seraient apportés à sa possession;

1) Dig., *De act. empt.* (L. 44.)
(2) Code, *De sent. quæ pro eo.* (L. 4.)
(3) Dig., *De act. empt.* (L. 13, L. 13, L. 18.)
(4) Dig., *De crict.* L. 8. Dig., *De act. empt.* L. 13, L. 15. § 2.

Coueloux.   5

de même qu'il ne répond pas de l'*injuria judicis*, il ne doit pas répondre des actions qui pourraient être intentées par des tiers, en dehors des règles du droit (1). Ce point est admis par la majorité des commentateurs : Cujas, Voët, Zoësius, Caillet et autres.

Section II. — Moyens d'exception de l'acheteur contre le vendeur.

Le grand principe de la matière que nous abordons en ce moment est contenu dans cet axiome célèbre : « Quem de evictione tenet actio, eumdem agentem re- « pellit exceptio »(2). L'acheteur qui est actionné en revendication par son vendeur ou par quelqu'un qui lui doit garantie de la libre possesion de la chose vendue a deux moyens de recours : il peut se laisser condamner, et agir ensuite en garantie contre celui-là même qui l'a évincé; il peut, s'il le préfère, repousser l'action qui est intentée contre lui par une exception (3).

Les textes accordent à l'acheteur deux moyens de repousser l'action en revendication dirigée contre lui par quelqu'un qui lui doit garantie : l'exception *doli*, et l'exception *rei venditæ et traditæ*. Ces deux exceptions ne sont pas identiques, et ne se donnent pas dans les mêmes circonstances. Il importe que nous les examinions séparément.

1° *Exceptio doli.* — L'exception *doli* se donne entre personnes engagées dans les liens d'une obligation. Elle appartient à l'acheteur et à ses successeurs uni-

---

(1) Code, *De evict.* (L. 18), Dig., *De evict.* (L. 51, pr.)
(2) Dig., *De evict.* (L. 18.)
(3) Dig., *De evict.* (L. 17.) Dig., *De excpt. rei vendit.* (L. 1, pr.)

versels contre to us ceux qui sont garants de l'éviction.
Les textes appliquent ce principe au vendeur (1), au débiteur saisi dont on a fait vendre la chose (2), au créancier vendeur du gage (3), au fidéjusseur du vendeur (4),
et à leurs héritiers (5).

2° *Exceptio rei vendilæ et tradilæ.* — L'exception *rei
venditæ et tradilæ* présente un certain caractère de réalité
quon'offre pas l'exception de dol.

Tandis que celle-ci n'est donnée qu'entre personnes
engagées dans les liens d'une obligation personnelle,
l'exception *rei venditæ et tradilæ* appartient à tout ayant
cause de l'acheteur, même à titre particulier contre le
vendeur et ses ayants cause, à titre univerel ou à titre
particulier, bien qu'entre les ayants cause particuliers
de l'acheteur et ceux du vendeur il n'existe aucun lien
personnel d'obligation (6).

Il importe de bien remarquer cette différence entre
l'exception de dol et l'exception *rei venditæ et tradilæ.* Il
en résulte que, dans plusieurs circonstances, l'acheteur,
menacé d'une éviction, n'a pas pour se défendre le libre
choix de l'une ou de l'autre de ces exceptions. Pomponius pose l'espèce suivante : Titius vous a vendu un
fonds qui appartenait à Sempronius; puis, après que
votre prix a été payé, il devient héritier de Sempronius
et vend à Mœvius le fonds qu'il vous a déjà vendu anté-

(1) Dig., *De evict.* (L. 17.)
(2) Code, *De evict.* (L. 13.)
(3) Code. *Creditorum evict. pign.* (L. 1.)
(4) Code, *De evict.* (L. 11.)
(5) Dig., *De evict.* (L. 73.) Code, *De evict.* (L. 14, L. 31.)
(6) Dig., *De except. rei vendit.* (L. 3, L. 1, § 5.) Code, *De evict.*
(L. 28.) Dig., *De rei vindic.* (L. 72.)

rieurement. Si vous êtes encore en possession du fonds, vous pourrez repousser par l'*exceptio rei venditæ et traditæ* la revendication de Mœvius; si Mœvius possède le fonds, vous agirez contre lui par la Publicienne; il pourra à vrai dire vous opposer l'exception *justi dominii*, mais vous briserez cette exception par la *replicatio rei venditæ et traditæ* (1). Voilà un exemple remarquable d'exception et de réplique, *rei venditæ et traditæ*, donné à l'acheteur dans un cas où il ne pourrait employer l'exception de dol.

Le fidéjusseur du vendeur, qui serait devenu proprié-taire de la chose vendue, sera repoussé dans son action en revendication par l'exception de dol (2). Pourrait-il l'être par l'exception *rei venditæ?* Nous ne le croyons pas, car il n'est pas un ayant cause du vendeur.

La loi 28 au Code, *de evictionibus*, établit une déroga-tion au principe que celui qui est garant de l'éviction ne peut pas agir contre l'acheteur, à l'effet de lui enle-ver la possession de la chose vendue. Quelqu'un a vendu comme esclave une personne libre; il peut, malgré sa qualité de vendeur, lui servir d'*assertor libertatis*. Mais il s'agit là d'une hypothèse tout à fait exceptionnelle; la liberté, en effet, est la plus favorable de toutes les choses : « libertas omnibus rebus favorabilior est »(3), et d'ailleurs, dans notre espèce, le véritable demandeur est plutôt l'esclave prétendu que celui qui lui sert d'as-sertor *libertatis*.

(1) Dig., *De except. rei vendit.* (L. 2.) Dig., *De rei vindic.* (L. 72.)
(2) Code, *De evic.* (L. 11.)
(3) Dig., *De reg. juris.* (L. 122.)

CHAPITRE IV.

EXTINCTION DE L'OBLIGATION DE GARANTIE.

Nous ne parlerons pas ici des modes d'extinction de l'obligation de garantie qui lui sont communs avec les autres obligations. Cela nous ferait entrer dans une théorie générale des obligations que nous ne voulons pas aborder. Nous ne dirons pas non plus quand l'acheteur perd son recours en garantie, parce que l'éviction n'a pas revêtu certains caractères indispensables; nous avons examiné ce point en parlant, sur l'*action ex stipulatu* et sur l'action *ex empto*, des cas où ces actions prennent naissance. Nous ne reviendrons pas sur ce sujet.

Spécialement l'obligation de garantie s'éteint lorsque l'éviction est devenue impossible. Cela se présente dans deux cas distincts : d'abord, lorsque la chose vendue est détruite, soit matériellement, soit juridiquement, et seulement au point de vue du droit de propriété; en second lieu, lorsque l'acheteur est devenu possesseur irrévocable de la chose vendue.

Cependant, au cas où l'acheteur aurait acquis des droits définitifs sur la chose vendue en vertu d'un acte étranger à la vente qui lui a été consentie, nous avons dit que l'action *ex stipulatu* devient seule impossible, et que l'acheteur peut encore recourir contre le vendeur par l'action *ex empto*.

TABLE DES MATIERES.

DROIT FRANÇAIS.

DES ACHATS ET VENTES

DE MARCHANDISES

ENTRE COMMERÇANTS

Paris. — Typ. A. PARENT, rue Monsieur-le-Prince, 29 et 31.

INTRODUCTION.

I.

Importance des achats et ventes dans le commerce. — A chaque
degré de civilisation correspond un acte juridique spécial,
relatif à la circulation de la richesse et à la répartition
des biens. Ces différents actes sont, suivant l'état social
des peuples, l'échange, la vente, la vente commerciale, le
libre échange. — La vente commerciale est l'acte le plus
parfait, au point de vue de la transmission des biens, qui
ait sa place marquée dans notre législation actuelle. —
Avantages et dangers du libre échange.

II.

Tous les peuples civilisés ont eu des lois spéciales relatives au
commerce. — Silence du Code de commerce sur les achats et
ventes. — Parmi les lois civiles de la vente, il faut distinguer celles qui la considèrent uniquement comme transmission de biens moyennant un certain prix, et celles qui
visent un caractère exclusivement propre à la vente civile;
les premières régissent la vente commerciale de même que
la vente civile — les autres doivent être écartées. — Importance des usages au point de vue des achats et
ventes de marchandises entre commerçants. — Ils ont
créé des contrats d'une nature juridique particulière. —
Divisions et plan.

Couctoux.   1

I.

Acheter des marchandises pour les revendre, et, en les revendant, réaliser un profit pécuniaire, c'est l'opération principale du commerce, et, pour ainsi dire, le commerce tout entier.

Le progrès des temps et le développement des relations sociales ont invité le législateur à attribuer le caractère commercial à d'autres actes relatifs, eux aussi, à la circulation des biens; mais l'achat pour revendre ou, pour parler exactement le langage de la loi, l'achat et vente est demeuré toujours l'acte de commerce par excellence, celui autour duquel toutes les autres opérations commerciales viennent se grouper, comme des analogues, presque comme des accessoires.

Il ne sera peut-être pas sans intérêt de remarquer ici par suite de quelle filiation, par quelle série logique de modifications successives les ventes commerciales sont nées.

Une certaine circulation de la richesse, la transmission entre-vifs de certains biens sont choses trop nécessaires pour que nous n'en retrouvions pas des traces, même dans les mœurs des sociétés les plus rudimentaires. Un guerrier cédera des armes conquises à un agriculteur qui lui abandonnera, en retour, des instruments de culture : voilà l'échange, la forme primitive de la transmission des biens. Mais que de difficultés à cette opération, et combien il arrivera rarement que l'échange puisse être avantageux aux deux parties contractantes, que celui-là même qui désire le bien que j'ai en excès dans mon patrimoine soit en mesure de m'abandonner en retour précisément cet autre objet dont j'ai besoin. Il sera donc difficile de rapprocher deux personnes ayant toutes deux intérêt à échanger leurs biens : c'est là un inconvénient grave au point de vue de la circulation de la richesse. Il en est un autre qu'il importe de signaler, c'est la différence de valeur qui existera presque toujours entre les biens qui devront faire l'objet du contrat, et qui, dès lors, constituera l'une des parties en perte, tandis qu'elle accordera à l'autre un bénéfice immérité.

Le sentiment vrai de ces deux imperfections graves de l'échange poussa les peuples à inventer un bien d'une nature particulière, qui fût à la fois universel et indéfiniment divisible : *universel*, en ce sens qu'il serait, entre les mains de toutes personnes, un moyen sûr et facile d'acquérir toutes autres sortes de biens ; *indéfiniment divisible*, et propre par là à devenir l'équivalent exact de l'objet dont on voudrait opérer la transmission. Ce bien nouveau, qui devait opérer une révolution si considérable et si salutaire dans les relations économiques des hommes, prit le nom de monnaie. La monnaie devint l'instrument général de la circulation de la richesse; dans l'ordre de l'économie, elle simplifia et développa cette circulation; dans la sphère du droit, elle donna naissance à un contrat nouveau, le contrat de vente. Avec lui disparaissaient les inconvénients de l'échange. La transmission entre-vifs des biens devenait facile, et chacun pouvait se procurer l'objet de ses besoins.

Mais la vente, telle que nous l'avons définie, n'avait encore rien de commercial, et l'invention du commerce devait réaliser, au point de vue économique, un nouveau progrès.

A mesure que les peuples se fixèrent (1), et que des rapports plus fréquents et plus intimes s'établirent entre les hommes, il devint moins nécessaire à chacun de pourvoir par lui-même à la satisfaction de tous ses besoins. On s'habitua à compter les uns sur les autres, et à se rendre de mutuels services. Comme conséquence de cet état social plus avancé, il s'opéra entre les différents citoyens d'un même

(1) Ce n'est pas que, dans notre pensée, l'homme ait commencé par vivre à l'état sauvage, et qu'il soit sorti de cet état inférieur pour s'élever par ses propres forces à un état social plus avancé. Le système du progrès indéfini n'est qu'une misérable chimère, dénuée de tout fondement historique, condamné même par la véritable histoire, autant que par la révélation. Mais on trouve dans le monde des civilisations plus ou moins avancées; à chacune de ces civilisations correspond un acte spécial, relatif à la circulation de la richesse. Nous les groupons dans l'ordre suivant: échange, vente, vente commerciale, libre échange.

peuple une division du travail, analogue à celle que
l'industrie moderne a réalisée dans nos grands ateliers, et qui ne fut pas moins féconde que cette dernière, en utiles résultats. Les guerriers veillèrent
au salut social ; les vieillards furent préposés à la
justice et à la rédaction des lois ; ceux qu'une âme
plus sensible et un esprit plus élevé attiraient vers
le ciel chantèrent les grandeurs de Dieu, la nécessité de la religion, la gloire des héros, et les beautés
de la nature ; dans un autre ordre d'idées, il y en
eut qui s'occupèrent de cultiver la terre, d'autres de
confectionner les choses utiles à la vie, d'autres de
favoriser la circulation des biens et une répartition
utile de la richesse Ces derniers furent les commerçants ; ils s'établirent intermédiaires entre le producteur et le consommateur, à l'effet de faciliter à
celui-ci l'achat des choses qui lui sont nécessaires,
à celui-là la vente des produits de son travail et de
son industrie. Acheter aux uns pour revendre aux
autres fut leur profession particulière, et c'est en
travaillant à la circulation et à la répartition des
biens entre leurs concitoyens qu'ils concoururent à
l'œuvre commune de la prospérité nationale.

Les opérations auxquelles ils se livrèrent consti-
tuèrent le commerce ; les achats et ventes dans lesquelles ils intervinrent, revêtirent, par suite de la
nature même de leur profession, un caractère juridique nouveau. Tandis, en effet, que le consommateur achète pour ses besoins particuliers, le commerçant achète pour les besoins des autres. Telle est

la différence caractéristique qui sépare la vente civile et la vente commerciale. Dans la vente civile,
l'acheteur contracte pour lui-même et pour son
usage personnel; dans la vente commerciale, il
contracte pour les autres, dont il se constitue pour
ainsi dire le gérant d'affaires, il prend le rôle d'intermédiaire entre le vendeur primitif et le consommateur, pour son profit particulier et pour le plus
grand avantage de tous.

Au point de vue économique, la vente commerciale est l'acte juridique le plus parfait qui ait été
inventé pour favoriser la circulation et la juste répartition de la richesse. Au-dessus d'elle, nous ne
voyons plus qu'un seul progrès possible, l'établissement du libre échange qui facilite la circulation
des biens entre les différentes nations, de même que
la vente commerciale a facilité cette circulation
entre les citoyens d'un même peuple. Mais le libre
échange a souvent pour résultat nécessaire de rui-
ner certaines industries nationales; ici l'intérêt
politique est en sens contraire de l'intérêt économique et commercial. Cette difficulté est de nature à préoccuper gravement le législateur, et il se
passera peut-être bien des années encore avant qu'on
puisse trouver à ce grand problème social une solution également satisfaisante pour tous les intérêts d'ordres divers, qui s'y trouvent engagés.

II.

Tous les peuples civilisés ont connu le commerce, et le caractère juridique spécial que présentent les opérations commerciales a nécessité partout la rédaction de certaines lois particulières. Si nous voulions interroger sur ce point les législations antiques, nous trouverions chez tous les peuples commerçants des lois spéciales relatives au commerce. Rome, qui, pourtant, ne fut jamais une cité commerçante, eut des règles commerciales qui ont trouvé place dans le recueil de ses lois.

A mesure que le commerce se développa, sa réglementation devint plus nécessaire et plus détaillée ; aujourd'hui, en France et chez les peuples civilisés, le droit commercial a pris une importance qu'on n'avait jamais connue jusqu'ici.

Chose surprenante ! notre Code de commerce, si complet et si minutieux sur certains points, ne contient pas un seul article sur l'acte le plus important du commerce, sur les achats et ventes ; et l'unique disposition législative dans laquelle le mot soit prononcé, traite des modes de preuve qui peuvent être admis en justice, c'est-à-dire d'une matière qui n'a, avec l'acte que nous étudions, qu'une relation juridique très-éloignée.

En face de ce silence du législateur, il importe au jurisconsulte de rechercher tout d'abord avec soin d'après quelles règles législatives il devra se décider, et de démêler, dans l'ensemble des lois qui régissent les ventes civiles, celles qui sont applicables aux ventes commerciales, et celles, au contraire, qui doivent être écartées.

Un premier point nous paraît devoir être admis sans difficulté, c'est que la vente commerciale étant, de même que la vente civile, une transmission de biens moyennant un certain prix en argent, les lois civiles qui ne considèrent dans la vente que ce caractère de transmission de biens moyennant un prix, doivent être appliquées à la vente commerciale, de même qu'à la vente civile, car on ne saurait imaginer que deux actes identiques soient réglés d'une manière différente par le législateur.

Un second point ne nous paraît pas moins certain que le premier, c'est que la vente commerciale étant, par certains caractères, complètement différente de la vente civile, elle doit, en tant qu'elle se différencie de cette dernière, être régie par des principes différents.

Dans la vente civile, l'acheteur achète pour son usage personnel; dans la vente commerciale, il achète pour revendre. De plus, certaines choses, qui peuvent être vendues civilement, ne sont pas susceptibles de faire l'objet d'une vente commerciale. La conséquence bien simple à tirer de là, c'est que si certaines lois civiles visent l'usage personnel que l'acheteur veut faire de la chose vendue, ou certaines ventes spéciales, essentiellement civiles à raison de leur objet, elles ne sauraient, en aucune manière, être appliquées aux ventes commerciales.

Ainsi, nous rangeons les lois civiles de la vente en deux catégories bien distinctes.

Les unes ne la considèrent que comme transmission de biens moyennant un prix : elles sont applicables aux ventes commerciales comme aux ventes civiles.

Les autres considèrent dans la vente des caractères qui sont exclusivement propres aux ventes civiles.

Celles-là ne sont pas applicables aux ventes commerciales et doivent être écartées.

Ce système a été ordinairement suivi dans la jurisprudence et il est généralement admis par les auteurs.

Pourtant MM. Delamarre et Le Poitvin se sont mis à la tête d'une école qui enseigne que les principes du droit civil ne sont pas applicables, en tant que lois, aux matières commerciales, et qu'il n'est permis de les invoquer, pour suppléer aux lacunes du Code de commerce, que comme maximes d'équité naturelle (1).

Nous ne suivrons pas ces auteurs dans l'exposition des mille complications de leur système, et nous

(1) Delamarre et Le Poitvin. Droit commercial, 2ᵉ édit. Tome IV. Chap. I, § 1; pour la réfutation, voir Locré. Esprit du Code de commerce. T. I, p. 4. Bédarride. Des achats et ventes, n. 8 et suiv. — Massé, n° 63. — Loi du 23 mai 1803. Exposé des motifs... etc., etc...

ne réfuterons pas ici une opinion qui n'a jamais eu de succès, et qui n'en devait pas avoir.

Nous avons dit quels sont, en général, les principes du droit civil qui sont applicables aux ventes commerciales. Mais il ne faut pas oublier qu'en matière de commerce, de même, qu'en matière civile, l'intention des parties qui s'engagent dans une obligation, soit qu'elle ait été formellement exprimée, soit qu'elle résulte seulement des usages reçus ou des circonstances, peut déroger aux lois établies, pour les modifier, y retrancher quelquefois, et plus souvent encore y ajouter.

En matière d'achats et ventes de marchandises, les usages commerciaux ont une importance toute particulière. Ils ont créé certaines formes spéciales de marchés, certains contrats nouveaux, dont le caractère juridique est presque entièrement différent de celui de la vente civile ordinaire.

Nous examinerons d'abord quelles sont les règles générales des achats et ventes ; dans une seconde partie, nous exposerons les règles particulières aux différentes espèces de marchés, qui sont aujourd'hui en usage dans le commerce.

Nous n'avons aucun goût pour le luxe frivole d'une érudition inutile. Nous laisserons donc à d'autres le plaisir agréable de faire parade de science en citant sur chaque question importante des textes du droit romain, et l'autorité d'auteurs anciens comme Faber, Toubeau, Casaregis, le cardinal de Lucca et autres, dont les noms font souvent d'autant plus d'effet, vis-à-vis du lecteur, qu'ils lui sont plus profondément inconnus.

Nous pensons que le droit romain n'a rien à voir dans notre matière, et que l'autorité des anciens doit s'effacer devant celle des modernes qui seuls, connaissant notre loi actuelle et nos usages, nous paraissent capables de les interpréter. En toutes choses, nous voudrions être clair, simple et pratique.

PREMIÈRE PARTIE

Achats et ventes en général.

—

CHAPITRE PREMIER.

DES CARACTÈRES GÉNÉRAUX DES ACHATS ET VENTES DE MARCHANDISES ENTRE COMMERÇANTS.

Critérium de la distinction des opérations civiles et des opérations commerciales. — Erreur de ceux qui trouvent ce critérium dans la spéculation. — Les opérations commerciales sont celles qui favorisent la circulation des biens. — Conséquence de ce principe au point de vue de la distinction des ventes civiles et des ventes commerciales. — De la vente contractée entre un auteur et un éditeur. — Vente d'une œuvre dramatique à un entrepreneur de théâtre. — Vente par un propriétaire des fruits récoltés sur ses terres. — Vente de produits manufacturés. — Vente par un propriétaire des produits de ses terres, après qu'il les a soumis à une préparation industrielle. — Parallèle de la vente civile et de la vente commerciale. — La vente civile a ordinairement pour objet un corps certain ; la vente commerciale a presque toujours pour objet des corps incertains. — Conséquence du fait précédent au point de la translation de la propriété (renvoi au chap. V). — De la vente de la chose d'autrui. — L'acheteur civil achète pour lui-même ; l'acheteur commerçant achète pour revendre : conséquences. — Les ventes commerciales exigent célérité et bonne foi : conséquences quant aux modes de preuve qui peuvent être admis en justice. — Définition de la vente commerciale.

Si l'on a pris la peine de lire notre introduction, on y a vu déjà, en substance, toute la matière de ce chapitre, à savoir que la vente commerciale qui se rapproche de la vente civile en ce que, comme cette dernière, elle est une transmission de biens moyennant un certain prix, s'en distingue par ce caractère propre que l'acheteur commerçant agit, non pas, comme l'acheteur civil, en vue de son usage personnel, mais pour revendre à d'autres, et, par cette revente, réaliser un profit.

Il faut ici donner quelques développements à cette idée, et en tirer quelques conséquences.

Nous avons dit que la vente commerciale a pour caractère propre et distinctif d'être conclue dans le but de favoriser la circulation de la richesse, et nous avons essayé d'expliquer comment elle était née de l'échange et de la vente purement civile, par suite du progrès de la civilisation.

Produire la richesse est une opération civile, la faire circuler est une opération commerciale et le propre du commerce. Tel est, à notre sens, le criterium de la distinction à établir entre les actes civils et les actes commerciaux.

On dit parfois que le but du commerce, c'est de spéculer. Pour les auteurs qui professent cette opinion, le caractère distinctif des opérations commerciales, c'est la spéculation (1). Mais que ce mot est

(1) Des actes ne sont pas commerciaux, dit M. Alauzet, « s'ils ne sont pas accomplis dans un but de spéculation et « pour se procurer des bénéfices éventuels. » (Alauzet, *Droit* « *commercial*, tome I, 2).

« Il faut, dit M. Pardessus, que cette habitude d'actes com- « merciaux ait eu lieu comme moyen de se procurer des bé- « néfices et non de faire ses affaires personnelles. » (Par- dessus, *Droit commercial*, tome I, n° 79.)

Voir aussi Bédarride, *Commentaire du Code de commerce*, tome I, n° 21.

vague! Il peut se faire que la pensée soit exacte; assurément l'expression est défectueuse.

Si spéculer n'est pas autre chose qu'entreprendre des opérations qui doivent produire un bénéfice pécuniaire (et nous ne connaissons pas à ce mot d'autre signification dans la langue française), la spéculation n'est certainement pas le criterium du commerce, car tout le monde spécule sur la terre, ceux qui font le commerce et ceux qui ne le font pas, ceux qui vivent du produit de leur travail, et ceux qui jouissent des fruits des capitaux acquis par le travail de leurs pères, le grand propriétaire qui vend les récoltes de ses domaines, l'avocat qui défend la justice, et le magistrat qui rend ses arrêts.

Et qu'on ne nous dise pas que ces derniers ne sont pas des spéculateurs, parce que, s'ils réalisent des profits, cependant l'acquisition de la richesse n'est pas le but qu'ils se proposent dans l'exercice de leur profession. Ce serait compliquer la question au lieu de l'éclaircir, et aggraver l'erreur au lieu de la réparer. Car en vertu de quel principe de droit, ou de morale est-il défendu à ceux qui exercent une profession libérale de considérer le profit qu'ils en retireront? La fortune est chose trop précieuse et trop nécessaire à la vie pour qu'il soit défendu à personne de songer à l'acquérir.

La vertu ne consiste point à mépriser systématiquement aucune espèce de bien, mais à aimer tous les différents biens dans l'ordre où ils méritent d'être aimés. Le magistrat et l'avocat doivent préférer la justice qu'ils servent à la richesse qu'ils acquerront peut-être à son service; mais si, tout en restant fidèles à leur mission, ils aiment, après la justice, la fortune qui leur arrive, qui trouvera-t-on pour les condamner?

L'intention de réaliser un profit pécuniaire peut se mêler légitimement à l'exercice de toutes les professions, si élevées qu'on les suppose.

Dira-t-on, pour défendre le système que nous combattons, que l'intention de réaliser un profit pécuniaire n'est pas l'intention principale du magistrat et de l'avocat, dans l'exercice de leur profession? Nous en demeurons d'accord. Mais en quoi cette considération pourrait-elle servir à appuyer la solution que nous repoussons? Dans le commerce, de même que dans la magistrature ou au barreau, il y a un but plus noble à atteindre que l'acquisition d'une fortune personnelle, c'est la prospérité générale et le bien public de la société. Le commerce n'est pas seulement utile à celui qui l'entreprend; il est nécessaire à l'État tout entier; et l'utilité générale devra toujours l'emporter, dans l'esprit du commerçant, comme dans celui du magistrat, sur son intérêt particulier.

Il faut donc conclure que l'intention de réaliser un profit ou de spéculer (car ces deux expressions sont synonymes) ne peut, à aucun titre ni à aucun degré, servir de fondement à la distinction des opérations qui sont civiles et de celles qui sont commerciales. Un tel système repose tout entier sur des équivoques de mots ou sur des préjugés inacceptables.

M. Beslay s'est, à notre sens, approché beaucoup plus près de la vérité, quand il a dit que le caractère propre du commerce, c'est l'entremise (1). L'entremise est, en effet, un des caractères essentiels des actes commerciaux, mais elle n'est pas, pensons-nous, le seul caractère essentiel de ces actes, et beaucoup d'entremises sont des opérations purement civiles.

Le vrai criterium de la distinction que nous cherchons à établir en ce moment est, comme nous l'avons dit déjà, dans la circulation de la richesse.

Créer la richesse et vendre ses produits, acheter un bien pour son usage personnel, sont des actes purements civils. Mais se constituer intermédiaire entre le producteur et le consommateur, et faciliter ainsi la libre circulation et la juste répartition des biens, c'est là le propre et l'essence du commerce. Dans notre introduction, nous avons essayé de le prouver, au point de vue économique; efforçons-nous ici de montrer que cela est vrai aussi en droit.

Toutes les opérations dont il est parlé dans les articles 632 et 633 du Code de commerce présentent ce caractère, qu'elles sont destinées à faire circuler la richesse. Telles sont :

Les opérations de change; les opérations de banque; les entreprises de transports; les agences et bureaux d'affaires; les constructions et louages de navires, etc...

____

(1) Beslay. Droit commercial. T. I, n° 5.

Or, ce caractère leur est propre et constitue le fond même de leur essence.

Ce principe, désormais établi, va nous permettre de déterminer maintenant quelles ventes sont commerciales et quelles autres ne le sont pas.

Un auteur qui compose un livre, crée un bien d'une nature particulière; s'il le vend à un imprimeur, il cède une chose qui est sortie de ses mains, il écoule un produit, si l'on nous permet cette expression vulgaire; mais il ne fait pas circuler le bien qu'il a créé, il ne fait pas le commerce, et la vente qu'il consent est une vente purement civile. L'éditeur, au contraire, a pour mission propre de faire parvenir le livre qu'il a acheté, de l'auteur qui l'a composé, aux lecteurs qui en profiteront; il fait circuler cette espèce de richesse qui s'appelle un livre, il fait le commerce, et l'achat qu'il a contracté à l'effet de revendre ensuite, est un achat commercial.

De même, un poëte compose une œuvre dramatique; il produit la richesse; s'il la vend à un entrepreneur de théâtre, il agit civilement. Mais l'entrepreneur de théâtre, en achetant la pièce du poëte, n'a contracté que pour faire circuler le bien acquis, pour le faire parvenir, par ce moyen spécial de publicité qu'on appelle un théâtre, de son auteur qui l'a produit, aux spectateurs auxquels il est destiné. Il fait donc le commerce et ses actes sont commerciaux.

De même encore un artiste, qui vend un tableau

ou une statue à un marchand d'objets d'art, fait une vente civile, tandis que le marchand achète commercialement, et vendra commercialement à ses acheteurs qui, s'ils achètent pour eux-mêmes, contracteront civilement.

C'est pour cela encore qu'un propriétaire qui vend les récoltes de ses terres agit civilement, et qu'un marchand de blés qui revend les marchandises qu'il a achetées de l'agriculteur, fait une opération commerciale.

La loi répute commerciale toute entreprise de manufactures. C'est là assurément une des dispositions législatives les plus difficiles à expliquer dans le système que nous avons admis sur la nature et le caractère propre des actes de commerce.

L'entrepreneur de manufactures, en effet, s'occupe au moins autant de produire la richesse que de la faire circuler. Quel est le motif pour lequel la loi a rangé le manufacturier dans la classe des commerçants. Est-ce par suite de cette erreur économique qui consiste à dire que toute richesse vient du sol, et que le travail des produits naturels dans les manufactures n'a d'autre résultat ni d'autre but que d'approprier la richesse née de la terre aux besoins des consommateurs? On concevrait facilement que, dans un pareil système, l'entreprise de manufactures fût commerciale, et peut-être est-ce là qu'il faut chercher l'explication du texte dont nous parlons. Toutefois il en est une autre qui nous paraît préférable, c'est que, le manufacturier étant appelé par l'exercice même de son industrie, à se trouver constamment en relation avec des commerçants, pour acheter aux uns les matières premières de sa fabrication, et pour vendre aux autres ses produits manufacturés, le législateur a jugé utile de lui attribuer le même caractère qu'aux personnes au milieu desquelles il devait nécessairement exercer sa profession.

Quoi qu'il en soit, la loi est formelle, et les achats et ventes contractés par le manufacturier pour les besoins de son industrie sont des achats et ventes commerciaux.

Il est né de là une difficulté.

Lorsqu'un agriculteur ne se borne pas à vendre ses produits, tels qu'il les a naturellement récoltés sur le sol, et que, avant de les livrer au public, il leur fait subir une préparation industrielle quel-conque, la vente qu'il consent ensuite de ses produits ainsi manufacturés est-elle une vente com-merciale ? Nous croyons qu'il est nécessaire de faire une distinction. Si l'industrie manufacturière à laquelle se livre l'agriculteur est si peu impor-tante qu'elle ne puisse être considérée que comme l'accessoire de son industrie agricole, alors l'acces-soire disparaît pour se confondre avec le principal, et la vente par le propriétaire des produits trans-formés de ses terres demeure une vente purement civile. Il n'est pas douteux, par exemple, que la vente par un agriculteur de vins ou de fromages fabriqués avec les produits de ses vignes ou de ses troupeaux ne soit une vente civile, bien que les produits vendus soient différents des produits immédiatement récoltés; mais cette industrie qui consiste à transformer le lait des troupeaux en fromages et le raisin des vignes en vins est tellement liée à l'agriculture qu'elle en est considérée comme un accessoire et, pour ainsi dire, une partie.

Il en serait autrement si l'industrie manufacturière, qui modifie et transforme les produits du sol, avait une importance qui ne permît plus de la confondre avec l'industrie agricole des propriétaires. Ainsi on devrait certainement réputer commerciale la vente des sucres fabriqués avec des betteraves récoltées sur les terres du propriétaire de la raffinerie.

La solution de cette question pourra, dans certains cas, être délicate. Il importera aux tribunaux de la résoudre suivant les circonstances.

La vente, soit civile, soit commerciale, revêt des caractères bien différents suivant qu'elle a pour objet un corps certain ou un corps incertain. Nous aurons à insister sur ce point et à approfondir la question de savoir quel est le criterium exact de cette distinction, quand nous étudierons, au chapitre V, les effets des achats et ventes au point de vue de la translation de la propriété. Il nous suffira de faire remarquer ici que, tandis que la vente d'un corps certain est ordinairement, et à moins de stipulation contraire, une transmission immédiate de la propriété moyennant un prix déterminé, la vente d'un corps incertain, au contraire, ne produit que de simples obligations personnelles, et c'est à elle seulement que s'applique d'une manière exacte la définition de l'art. 1582 du Code civil : « La vente est une convention par laquelle » l'un s'oblige à livrer une chose et l'autre à la payer. »

Presque toutes les ventes civiles ont pour objet des corps certains; puisque toutes les ventes commerciales, au contraire, ont pour objet des corps incertains, et il se fait, par une bizarrerie singulière, que la définition donnée de la vente par le Code civil convient beaucoup moins aux ventes civiles qu'aux ventes commerciales.

Une conséquence à tirer de ce fait que les ventes commerciales roulent presque toujours sur des corps incertains, c'est que l'art. 1599 du Code civil, qui prohibe la vente de la chose d'autrui ne leur est ordinairement pas applicable, car s'il est impossible de transférer dès à présent la propriété d'une chose dont un autre est propriétaire, rien ne s'oppose, au contraire, à ce que l'on s'oblige valablement à transférer la propriété d'une chose qu'on se propose d'acquérir plus tard.

De cette autre différence entre la vente civile et la vente commerciale que l'acheteur commerçant n'achète pas pour son usage personnel, mais pour revendre à d'autres, il résulte que la qualité des marchandises vendues doit être appréciée beaucoup moins au point de vue de l'utilité qu'elles pourraient avoir pour l'acheteur personnellement, qu'au point de vue de leur valeur vénale sur le marché où l'acheteur se propose de les vendre.

On s'est appuyé sur cette considération pour se demander si l'art. 1587 du Code civil était applicable aux ventes commerciales. Cette question sera examinée plus loin (1).

Enfin la nature même des opérations commerciales exige une certaine rapidité, et nécessite, plus encore que les opérations civiles, de la droiture et de la bonne foi de la part des parties contractantes. La conséquence de ce caractère propre du commerce, c'est que les actes commerciaux, en général, et les achats et ventes en particulier, pourront se prouver par tous modes de preuves propres à découvrir la vérité, quelle que soit d'ailleurs la valeur de l'objet de la contestation.

Nous avons l'intention de ne pas parler de ces questions de preuve qui nous paraissent étrangères à notre sujet.

Pour nous résumer en deux mots, la vente commerciale est un contrat synallagmatique contracté dans l'intérêt de la circulation des biens, et par lequel le vendeur transfère ou s'oblige à transférer la propriété de certaines marchandises, l'acheteur s'engageant à en payer le prix.

(1) Voir chapitre IV : *Comment se forme le contrat de vente.*

CHAPITRE II.

Toute personne, capable de contracter, peut acheter et vendre commercialement, si elle n'est comprise dans un des cas d'exception qui ont été prévus par la loi. — Certaines prohibitions d'acheter et vendre sont communes aux ventes civiles et aux ventes commerciales; d'autres s'appliquent seulement aux ventes commerciales. — Enumération des prohibitions de la loi. — Renvoi pour le caractère et les effets de ces prohibitions.

Toute personne, capable de contracter, peut acheter et vendre commercialement, si elle n'est comprise dans un des cas d'exception prévus par la loi. C'est là une application pure et simple de ce principe général et fondamental dans notre droit, que, en toute matière, la capacité est la règle et l'incapacité l'exception. Il n'est pas nécessaire pour figurer dans une vente commerciale, d'avoir la qualité de commerçant. Bien loin, en effet, que cette qualité soit nécessaire à celui qui veut faire un acte de commerce, c'est, au contraire, l'habitude de faire des actes de commerce qui constitue la qualité de commerçant. Le titre de commerçant est une conséquence des opérations commerciales auxquelles on se livre ordinairement; il n'est, en aucune manière, une condition requise pour pouvoir s'y livrer valablement.

On sait que le mineur commerçant et la femme mariée commerçante sont pleinement capables pour tous les actes de leur commerce.

La loi a restreint la faculté d'acheter et vendre, au préjudice de certaines personnes, et par des motifs d'ordres divers. Quelques-unes de ces prohibitions sont relatives à la fois aux ventes civiles et aux ventes commerciales; d'autres s'appliquent à ces dernières seulement.

L'article 1596 du Code civil porte :

« Ne peuvent se rendre adjudicataires, sous peine « de nullité, ni par eux-mêmes, ni par personnes « interposées :

« 1° Les tuteurs des biens de ceux dont ils ont la « tutelle;

« 2° Les mandataires, des biens qu'ils sont chargés « de vendre ;

« 3° Les administrateurs, de ceux des communes «ou des établissements publics confiés à leurs soins;

« 4° Les officiers publics des biens nationaux dont « les ventes se font par leur ministère. »

L'article 1597 du même Code ajoute :

« Les juges, leurs suppléants, les magistrats «remplissant le ministère public, les greffiers, huis-«siers, avoués, défenseurs officieux et notaires, « ne peuvent devenir cessionnaires des procès, droits «et actions litigieux qui sont de la compétence du «tribunal dans le ressort duquel ils exercent leurs «fonctions, à peine de nullité, et des dépens, dom-«mages et intérêts.»

Bien que ces deux articles aient été rédigés spécialement en vue des ventes purement civiles, et que le second, en particulier, soit d'une application difficile aux opérations commerciales, il n'est pas douteux, cependant, qu'ils ne prohibent aussi bien les ventes commerciales que les ventes civiles.

On a vu qu'ils prononcent la nullité des contrats passés au mépris de leurs dispositions, et ceux qui y ont contrevenu sont passibles de tous dépens, dommages et intérêts.

L'article 175 du Code pénal prononce même certaines peines contre une classe particulière de personnes, pour les cas où elles interviendraient dans des opérations qui leur sont interdites. Cet article est ainsi conçu :

« Tout fonctionnaire, tout officier public, tout « agent du gouvernement qui, soit ouvertement, soit « par actes simulés, soit par interposition de per- « sonnes, aura pris ou reçu quelque intérêt que ce « soit dans les actes, adjudications, entreprises ou « régies dont il a, ou avait, au temps de l'acte, en « tout ou en partie, l'administration ou la surveil- « lance, sera puni d'un emprisonnement de six mois « au moins et de deux ans au plus, et sera condamné « à une amende qui ne pourra excéder le quart des « restitutions et des indemnités, ni être au-dessous du douzième.

« Il sera de plus déclaré à jamais incapable « d'exercer aucune fonction publique.

« La présente disposition est applicable à tout

« fonctionnaire ou agent du gouvernement qui aura
« pris un intérêt quelconque dans une affaire dont
« il étoit chargé d'ordonnancer le paiement ou de
« la liquidation. »

Un autre texte, l'article 1595 du Code civil
prohibe les ventes entre époux, sauf dans trois cas
déterminés. Il faut appliquer cette prohibition aux
ventes commerciales, mais il importe de ne pas
l'étendre au-delà de ses termes.

Nous croyons, par exemple, qu'un époux qui,
sous un régime exclusif de la communauté, ferait
pour son compte personnel un commerce de choses
utiles au ménage, pourrait vendre valablement à
l'association conjugale ces choses qui font l'objet
de son commerce. Il est vrai qu'une telle vente présente une partie des inconvénients que la loi a
voulu prévenir dans l'article 1505, mais elle ne présente pas ces inconvénients au même degré que la
vente entre époux, qui seule est expressément
prohibée. Nous croyons qu'il ne faut pas étendre
la disposition exceptionnelle dont nous parlons à un
cas qui n'a, avec l'espèce prévue, qu'une analogie
incomplète, et, du reste, il nous paraîtrait bien
rigoureux, sous le régime de séparation de biens,
par exemple, de défendre à un mari raffineur de
prendre dans son usine le sucre nécessaire à la
consommation de son ménage, ou à une femme
marchande de comestibles, de se servir pour la table
commune de choses entrées dans son commerce.

Nous venons de passer rapidement en revue les

dispositions de nos lois qui contiennent une prohibition générale d'acheter et de vendre, soit civilement, soit commercialement. D'autres dispositions sont exclusivement relatives aux achats et ventes du commerce.

Les agents de change et les courtiers, autres que les courtiers de marchandises, ne peuvent, aux termes de l'article 85 du Code de commerce, faire pour leur propre compte aucune opération commerciale. En cas de contravention à cette disposition, ils seraient passible d'une amende de 3000 francs et de la peine de la destitution (1).

Il est de même défendu aux magistrats (2) et aux avocats (3) de se livrer à aucune espèce de négoce. Le législateur en donne cette raison, qui est en même temps un enseignement utile, qu'ils ne doivent être distraits par aucune préoccupation étrangère, des soins que réclament les intérêts de leurs justiciables ou de leurs clients. Les avoués et les notaires doivent également s'abstenir de faire le commerce (4). Une prohibition semblable s'applique aux consuls, élèves-consuls et drogmans, ainsi qu'aux chanceliers (5).

(1) Arrêté du 27 prairial, an X. art. 10.
(2) Loi du 20 avril 1810, art. 49 et suivants.
(3) Décret du 14 décembre 1810, art. 18. — Ordonnance du 20 novembre 1822, art. 42.
(4) Loi du 25 ventôse, an XI, art. 53. — Arrêté du 13 frimaire, an IX, art. 8, 9 et 10. — Décret du 30 mars 1808, art 102 et 103.
(5) Ordonnance du 3 mars 1781. Tit. I, art. 20; — Arrêté

Un principe de droit canonique défend aux ecclé-siastiques toute occupation mondaine, et par suite toute opération commerciale suivant le précepte : « Nemo militans Deo implicet se negotiis seculari-« bus. » Mais cette règle, depuis que le droit canon n'a plus force de loi en France, est dépourvue de toute sanction dans le for extérieur.

Nous renvoyons au chapitre des nullités de la vente, l'examen de la question de savoir quel est le sort des achats et ventes contractés au mépris des prohibitions que nous avons exposées.

du 2 prairial, an XI, art. 22.—Ordonnance du 20 août 1833, art. 34.

CHAPITRE III.

DES CHOSES QUI PEUVENT ÊTRE VENDUES
COMMERCIALEMENT.

Certaines choses, qui peuvent être vendues, ne sont susceptibles d'être vendues commercialement. — Double préoccupation du législateur à ce sujet. — Des immeubles. —
Des meubles destinés à être immobilisés. — Des immeubles considérés comme meubles par les parties. — Des
créances et des effets de bourse. — Du nom d'un commerçant. — Des marchandises prises en mer et déprédées sur
des Français. — De plusieurs autres sortes de choses dont
le commerce est interdit ou assujetti à des règles spéciales.

Il est certaines choses qui ne sont pas susceptibles d'être vendues. Ce sont celles qui font partie
du domaine public, ou bien qui sont essentiellement attachées à la personne de leur propriétaire,
ou bien qui ont été déclarées inaliénables par des
lois particulières.

Parmi les choses qui peuvent être vendues, en
est-il qui ne puissent faire l'objet d'une vente commerciale? Nous avons dit que le commerce avait
pour but de favoriser la circulation des biens, que
la vente commerciale était celle qui était contractée
dans le but de favoriser cette circulation. Or, il est
certain qu'il est possible de favoriser la circulation
de toutes les choses qui peuvent être vendues, et
que, par conséquent, au point de vue rationnel,

toutes les choses quelconques qui sont susceptibles
d'être vendues sont susceptibles, par là même et
nécessairement, de faire l'objet d'un commerce.

Mais ce système, qui nous paraît incontestable
au point de vue des principes purs, doit être écarté,
croyons-nous, si l'on se place au point de vue de
notre droit actuel.

Le commerce qui jouit des privilèges contenus
dans notre droit commercial n'est pas le commerce,
en général, quel qu'il soit, et sur quelques objets
qu'il entreprenne ses spéculations. Celui-là seulement peut revendiquer le bénéfice des règles spéciales de notre Code de commerce, que le législateur a cru utile d'encourager et de développer par
la concession de certains privilèges et de certaines
franchises.

Deux considérations, suivant nous, ont porté le
législateur à restreindre l'application des règles
spéciales du commerce.

La première est qu'il existe certaines catégories
de biens qui, par suite de leur nature propre, ne
sont pas destinés à une circulation rapide, et dont
il serait inutile, peut-être même dangereux, d'encourager le commerce.

La seconde est que les questions relatives à la
propriété de certaines espèces de biens sont d'une
nature trop délicate pour pouvoir être abandonnées
sans inconvénients à une juridiction autre que la
juridiction civile ordinaire.

Ces deux motifs nous serviront à déterminer plusieurs classes de biens qui, dans notre opinion, ne peuvent pas être vendus commercialement, et dont la vente demeure toujours, et quelle que soit l'intention des parties, essentiellement civile.

Les choses qui peuvent être vendues commercialement prennent le nom de denrées ou marchandises : denrées, si elles sont encore entre les mains de leur propriétaire primitif; marchandises (1), si elles sont déjà entrées dans le commerce.

Nous croyons que personne n'a jamais soutenu que les offices ministériels puissent être considérés comme des marchandises, propres à être vendues commercialement.

On a élevé des doutes sérieux relativement aux immeubles et aux valeurs de bourse.

Par leur nature propre, les immeubles sont certainement susceptibles de faire l'objet d'opérations commerciales. Il existe actuellement des marchands de biens qui achètent des propriétés rurales dans le seul but de les revendre. Une autre sorte de spéculation consiste, surtout dans les villes et dans les faubourgs, à percer des boulevards ou avenues, et à revendre en détail les terrains situés le long de ces voies. Nous pourrions ajouter encore l'achat d'une maison en vue d'une exploitation en appartements meublés ou en chambres garnies. Il n'est pas douteux que ces sortes de spéculations ne présen-

____

(1) Voir sur la signification et l'étymologie du mot marchandises : Massé. Droit commercial, nos 1383, 1386 et 1389.

tent les caractères de véritables opérations commerciales. Néanmoins nous ne croyons pas, et on est généralement d'accord sur ce point, qu'il ait été dans l'intention du législateur de considérer ces opérations sur des immeubles comme des actes de commerce; et la principale raison, suivant nous, de décider ainsi, est la préoccupation manifeste de notre loi de réserver aux juges civils la connaissance des questions délicates qui sont relatives à la propriété immobilière. On en peut voir un exemple remarquable dans l'article 487 du Code de commerce qui prescrit l'homologation par les tribunaux civils des transactions consenties par les syndics d'une faillite, si l'objet de la transaction est immobilier, tandis que, si l'objet est mobilier, l'homologation est donnée par le tribunal de commerce.

C'est peut-être encore par suite de cette préoccupation que l'exploitation d'une mine (1) ou d'une propriété agricole (2) est considérée comme une opération purement civile, alors que les industries manufacturières, qui travaillent sur des objets mobiliers, sont rangées dans la catégorie des spéculations commerciales.

Enfin cette solution est conforme aux traditions de notre ancien droit. Elle était certaine sous l'empire de l'ordonnance de 1673; il n'apparaît nulle

(1) Loi du 21 avril 1810, art. 32.
(2) Code de commerce, art. 638.
Coueloux.   3

part que le législateur ait eu l'intention d'innover en ce point ; au contraire, dans son discours préliminaire sur le Code civil, Portalis a nettement établi le système que nous avons adopté : « La distinction des immeubles et des richesses mobilières, dit-il, nous donne l'idée des choses proprement civiles, et des choses commerciales. Les richesses mobilières sont le partage du commerce ; les immeubles sont particulièrement du ressort de la loi civile (1). » On ne saurait abonder d'une manière plus formelle en notre sens.

Mais notre système ne saurait s'opposer à ce qu'on ne puisse vendre commercialement des meubles destinés à être immobilisés, et, par exemple, des matériaux de construction. Ces choses, de même que toutes autres marchandises, sont susceptibles de faire l'objet d'un commerce, et les achats et ventes qui en seront faits seront commerciaux

(1) On pourra consulter sur cette importante matière : Pardessus, *Droit comm.*, T. I, n° 8 ; Vincens, T. I, n° 3 ; Merlin, v Acte de commerce ; Carré. *Lois de la compétence*, T. VII, p. 119 ; Malepeyre et Jourdain, *Des sociétés de commerce*, T. I, p. 35 ; Orillard, n° 187 ; Nouguier, t. I, p. 300 ; Bravard-Veyrières, *Manuel*, p. 908 ;

Et pour la jurisprudence :

Bourges, 4 décembre 1820.

Nancy, 30 novembre 1843.

Metz, 13 juin 1812.

Paris, 8 décembre 1830, 11 décembre 1830.

Douai, 26 janvier 1843.

Cass., 28 brumaire, an XIII, 11 décembre 1810, 3 février 1860.

ou non, d'après les circonstances. C'est ainsi qu'une vente de matériaux consentie par une personne qui fait commerce de ces sortes de marchandises à un propriétaire qui veut se faire construire un hôtel, est commerciale au point de vue du vendeur, et civile à l'égard de l'acheteur ; si la vente, au lieu d'être consentie au propriétaire lui-même, l'était à l'entrepreneur qui s'est chargé de la construction, elle serait alors commerciale, tant pour l'acheteur que pour le vendeur.

A l'inverse, les choses qui ne sont réputées immobilières que parce qu'elles sont actuellement attachées au sol dont elles forment, pour ainsi dire, une partie et un accessoire, peuvent être vendues commercialement si elles sont considérées par les parties comme des objets distincts du sol, en elles-mêmes, et abstraction faite de cette dépendance de la terre qui, seule, constitue leur caractère immobilier. Ainsi, on peut vendre commercialement une coupe de bois, une récolte encore sur pied, des matériaux de démolition, etc....

La distinction que nous exposons apparaîtra nettement dans l'exemple suivant. Un propriétaire vend une carrière située dans sa propriété ; la vente est entièrement civile, quelles que soient, du reste, la profession de l'acheteur et l'intention qui l'anime au moment du contrat, parce que la carrière est un immeuble qui ne peut faire l'objet d'aucun commerce. Mais supposons que ce même propriétaire vende à un entrepreneur de construction cinquante toises de pierres à prendre dans sa carrière ; ici la vente sera commerciale au regard de l'acheteur, parce que les toises de pierres vendues, bien qu'étant actuellement immobilisées par suite de leur adhérence au sol, n'ont été considérées par les parties que comme des objets mobiliers, distincts de la carrière de laquelle ils devaient être extraits.

Les meubles incorporels, les créances, les rentes sur l'État, les actions ou intérêts dans les grandes compagnies de finances ou d'industrie, et, en général, les effets de bourse, peuvent-ils faire l'objet d'une vente commerciale? Notons d'abord un point qui ne saurait faire difficulté : tous ces droits incorporels dont nous parlons peuvent certainement faire l'objet d'opérations commerciales ; c'est ainsi que les créances, et même les créances purement civiles, peuvent faire la matière d'une opération de banque ou d'une opération de change ; de même, les rentes sur l'État, les actions ou intérêts dans les grandes compagnies de chemins de fer et autres sont vendus à la Bourse par des agents de change qui, eux, agissent commercialement (1).

Mais l'achat et vente, à proprement parler, de ces sortes de biens, et, pour préciser davantage, l'acte par lequel une personne non commerçante achète des rentes sur l'État avec l'intention bien

(1) On a soutenu pourtant que les agents de change n'étaient pas commerçants, et que leurs opérations n'étaient pas des opérations commerciales. Cette opinion nous paraît contraire à la véritable signification de la loi.

arrêtée de les revendre à la hausse, cet acte, qui est
certainement une spéculation, qui consiste à acheter pour revendre avec profit, cet acte est-il un acte
de commerce?

On admet généralement l'affirmative.

M. Mollot s'exprime sur ce point de droit en
termes formels : « Si l'achat, dit-il, est contracté
« dans la vue de conserver la rente comme place-
« ment, ou de l'affecter à un cautionnement, à un
« majorat, l'opération n'a rien de commercial, eût-
« elle été consommée dans l'intérêt d'un commerçant;

« Si l'opération n'est qu'une spéculation, telle
« que l'achat d'une inscription pour la revendre
« avec bénéfice, alors elle est vraiment commer-
« ciale; elle rentre dans la disposition de l'art. 632.
« Est-elle la suite d'opérations semblables et habi-
« tuellement réitérées, elle peut entraîner la qualité
« de commerçant (1). »

Ce système a pour lui une jurisprudence à peu
près constante (2) et un nombre considérable d'auteurs autorisés (3).

(1) Mollot. *Bourses de commerce*, n° 416.
(2) Cassation, 18 février 1806.
Cour de Paris, 20 décembre 1807. — 14 février 1810. —
22 novembre 1832.— 20 mai 1854.—30 juin 1854 — 28 janvier 1856. — 25 novembre 1857. — 11 janvier 1858. — 3 mai
1858. — 19 mai 1758. — 11 juin 1858. — 3 juillet 1858. —
27 janvier 1859.— 1er février 1859.— 4 avril 1859. — 20 août
1861. — 17 février 1863, etc...
Tribunal de commerce de la Seine, 6 février 1856.—13 mars
1856. — 4 décembre 1856, etc...
(3) Merlin. *Rép.*. Vº Effets publics, § 4; Massé. Dict.

Mais il s'en faut beaucoup que tout le monde soit d'accord sur les motifs de la solution que l'on propose.

M. Nouguier paraît hésitant : « Les fonds publics, cotés à la Bourse, dit-il, ne sont pas, à proprement parler, des marchandises. Ce sont des titres incorporels qui représentent une créance sur l'État. A ce point de vue, il est difficile de mettre leurs achats au nombre de ceux dont parle le paragraphe 1er de l'art. 632. Mais ils constituent une véritable opération de banque ou de change. Leur achat dans le but de les revendre doit être réputé commercial » (1). M. Nouguier a-t-il suffisamment distingué dans la négociation des effets publics ce qui est, à proprement parler, l'acte d'acheter et vendre, qui est le fait des particuliers, de l'opération de l'agent de change, officier public constitué par la loi intermédiaire entre les acheteurs et les vendeurs d'effets publics ?

Et si leur intervention dans les achats et ventes dont nous parlons est considéré, aux termes mêmes de l'article 632 du Code de commerce, comme une opération commerciale, s'ensuit-il nécessairement que ces achats et ventes eux-mêmes soient des actes de commerce ?

Le tribunal de la Seine (2) a exposé, dans les

Vo Actes de commerce, no 70. Vo Effets publics, nos 57 et 58 ; Alauzet, Tome IV, no 2037 ; Pardessus. Droit commercial, Tome I, no 10, etc..., etc...

(1) Nouguier. T. I, p. 373.

(2) Voir *Journal de Marseille*. T. 20, 1re partie, p. 320.

considérants d'un jugement sérieusement motivé,
la même doctrine que nous avons déjà trouvée dans
M. Mollot et dans M. Nouguier. Ce jugement a, au
point de vue de notre question, une importance qui
nous invite à en reproduire textuellement les
termes : « Attendu, porte-t-il, que si les effets pu-
« blics ne sont pas compris dans les opérations
« qui, d'après les articles 632 du Code de commerce,
« sont réputés actes de commerce, ils deviennent,
« de fait, une véritable marchandise alors qu'ils
« ne sont achetés que pour être revendus ;

« Qu'ils rentrent pour cette raison, dans la caté-
« gorie de tous les objets qui, étant susceptibles de
« motiver un trafic et de procurer un lucre, cons-
« tituent des opérations de commerce ;

« Que cette interprétation résulte d'une manière
« complète de l'article 72 du Code de commerce
« qui considère comme transaction de bourse les
« négociations des effets publics, à l'égal des opé-
« tions de change, marchandises, assurances et
« autres actes ordinaires du commerce ;

« Que cette intention du législateur se révèle
« également dans les dispositions des articles 73,
74, 76 du Code de commerce et 419 du Code pénal ;

« Etc..... etc.... »

Nous ferons à ce jugement les mêmes reproches
que nous avons déjà adressés à la doctrine de
M. Nouguier. Il n'a pas suffisamment distingué
dans les achats et ventes d'effets publics ce qui est
le fait de l'agent de change, intermédiaire obligé

entre les parties, et ce qui est le fait de ces mêmes parties. Les articles visés par le tribunal nous paraissent devoir être écartés du débat, comme étant uniquement relatifs aux opérations passées par les agents de change et courtiers, et nullement aux achats qui se contractent par leurs soins.

Nous croyons devoir rejeter également cet argument qui consiste à dire que les effets publics sont suceptibles de devenir l'objet d'une véritable spéculation. Cela ne prouve rien en notre matière; car il s'agit de savoir, non pas s'il y a spéculation, ce qui ne saurait être douteux, mais si cette spéculation est réputée commerciale par le législateur, ce qui est bien différent.

Pour nous, sans avoir la prétention téméraire de repousser un système qui se défend par des autorités si considérables et si nombreuses, nous ferons cependant quelques réserves.

Nous aimerions à penser que la vente d'effets de bourse ne peut jamais revêtir le caractère commercial. Il ne suffit pas, en effet, comme nous l'avons exposé déjà, pour que les achats et ventes soit réputés commerciaux, qu'ils aient été contractés dans le but de faire circuler la richesse; il faut encore que l'espèce particulière de richesse qui fait l'objet du contrat soit d'une telle nature que le législateur ait voulu en favoriser la circulation rapide par des règles spéciales. On ne doit pas oublier que les principes du droit commercial sont des exceptions au droit commun, et qu'il ne faut pas les étendre à des opérations pour lesquelles les principes du droit ordinaire ont été jugés par les rédacteurs de notre loi suffisamment favorables.

Nous comprenons facilement que le législateur ait voulu encourager par des franchises et des priviléges le commerce des marchandises proprement dites, des objets de consommation, des matières premières propres à la fabrication des choses nécessaires à la vie, etc... Ce commerce-là, il devait l'encourager, et il l'a fait. Mais pour les spéculations qui concernent les effets de bourse, nous ne voyons pas que le législateur les ait favorisées par le bénéfice des règles spéciales du commerce, et que, du reste, il dût leur accorder cette faveur.

Ce n'est pas que, dans notre opinion, toute spéculation de bourse soit illégitime et déshonnête : loin de nous une telle exagération de pensée ! Il y en a de sérieuses ; il y en a d'honorables. Mais personne ne nous contredira quand nous affirmerons que ces sortes de spéculations n'avaient pas besoin d'être encouragées, et qu'elles ne sont pas de celles dont le développement importe à la prospérité économique d'un pays. La circulation utile de la richesse, celle que le législateur a le devoir de favoriser, c'est celle qui fait parvenir les biens de ceux qui les ont produits à ceux qui les consommeront ou les tranformeront en capitaux pour la production de richesses nouvelles. Les opérations qui favorisent cette circulation constituent le commerce proprement dit, et jouissent des priviléges édictés par la loi. Mais cette autre sorte de spéculation qui se borne à un simple déplacement de la richesse, effectué sans cause sérieuse, et dont le seul intérêt est dans les chances de gain ou de perte qui en résultent pour les parties; assurément cette spéculation-là ne méritait pas d'être rangée au nombre des opérations favorisées et encouragées par le bénéfice de priviléges spéciaux. La transmission des effets de bourse, d'une personne à une autre personne, est une opération nécessaire. Le législateur l'a parfaitement compris, et il n'a point prohibé cette transmission ; il a même créé des officiers publics spécialement chargés de traiter ces sortes d'affaires au nom de leurs clients. Nous ne pouvons qu'y applaudir et faire remarquer que les agents de change, étant intermédiaires entre les parties qui achètent et vendent les valeurs de bourse, devaient nécessairement être déclarés commerçants. Mais si l'opération de l'agent de change qui intervient dans l'achat et vente des effets de bourse est une opération commerciale, il n'en peut être de même, à notre sens, de l'achat ou de la vente qui est contractée par leurs soins, lors même que cet acte ne serait que la suite d'une série de spéculations semblables.

C'est donc avec une entière raison, suivant nous, et avec un sens juridique élevé que le tribunal de Marseille, saisi de la question, a déclaré que « la « rente sur l'État n'est pas une valeur commerciale « dont l'achat et vente par agent de change puisse

« constituer un acte de commerce assimilable à
« ceux énoncés dans l'art. 632 » (30 mai 1850) (1).

Certaines choses, au contraire, peuvent être vendues commercialement qui, de droit commun, ne
pourraient faire l'objet d'une vente. C'est ainsi
qu'un industriel ou un commerçant quelconque peut
vendre à son successeur, en même temps que son
établissement matériel, le droit de conserver son
nom sur l'établissement vendu et sur les produits
fabriqués. Le nom du fabricant ou de l'industriel
est pour beaucoup, en effet, dans la valeur et dans
l'importance de son fonds commercial, et il se vend
comme accessoire de ce fonds (2). Ces sortes de
traités ne sont points commerciaux en tant que
ventes de marchandises destinées à être revendues,
mais bien en tant que contrats passés entre commerçants et relatifs à leur commerce.

Nous avons dit déjà que la chose d'autrui, qui,
aux termes de l'article 1599 du Code civil, ne peut
être vendue civilement, peut cependant, au moins
dans la plupart des cas, être l'objet d'une vente
commerciale. La raison en est que les ventes commerciales étant ordinairement simplement produc-
tives d'obligations, échappent à l'application de l'article 1599 qui ne vise que les ventes immédiatement translatives de propriété. Si, en effet, je ne

(1) V. *Journal de Marseille*. T. 29 1.ᵉ partie, p. 328.
(2) On pourra voir, au chapitre des effets de la vente (Obligations du vendeur), quel est l'effet d'un semblable contrat.

puis transférer dès à présent la propriété d'une chose qui ne m'appartient pas, rien n'empêche que je ne m'oblige valablement envers mon acheteur à l'acquérir plus tard et à la lui transmettre. Bien plus, la vente de marchandises appartenant à autrui pourrait le plus souvent, si telle était du moins l'intention des parties, transférer immédiatement à l'acheteur la propriété des dites marchandises.

Mais cela serait moins le résultat de la vente elle-même qui aurait eu lieu, que de la prescription dont il est parlé dans l'article 2279 du Code civil. Il faudrait, par conséquent, que l'acheteur ait cru le vendeur légitime propriétaire de la chose vendue, car la prescription instantanée des meubles ne s'opère qu'à cette condition. Enfin, si les objets vendus avaient été perdus ou volés, le véritable pro-priétaire pourrait les revendiquer pendant trois ans, à compter du jour de la perte ou du vol, sauf à payer à leur possesseur actuel le prix moyennant lequel il les a achetés, si celui-ci se trouve dans un des cas prévus par l'article 2280 (1).

La déclaration du 22 septembre 1038 défend d'im-porter et de vendre en France les marchandises pri-ses en mer et déprédées sur des Français, sous peine contre les importateurs nationaux ou étrangers, non-seulement de la confiscation des effets, mais encore de celle du navire et de tout ce qu'il a à bord — contre les acheteurs, de la confiscation des choses

(1) Delamarre et Le Poitvin. T. III, n° 78 ; Bédarride, n° 22. Contrà, Pardessus, n° 272.

achetées, d'une amende de dix mille livres, pour la première fois, de peine corporelle pour la seconde. Le préambule de cette déclaration fait nettement connaître son esprit : « La facilité que les ennemis « de notre État, porte ce préambule, ont trouvé ès « pays de ceux qui les favorisent, même dans nos « États sous le nom des étrangers, de débiter les « marchandises qu'ils prennent sur nos sujets, leur « a donné la hardiesse de venir jusque sur nos côtes « plus librement qu'ils n'auraient fait s'ils n'avaient « trouvé ce secours et des étrangers et des mar- « chands de notre royaume, lesquels, préférant « leur profit au bien de l'État et à la compassion « qu'ils doivent avoir de la perte faite par ceux de « leur pays, achètent librement ces marchandises, « à quoi il est nécessaire de pourvoir pour empêcher « la ruine de nos sujets qui trafiquent sur mer, « desquels nous voulons avoir un soin particulier.» Cette déclaration n'a jamais été abrogée, mais aujourd'hui, par suite de la sécurité plus grande dont jouit le commerce maritime, de l'abolition de la course et de la rareté des prises en mer, elle n'a plus d'importance pratique. Une seule fois, à notre connaissance, depuis le commencement du siècle, elle a donné lieu à une action judiciaire (1).

Certaines marchandises, par des motifs de sûreté ou de salubrité publique, ont été mises hors du commerce. Par des motifs analogues, ou pour sa-

(1) Voir Valin. *Dissertation a la suite du Traité des Prises* ; Bédarride. *Des achats et ventes*, nᵒˢ 23, 24, 25 et 26.

tisfaire aux exigences du Trésor, la fabrication et la vente de certaines autres ont été soumises à une réglementation spéciale, ou exclusivement réservées à l'État.

Nous citerons ici :

Les grains en vert et pendants par racines (1) ;

Les substances vénéneuses (2) ;

Les armes et munitions de guerre (3) ;

Les armes prohibées (4) ;

Les comestibles gâtés et reconnus nuisibles pour la santé (5) ;

Les livres et gravures obcènes (6) ;

Les tabacs (7) ;

Les allumettes (8).

Nous rappelons ici, mais seulement pour mémoire, que les choses futures peuvent faire l'objet d'une vente, tout aussi bien que les choses actuellement existantes. Il en est de même des choses purement éventuelles comme le produit d'un coup de filet, la chance d'une récolte, etc...

(1) Capitulaires de Charlemagne, livre IV, app. 2, nos 16 et 26. Ordonnance de Louis XIV du 22 juin 1604. Loi du 6 messidor an III.

(2) Loi du 21 germinal, an XI.

(3) Lois des 24 mai 1834, 14 juillet 1860, 19 juin 1871.

(4) Déclaration du 23 mars 1728. Décret du 12 mars 1806. Article 314 du Code pénal. Ordonnance du 23 février 1837.

(5) Lois des 27 mars 1851, 5 mai 1855.

(6) Article 287 du Code pénal.

(7) Loi du 28 avril 1810, Tit. V. — Lois des 12 janv. 1855, 21 avril 1810, 22 juin 1863, 21 décembre 1872.

(8) Loi du 2 août 1872.

CHAPITRE IV.

COMMENT SE FORME LE CONTRAT DE VENTE.

Trois choses sont nécessaires à la formation des achats et et ventes : la détermination des marchandises vendues, la détermination du prix, le consentement du vendeur et de l'acheteur.

SECTION I. — DE LA DÉTERMINATION DES MARCHANDISES VENDUES.

Les marchandises doivent être déterminées dans leur quantité et dans leur qualité. Relativement à certaines marchandises dont le prix est connu, la détermination de la quantité peut résulter de la détermination du prix.

SECTION II. — DE LA DÉTERMINATION DU PRIX.

Le prix de vente doit être déterminé, de même que la quantité et la qualité des marchandises. — Cette détermination peut être faite d'une manière expresse par les parties elles-mêmes, ou bien laissée par elles à l'appréciation du tribunal ou d'arbitres. — Quand le prix de vente est laissé à l'appréciation de tiers, il n'est pas nécessaire que les arbitres soient désignés dans le contrat lui-même. — Quand les parties sont convenues de faire fixer le prix de vente par des arbitres qu'elles choisiraient plus tard, si l'une d'elles refuse de choisir elle-même ses arbitres, il peut être suppléé à son choix par celui du tribunal de commerce.

SECTION III. — DU CONSENTEMENT DES PARTIES.

§ 1er. *Des éléments essentiels d'un consentement valable.* — Le consentement doit être manifesté extérieurement. — L'apparence du consentement peut, dans certains cas, tenir lieu d'un consentement véritable.

§ 2. *Des offres unilatérales d'acheter ou de vendre.* — Les offres unilatérales d'acheter ou de vendre peuvent être révoquées tant qu'elles n'ont pas été acceptées. — De l'étalage des marchandises en montre. — De la distribution de prix-courants. — D'une lettre manuscrite.

§ 3. *Des promesses bilatérales d'acheter et vendre.* — La promesse de vente vaut vente. — En quel sens il faut entendre ce principe. — Conséquences quant à la translation de la propriété et aux risques des marchandises vendues.

§ 4. *Du moment où naît le contrat.* — Le contrat naît au moment où les consentements des parties sont échangés. — Dans les ventes par correspondance, il naît au moment où celui qui a reçu les offres manifeste son acceptation.

§ 5. *Du lieu où se forme le contrat.* — Le contrat se forme au lieu où les consentements sont échangés. — Dans la vente par correspondance, il se forme au lieu où celui qui a reçu les offres manifeste son acceptation.

§ 6. *Des modalités sous lesquelles les parties ont contracté.* — Les achats et ventes de marchandises sont susceptibles des mêmes modalités que tous les autres contrats.

§ 7. *Des arrhes et de la faculté de dédit.* — Les arrhes sont ordinairement constitutives de la faculté pour chaque partie de discéder du contrat. Dans certains cas, elles peuvent n'être qu'un à-compte que l'acheteur paie au vendeur sur le prix qu'il lui doit.

§ 8. *De la faculté de dégustation ou d'essai.* — *De la clause : vue en sus.* — *De la clause : gré dessus.* — Difficulté d'interprétation de l'article 1587 du Code civil. — On pense que les questions relatives à la dégustation ou à l'essai des marchandises doivent être résolues d'après les usages et l'intention des parties. — La clause *vue en sus* ou *gré dessus* est toujours sous-entendue dans la vente en disponible, mais l'acheteur doit se décider dans un bref délai.

§ 9. *De la clause : vu et agréé.* — Cette clause est le contraire de la clause *vue en sus*. Elle a pour effet d'exclure cette dernière, dans les cas où elle devrait être sous-entendue d'après l'usage.

Nous avons dit quelles personnes pouvaient acheter et vendre commercialement, et quelles choses
pouvaient être vendues. Nous devons dire maintenant entre quelles personnes et relativement à
quelles choses se forme le contrat. Nous ne l'avons
étudié jusqu'à présent que dans ses éléments de
possibilité ; nous l'étudierons ici dans ses conditions d'existence.

Et comme la vente se compose de trois éléments
essentiels : un objet, un prix, un consentement,
nous traiterons, en trois sections distinctes :

1° De la détermination de la chose vendue ;
2° De la détermination du prix de vente ;
3° Du consentement des parties.

SECTION I.

DE LA DÉTERMINATION DE LA CHOSE VENDUE.

Pour que le contrat de vente se forme, il faut
d'abord que la chose vendue soit déterminée par les
parties. Vendre et acheter du blé, en général, sans en
déterminer la quantité, serait une opération radicalement nulle. Mais il n'est pas nécessaire que les
parties aient déterminé elles-mêmes, et dès le moment du contrat, d'une manière précise, la chose
qu'elles entendaient acheter et vendre ; il suffit
qu'elles aient alors fixé certains éléments qui serviront plus tard à la déterminer. C'est ainsi qu'on
peut vendre valablement le sucre qui se trouve
chargé sur tel navire, bien qu'on ne sache pas, au

moment où se passe le marché, quelle est la quantité ni la qualité du sucre vendu, parce que l'arrivée du navire désigné fera suffisamment connaître quelle est l'étendue exacte des obligations contractées par le vendeur et par l'acheteur. De même, un propriétaire pourrait acheter d'un marchand de matériaux de construction les pierres de taille qui lui seront nécessaires pour la construction d'un château qu'il se propose de faire bâtir ; les besoins de la construction détermineront, d'une manière suffisante, par la suite, la quantité des marchandises vendues.

Cette quantité pourrait même être déterminée par le prix de vente, relativement à des marchandises courantes, et dont la valeur est constatée d'une manière certaine, par exemple, par des mercuriales. Ainsi, l'achat et vente de café Bourbon ou de farine de froment pour 100 francs nous paraîtraient suffisamment précis pour être entièrement valables.

La qualité des marchandises doit être déterminée, comme la quantité. Mais nous verrons, sous le titre des obligations du vendeur, qu'il existe certaines clauses, en usage dans le commerce, qui laissent au vendeur une grande latitude dans le choix des marchandises qu'il s'est obligé à livrer.

SECTION II.

DE LA DÉTERMINATION DU PRIX.

De même que la chose, il faut que le prix soit déterminé, soit d'une manière expresse, soit au moins par certains éléments qui permettron plus tard de le fixer. Ainsi on peut acheter une marchandise pour le prix qu'elle vaut, ou pour son juste prix, pourvu toutefois que cette marchandise ait une valeur facilement appréciable. Nous examinerons plus loin (1) comment il faut interpréter.ces stipulations relatives à la détermination du prix. Nous n'en parlons ici que pour indiquer qu'une vente peut être valable, bien que le prix ne soit pas, dès à présent, connu.

On peut encore laisser le prix à l'appréciation d'un ou de plusieurs (2) arbitres.

Mais ces arbitres doivent-ils nécessairement être choisis dans le contrat lui-même, et la vente dans laquelle on laisserait la détermination du prix au dire d'arbitres non dès à présent désignés, serait-elle frappée de nullité?

Plusieurs auteurs ont soutenu l'affirmative, et cette doctrine se retrouve également dans quelques arrêts (3). Nous ne saurions, pour notre part, nous

(1) Chap. V. Sect. II.

(2) On s'est appuyé sur un mot de M. Grenier, orateur du Tribunat, pour se demander si la fixation du prix de vente pouvait être laissée à l'appréciation de plusieurs arbitres, et s'il n'était pas nécessaire qu'un seul arbitre ait été choisi. Une telle difficulté n'est assurément pas sérieuse. V. Bédarride, n° 56.

(3) Limoges, 4 avril 1826. — Toulouse, 5 mars, 1827. — Delvincourt, Tome I, n° 330; Troplong, Vente, Tome I, n° 157; Aubry et Rau, § 349; Massé et Vergé, sur Zacharie. Tome IV, p. 201.

range à ce système, qui ne nous paraît reposer sur aucun argument sérieux, et, sans vouloir imiter ici certains auteurs qui se donnent la satisfaction de citer sur cette controverse les textes du droit romain, l'autorité de Vinnius, de Casaregis, du cardinal de Lucca et autres, nous croirons la question suffisamment élucidée par un mot que nous emprunterons au sage et judicieux Pothier : « Ces « subtiles distinctions, dit-il, ne sont pas admises « dans notre droit français et ne sont d'aucun usage « dans la pratique (1). »

Une difficulté plus grave, et sur laquelle on comprend que des jurisconsultes puissent se diviser, c'est celle de savoir si, l'une des parties refusant de désigner l'arbitre dont elle s'était réservé le choix, l'autre partie peut le faire désigner par la justice. La raison de douter est que, l'un des contractants s'étant réservé de choisir par lui-même ses arbitres, on peut se demander si la désignation faite par le tribunal de commerce ne ferait pas sortir des termes mêmes du contrat. Mais cette difficulté devra disparaître, suivant nous, si l'on considère que l'on doit supposer, chez les parties, l'intention de faire un contrat sérieux, et dont l'effet ne soit pas subordonné à cette condition purement potestative de choisir plus tard des arbitres pour déterminer le prix. Chaque partie, en se réservant

______

(1) Pothier. *De la vente*, n° 25. Voir dans ce sens: Duvergier. *Vente*. Tome I, p. 135; Delamarre et Le Poitvin. Tome III, n° 88; Boileux, sur l'article 1592; Grenoble, 1er juin 1805.

de faire plus tard son choix, s'est obligée à le faire, et dès lors a dû se soumettre aux conséquences nécessaires de cette obligation, c'est-à-dire au choix de l'arbitre par le tribunal de commerce, pour le cas où elle n'agirait pas par elle-même. Du reste, l'intention des parties qui conviennent de choisir plus tard des arbitres est beaucoup moins de se réserver la personnalité même de ce choix que de s'assurer que les arbitres qui seront appelés à se prononcer dans leur affaire seront intègres et éclairés; or, le tribunal de commerce est entièrement compétent pour nommer des experts qui réunissent toutes les qualités désirables; son choix ne compromettra, en aucune manière, les intérêts respectables des parties, il ne fera que mettre un terme aux résistances injustes d'un débiteur de mauvaise foi, et triompher de sa volonté déshonnête de rompre les liens d'une obligation dans laquelle il s'est volontairement engagé.

Nous ne rappelons ici que pour mémoire que le prix convenu doit être sérieux, et qu'un prix dérisoire annulerait la vente, comme manquant dès lors d'un de ses éléments essentiels. Mais cette question trouvera plus naturellement sa place dans le chapitre où nous étudierons les causes de nullité et de rescision de la vente. Il nous a suffi, pour les besoins de ce chapitre, d'avoir exposé sommairement les règles relatives à la détermination du prix, en tant que cette détermination est nécessaire à la formation du contrat.

SECTION III.

DU CONSENTEMENT DES PARTIES.

Nous arrivons maintenant à une matière importante, et qui ne laisse pas que de présenter de sérieuses difficultés. Si, en effet, dans les opérations civiles, les parties échangent d'ordinaire leurs consentements sans intervalle de temps, et, étant en présence l'une de l'autre, de telle sorte que la naissance même du contrat se révèle par des faits sensibles et faciles à constater, les opérations commerciales, au contraire, se traitent rarement entre parties présentes, les correspondances jouent un grand rôle dans la formation des contrats, et elles revêtent quelquefois des formes en présence desquelles il n'est pas aisé de savoir si le contrat a été formé, quand et où il l'a été.

Pour mettre autant d'ordre et de clarté qu'il nous sera possible dans l'exposition de cette délicate matière, nous traiterons séparément, et dans des paragraphes distincts :

1° Des éléments essentiels d'un consentement valable ;

2° Des offres unilatérales d'acheter ou de vendre ;

3° Des promesses bilatérales d'acheter et vendre ;

4° Du moment où naît le contrat ;

5° Du lieu où il se forme ;

6° Des modalités sous lesquelles les parties l'ont
formé;

7° Des arrhes et de la faculté de dédit;

8° De la vente avec dégustation ou à l'essai et de
la clause : *vue en sus* ou *gré dessus;*

9° De la clause *vu et agréé.*

§ 1er. — *Des éléments essentiels d'un consentement valable.*

Nous ne ferons ici qu'indiquer sommairement les
points principaux de la matière. Ce sujet appartient,
du reste, à la théorie générale des obligations ; nous
n'y pourrions pénétrer qu'en sortant du cadre propre de notre travail. Nous nous bornerons à poser les
principes qui régissent la matière et à dire ce qui
nous paraît indispensable à l'intelligence des solutions que nous proposerons plus tard, et sur quelques-unes desquelles nous oserons peut-être, en
certains points, nous aventurer, hors des voies communément suivies.

Il faut considérer d'abord que le consentement,
pour engendrer une obligation, doit être exprimé
d'une manière extérieure et sensible. Peu importe,
du reste, la nature de l'acte qui l'exprimera, pourvu
que cet acte soit extérieur et apparent. C'est ainsi
qu'un simple geste peut servir d'expression au consentement, de même que l'écriture ou la parole;
mais la simple intention, la volonté purement intérieure d'adhérer à un marché qui est proposé est

radicalement nulle en droit, et ne peut produire aucun effet, si précise et si formelle qu'on la suppose.

Nous essaierons de tirer de ce principe une conséquence importante, quand nous étudierons la matière des ventes par correspondance.

Un second principe qu'il ne faut pas perdre de vue, et qui nous fournira la solution de quelques difficultés pratiques, c'est que, au point de vue des effets produits, et pour apprécier l'étendue d'une obligation, il faut s'attacher bien davantage à la forme extérieure sous laquelle le consentement s'est révélé et aux circonstances au milieu desquelles il s'est produit, qu'à l'intention intérieure et cachée qu'a pu avoir la partie au moment du contrat. C'est ainsi que, quand un commerçant offre, dans une forme sérieuse en apparence, de vendre un objet dont il est, à part lui, dans l'intention bien arrêtée de ne jamais se dessaisir, on doit néanmoins considérer son offre comme valable, et son consentement apparent comme capable de produire tous les effets d'un consentement réel et sérieux. Il est vrai que, dans le cas dont nous parlons, il n'y a pas de consentement proprement dit, mais il y a l'équivalent exact d'un véritable consentement, et la raison de décider ainsi est que chacun doit supporter seul la responsabilité pleine et entière de ses actes, et que, si l'on s'est placé dans la situation extérieure d'un vendeur qui offre de vendre ou d'un acheteur qui offre d'acheter, on s'est obligé par là même à soutenir cette situation vis-à-vis des tiers et à accepter toutes les conséquences qui peuvent en découler.

Le troisième principe que nous devons indiquer en terminant, c'est que le consentement, pour produire une obligation valable, doit être exempt d'erreur, de dol et de violence, conformément à la doctrine contenue dans les articles 1109 et suivants du Code civil.

Ces explications sommaires nous permettent d'aborder maintenant l'examen des différentes sortes de questions qui se présentent dans la pratique, et tout d'abord de celles qui sont relatives aux offres unilatérales d'acheter ou de vendre.

§ 2. — *Des offres unilatérales d'acheter ou de vendre.*

C'est une vérité certaine et incontestée que l'offre unilatérale, quelle que soit du reste sa nature, n'engendre aucune obligation de celui qui l'a faite, tant qu'elle n'a pas été dûment acceptée. Mais une fois acceptée, elle se transforme immédiatement et par le fait même de l'acceptation qui en est faite, en consentement proprement dit, et donne naissance au contrat.

Diverses sortes d'offres unilatérales d'acheter et de vendre sont en usage dans le commerce, et d'abord l'étalage des marchandises avec indication du prix et la distribution de certains prospectus, appelés prix-courants.

Quel est le véritable caractère et la force juridique

de ce fait d'étaler des marchandises à la montre d'un magasin avec indication de leur prix? Nous croyons, pour notre part, qu'il doit être considéré comme une offre sérieuse et véritable, et que le marchand ne saurait être admis à alléguer, comme certains l'ont voulu faire quelquefois, que leur étalage n'était qu'un moyen de frapper l'attention et d'exciter la curiosité des promeneurs.

Il est arrivé à notre connaissance qu'un négociant en épiceries, pour attirer chez lui des acheteurs en grand nombre, avait abaissé ses prix au détail au-dessous de ceux qui alors avaient cours dans la ville. Puis, comme on s'était présenté chez lui pour acheter une certaine quantité de livres de sucre, il refusa de livrer la quantité demandée, prétendant que les prix qu'il avait fait connaître étaient ses prix de détail, et que ses prix en gros étaient plus élevés. A notre sens, sa résistance était complètement injuste. Il avait fait savoir qu'il vendrait le sucre à tant la livre; et dès lors qu'il n'avait pas limité la quantité au delà de laquelle il ne livrerait qu'à un prix supérieur, il était obligé, en droit, de satisfaire aux demandes qui lui étaient adressées, au moins jusqu'à concurrence de la quantité que les particuliers sont dans l'usage d'acheter pour leurs besoins personnels.

On trouve parfois à certains étalages des indications conçues à peu près dans la forme suivante: *marchandise qualité extrd, vendue partout.........* *au prix incroyable, extraordinaire de... .... —* Bien que la forme de semblables offres soit assurément peu sérieuse, nous croyons cependant que leurs auteurs ne sauraient être admis à opposer qu'ils n'ont eu d'autre intention, en les rédigeant, que d'allécher et de tromper le public; ils sont donc, suivant nous, valablement obligés, et si, pour un motif ou pour un autre, ils refusaient d'exécuter le contrat, ils devraient être condamnés à payer à leur partie, à titre de dommages et intérêts, la différence des deux prix marqués. Dans la plupart des cas le chiffre en serait très-exagéré, mais il ne peut être permis de tromper l'opinion; le faux vendeur ne pourrait donc alléguer que ses indications sont inexactes et mensongères, et, plutôt que d'admettre un semblable moyen de défense, on devrait lui appliquer ses propres déclarations.

Mais, bien entendu, il n'en est ainsi que lorsque les offres de vente se présentent sous une forme sérieuse; et il faut agir en cette matière avec prudence et modération. Il serait impossible par exemple, de considérer comme capable d'entraîner une obligation quelconque une enseigne de la nature de celle que nous avons trouvée sur certaines auberges de campagne : « *Ici l'on sert à boire et à manger aujourd'hui en payant, et demain pour rien.* » Cela n'est évidemment qu'un jeu de mots plus ou moins plaisant, et qui s'y laisserait prendre ne devrait imputer qu'à lui-même l'erreur inexcusable dans laquelle il serait tombé.

Une autre espèce d'offres de vente consiste dans

l'envoi de prix-courants. Quand une maison de commerce fait distribuer dans le public des circulaires faisant connaître le prix des marchandises sur lesquelles roulent ses opérations commerciales, elle s'oblige par là même à les livrer aux prix indiqués (1).

Mais il importe que les tribunaux apprécient avec prudence et avec une grande modération l'étendue de l'obligation qui a pu résulter d'une offre semblable. Un négociant qui distribue des prix-courants n'est jamais en mesure de satisfaire à toutes les demandes de toutes les personnes auxquelles il fait parvenir ses circulaires, et cette impossibilité de réaliser toutes les offres qu'il fait dans de semblables circonstances est un fait trop connu et trop naturel pour qu'il puisse être ignoré de qui que ce soit. Un négociant ne devrait pas être considéré comme étant en faute de n'avoir pas répondu à une acceptation tardive de ses offres, laquelle ne lui serait parvenue qu'après l'écoulement complet des marchandises offertes. Les offres n'ont pas eu

(1) M. Bédarride fait, à ce sujet, une distinction fort exacte en droit, mais qui exige des conditions de fait, suivant nous, difficiles à rencontrer. Il se place dans l'hypothèse où un prix courant ne serait qu'une *simple indication* des prix ayant cours sur la place. Nous ne savons s'il existe véritablement des prix courants présentant ce caractère. Toujours est-il que la signification ordinaire de ces sortes de circulaires est : « Je vous fais connaître les prix auxquels je me propose de « vendre mes marchandises. » V. Bédarride. Achats et ventes, n° 110.

d'autre signification que celle-ci : « J'offre de vendre « mes marchandises au prix que j'indique »; mais nul ne peut être admis à croire qu'il s'est engagé, d'une manière indéfinie, à livrer toutes les marchandises qui pourraient lui être demandées. En un mot, il faut apprécier toutes choses suivant les usages et les circonstances, et ce serait contrevenir aux principes les plus certains du droit que de se montrer trop rigoureux en semblable matière.

De droit commun, une offre persiste tant qu'elle n'est pas rétractée; il en est de même en matière de ventes commerciales, et notamment à l'égard des offres de vendre dont nous parlons. Mais nous croyons que ces offres n'ont pas besoin d'être rétractées d'une manière expresse, et que leur rétractation peut résulter suffisamment des circonstances.

C'est ainsi qu'un événement imprévu qui aurait fait monter subitement le prix des marchandises offertes, une gelée, par exemple, qui aurait détruit les espérances d'une récolte que l'on croyait devoir être abondante, dégagerait suffisamment le vendeur de toute obligation, sans même qu'il ait besoin de faire connaître au public qu'il n'est plus en mesure de réaliser les offres qu'il a faites. Dans cette question, comme dans toutes les autres, il faut examiner avec soin toutes les circonstances de fait et se bien persuader qu'ici la loi ne prescrit point des solutions que l'équité désavoue.

L'offre de vendre entraînerait, pour celui qui l'a

faite, des obligations plus étroites, si, au lieu de résulter d'une simple circulaire, elle était contenue dans une lettre manuscrite et personnelle. Il faudrait alors l'interpréter suivant les termes dans lequels elle serait conçue, d'après la situation du vendeur, les relations qui existent entre lui et celui à qui il a fait ses offres et toute autres circonstances dans lesquelles son offre s'est produite. C'est ainsi que l'offre faite par un commissionnaire ne devrait pas être appréciée de la même manière qu'une autre émanée d'un négociant qui fait le commerce pour son propre compte (1).

Il peut se faire que l'offre de vendre ait été accompagnée de la fixation d'un délai, laissé à celui auquel elle s'adressait pour étudier les avantages de l'opération proposée et se décider sur le parti qu'il lui importe de prendre. Cette fixation de délai aura presque toujours pour effet d'obliger l'auteur de l'offre de vendre à maintenir ses propositions

(1) Nous ne voulons pas examiner ici quelle peut être la signification vraie d'offres faites en ces termes : *je veux vendre ou bien je voudrais vendre,* et nous avons peine à comprendre qu'on éprouve le besoin de faire parade d'érudition au point de citer, sur une semblable question, comme le font pourtant des auteurs respectables, l'opinion de jurisconsultes aussi profondément inconnus que Cyrus et Fabien de Monte. De semblables citations ne sont qu'une superfétation inutile. Toutes ces questions doivent être résolues d'après les circonstances de fait, le bon sens et l'équité ; et ces moyens de décider valent assurément bien mieux que toutes les autorités des temps modernes et des temps passés.

jusqu'à l'expiration du délai déterminé (1) ; d'autres fois cette clause accessoire aura pour effet de résoudre de plein droit l'offre qui aura été faite, dans le cas où elle n'aurait pas été acceptée à l'expiration du délai. Ce sont là des questions qu'il faut étudier en fait, et juger d'après les circonstances et l'intention des parties : nous ne devons donc pas y insister ici.

Est-il nécessaire de dire, en terminant ce paragraphe, que l'offre de vendre peut être faite en quelques termes que ce soit, pourvu que ces termes soient l'expression suffisante de l'intention de celui qui les emploie. Il nous paraît évident que promettre de vendre ou offrir de vendre sont deux expressions absolument identiques, et sans vouloir entrer dans des détails superflus sur la promesse unilatérale d'acheter ou de vendre, nous dirons qu'elle revêt exactement le même caractère juridique et qu'elle produit exactement les mêmes effets

(1) Il est d'usage à Nantes que, dans le commerce des céréales, le négociant qui a fait des offres est réputé les maintenir pendant deux ou trois jours, délai laissé à l'autre partie pour répondre. (Voir jugement du tribunal de commerce de Nantes, du 31 janvier 1872.) Dans un arrêt du 28 février 1870, la Cour de cassation a professé cette doctrine, que l'offre n'engage son auteur que pendant le temps moralement nécessaire à celui à qui elle a été faite pour l'accepter. Cette solution nous paraît beaucoup trop absolue pour être érigée en règle générale. Voir en sens contraire de l'arrêt précité : Duranton. Tome XVI, n° 45 ; Duvergier : *Vente*, Tome I, n°* 88 et suivants ; Aubry et Rau, § 343 ; Demolombe. *Contrats*. Tome I, n° 75.

que l'offre dont nous avons déjà parlé, c'est-à-dire qu'elle n'oblige son auteur qu'à partir du moment où elle a été acceptée et que jusque-là il est loisible à celui qui l'a faite de la révoquer suivant son bon plaisir.

§ 3. *Des promesses bilatérales d'acheter et vendre.*

De l'offre ou promesse unilatérale d'acheter ou de vendre à la promesse bilatérale d'acheter et vendre, il y a toute la différence qui sépare un projet, une simple proposition, d'un contrat dès à présent né et complet.

On discutait dans l'ancien droit la question de savoir quels étaient le sens exact et la portée de la promesse de vente, et certains auteurs soutenaient que cette promesse n'engendrait qu'une simple obligation de nouer plus tard le contrat qui, dès à présent, n'existait pas encore, et que cette obligation, de même que toutes les obligations de faire, se résolvait purement et simplement en dommages et intérêts, en cas de refus d'exécution du vendeur, sans que celui-ci pût être obligé par justice à accomplir les propres obligations nées du contrat. Nous ne voulons pas insister; il y aurait bien des erreurs à réfuter; mais nous ne faisons pas l'histoire des erreurs qui ont été commises à propos des achats et ventes, et nous voulons nous borner à exposer sur ce sujet les véritables règles du droit.

Aujourd'hui, comme le dit Pothier, toutes ces

subtilités ne sauraient être admises, et la promesse de vente vaut vente, dès lors que les parties se sont mises d'accord sur la chose et sur le prix.

Il ne faut pourtant rien exagérer et ne pas prendre cette assimilation avec une rigueur trop absolue. C'est ainsi que nous ne saurions admettre, d'une manière générale, avec notre savant maître, M. Colmet de Santerre, que la promesse de vente est immédiatement translative de propriété. Sans doute la promesse de vente pourra être une translation immédiate de la propriété, si telle est l'intention des parties; mais le plus souvent il n'en sera point ainsi, et la promesse de vente sera, dans la plupart des cas, cette vente d'une nature particulière que nous étudierons plus loin sous le nom de vente à livrer.

Il faudra, pour juger ces questions, examiner avec soin quels effets les parties ont entendu attacher à leur contrat. Ont-elles voulu opérer une translation immédiate de la propriété; le contrat produit cet effet, car elles étaient souveraines maîtresses de lui attribuer cette puissance. Mais ont-elles entendu seulement, et presque toujours il en sera ainsi, que le vendeur serait obligé à livrer plus tard, et dans un certain délai, les marchandises qui ont fait l'objet de la convention, alors il n'y a point de translation immédiate de la propriété des marchandises vendues, et il ne naît du contrat que l'obligation pour le vendeur de rendre, dans le temps fixé, l'acheteur propriétaire.

Couetoux. 5

Il ne saurait être douteux qu'il n'en soit ainsi toutes les fois que les marchandises, objet de la promesse de vente, ne sont déterminées que par leur espèce et leur quantité; et, en effet, la vente contractée en ces termes n'est jamais que productive de l'obligation de livrer; si la vente était faite de certaines marchandises individuellement déterminées, si elle roulait, comme on dit, sur un corps certain, il y aurait lieu alors d'étudier quelle a été l'intention des parties. Mais nous croyons que, sauf preuve contraire, la promesse de vente appliquée à un corps certain devrait être considérée comme simplement productive de l'obligation de livrer ce corps certain, et comme le laissant dès lors, jusqu'à la livraison, aux risques du vendeur (1).

§ 4. — *Du moment où naît le contrat.*

En matière civile, les parties sont ordinairement présentes quand elles contractent, et la question de savoir quand naît le contrat, c'est-à-dire quand le consentement est donné, n'offre le plus souvent aucune difficulté. Il n'en est pas de même en matière commerciale; le plus grand nombre des achats et ventes se traitent par correspondance, et il n'est pas aussi facile de savoir à quel moment précis le

(1) Cette solution est généralement repoussée dans la doctrine. Nous nous réservons de la développer dans notre chapitre VII, sur la théorie des risques.

contrat s'est formé. Cette question pourtant est de la plus haute importance. Dans les ventes par correspondance, le marché n'est pas conclu par le fait d'une seule opération ; il y a d'abord une offre d'acheter ou de vendre, et c'est ensuite par un second acte distinct, par l'acceptation de cette offre que la convention se forme et que le contrat naît. Jusqu'à cette acceptation, il n'y a qu'une proposition révocable, au gré de celui qui l'a faite; à partir du moment où l'acceptation a eu lieu, il y a convention, contrat et obligations réciproques des parties.

Mais à quel moment l'acceptation de l'offre produit-elle cet effet de faire naître le contrat? Il importe de remarquer ici combien de faits distincts se produisent dans une vente traitée par correspondance. D'abord l'offre d'acheter ou de vendre arrive au destinataire qui en prend connaissance; celui-ci se détermine à l'accepter; il écrit à son correspondant pour lui faire connaître son acceptation ; il expédie cette acceptation qui, enfin, arrive à l'auteur de l'offre et est connue de lui. Or, lequel de ces faits constitue l'acceptation véritable et forme la convention? Ce n'est assurément pas le premier, la connaissance que prend le correspondant de l'offre qui lui est faite; mais lequel est-ce parmi les autres?

Nous n'avons sur ce sujet aucun texte législatif. Le seul article de nos Codes qui soit relatif à cette question, l'article 932 du code civil, vise exclusivement l'acceptation d'une offre de donation, et l'on ne saurait dire, à la seule inspection de ses termes, si c'est *à pari* ou *à contrario* qu'il faudrait l'appliquer à la solution de la difficulté. L'article 932 ne peut donc nous être ici d'aucun secours, et il faut l'écarter complètement du débat pour se décider uniquement d'après les principes généraux du droit.

La majorité des auteurs estiment que le contrat ne prend naissance qu'au moment où l'acceptation est connue de celui qui a fait l'offre. « Une offre « faite par lettre, dit M. Troplong (1), peut être ré- « tractée jusqu'à acceptation de la part de celui à « qui elle est adressée; tant que l'écrivain n'a pas « reçu une réponse, il peut se dédire. » — M. Par- dessus n'est pas moins formel : « Le proposant, dit- « il, peut se rétracter le lendemain, le surlende- « main de la lettre, en un mot, avant l'arrivé de la « réponse du correspondant (2). »

Quant aux arguments sur lesquels on appuie ce système, nous éprouvons quelques difficultés à les analyser, ne les ayant jamais bien pu comprendre : « Une lettre missive, dit M. Bédarride d'après « M. Troplong, est la pensée fixée par écrit et en- « voyée à celui qui est absent; elle rapproche les « individus et les met pour ainsi dire en présence. « Cela n'est absolument vrai qu'après la réception « de la lettre par celui à qui elle est adressée, et

(1) Troplong. *Traité de la vente*, n. 28.
(2) Pardessus. *Droit commercial*, n° 280.

« qui ne peut être initié à la pensée de l'écrivain,
« que par sa lecture » (1).

Tout cela nous paraît, en effet, fort exact ; mais
nous confessons notre incapacité complète de voir
comment cette suite de propositions se relie à celle
qu'il s'agirait de démontrer. Ces auteurs paraissent
se fonder sur cette considération que le consentement, pour devenir la cause d'une obligation, doit
nécessairement être connu des autres parties qui
figurent au contrat. Mais c'est là une erreur manifeste, et contre laquelle il nous est permis d'invoquer les principes les plus certains du droit.

Quand on contracte par mandataire, par exemple, est-ce que l'on a connaissance des opérations
qui sont traitées par ce mandataire et des consentements qu'il reçoit? Est-ce que les conventions par
mandataire ne sont pas parfaitement valables, dès
l'instant que les consentements ont été échangés
entre les représentants des parties? Nous objectera-
t-on que dans ce cas le mandataire représente entièrement la partie, et que, lui, il a connaissance des
consentements échangés? Soit, nous acceptons l'objection ; mais ne peut-il pas se faire qu'une offre

(1) Bédarride. *Achats et ventes*, n° 101. Voir en ce sens :
Alauzet. *Droit commercial*, n° 1081 ; Merlin. *Rép.* Vente.
§ 1, art. 3 ; Toullier. Tome VI, n° 20 ; Troplong. *Vente*,
n° 23 et suiv. ; Delamarre et Le Poitvin. Tome I, n° 96 et
259 ; Massé. *Droit commercial*, n° 1453, etc...
Bourges, 10 janvier 1866. — Bruxelles, 27 février 1867.—
Paris, 17 août 1852, 8 mars 1855. — Cassation, 6 août
1866, etc...

ayant été faite par une partie, l'acceptation en soit adressée à son mandataire, ou *vice versâ*, sans que le représentant et le représenté aient aucune connaissance de leurs actes respectifs? Est-ce que, dans tous ces cas, on oserait soutenir que l'obligation n'est pas née?

Prenons un autre exemple, et supposons deux personnes, parlant deux langues différentes et traitant leurs affaires, en présence l'une de l'autre, mais par l'intermédiaire d'un interprète. Est-ce que le consentement de chaque partie ne sera pas réputé suffisant à l'égard de l'autre, dès qu'il aura été manifesté à l'interprète et avant que celui-ci ait pu en faire la traduction?

Or, s'il en est ainsi, que devient ce prétendu principe que le consentement d'une partie, pour faire naître une obligation, doit être connu des autres parties en cause? Il croule de lui-même, et avec lui tout le système qu'on avait échafaudé sur cette base fragile et erronée.

On ne saurait admettre non plus que le seul fait de l'acceptation soit capable d'engendrer le contrat, car un consentement purement intérieur, qui ne se manifeste au dehors par aucun signe sensible, est réputé non avenu et ne peut produire aucune obligation.

Suivant nous, le contrat naît au moment où l'acceptation est manifestée, et se révèle par un acte extérieur (1).

(1) Voir en ce sens: Marcadé, sur l'article 1108; Pothier.

Cette manifestation, à notre sens, ne résulterait pas de la simple écriture d'une lettre d'acceptation, soit que cette lettre ait été écrite par celui même à qui l'offre a été faite, par un de ses commis ou par un tiers pour son compte; tous ces actes ne sont que des moyens de préparer la manifestation de l'acceptation, ils ne sont pas la manifestation elle-même. Il faut, pour que le contrat soit formé, que la lettre d'acceptation soit sortie de la possession de celui qui l'a écrite et qu'elle ait été remise à un tiers, à l'administration des postes, par exemple, qui s'est chargée de la remettre à son destinataire.

Alors le contrat naît, et il devient définitif entre les parties. Jusque-là les offres qui ont été faites ne constituent que de simples projets et peuvent être révoquées; mais, bien entendu, la révocation doit, pour être valable, revêtir les mêmes conditions de manifestation extérieure que l'acceptation elle-même, et le contrat naîtrait si la lettre d'acceptation des offres qui ont été faites était expédiée à l'auteur de ces offres, après que ce dernier aurait écrit une lettre de rétractation, mais avant que cette lettre ait été expédiée.

On est d'accord pour reconnaître que l'acceptation d'une offre ne peut être faite valablement après

Vente, n° 32: Duranton. T. XVI, n° 45; Duvergier. Vente. I, 58; Aubry et Rau, § 343; Demolombe, XXIV, n°* 72 à 75; Championnière et Rigaud, *des droits d'enregistrement.* Tome I, 189.

l'interdiction ou la mort de l'auteur de cette offre;
il faut dire la même chose du jugement déclaratif
de faillite; ce jugement, en effet, dessaisissant le
failli de l'administration de sa fortune, le met, de
même que l'interdiction ou la mort, dans l'impossibilité de donner aucun consentement valable à
une obligation nouvelle, et révoque par conséquent
toutes les offres qu'il avait pu faire, étant encore en
état de contracter.

§ 5, — *Du lieu où se forme le contrat.*

Il peut être utile, au point de vue de la compétence des tribunaux, et aussi pour savoir d'après
quels usages il importe de régler certaines difficultés relatives aux achats et ventes, de déterminer le
lieu où le contrat s'est formé. La question ne peut
être délicate que pour les ventes qui se sont traitées par correspondance.

Nous croyons que le contrat doit être réputé né
au lieu où l'offre a été reçue et acceptée par le correspondant. Cela ne nous paraît pas douteux au
point de vue de la compétence du tribunal.

La solution nous paraît également exacte relativement aux usages qui devront être appliqués.
Il est vraisemblable, en effet, que celui qui le
premier a fait une proposition d'acheter ou de
vendre a entendu se référer aux usages du lieu
où résidait son correspondant. Mais ce n'est là

qu'une simple présomption qui pourra être détruite par toutes preuves contraires. De plus, s'il était établi que les parties ne se sont pas entendues sur les usages à suivre pour le règlement de leurs droits respectifs, leur erreur pourrait, en cert ins cas, être considérée comme un vice de consentement assez grave pour annuler le contrat.

§ 6. — *Des modalités sous lesquelles les parties ont contracté.*

Les achats et ventes de marchandises entre commerçants peuvent, de même que toutes autres conventions, être contractés :

Purement et simplement,

Ou à terme,

Ou sous condition suspensive,

Ou sous condition résolutoire,

Ou conjointement,

Ou solidairement,

Ou avec divisibilité,

Ou avec indivisibilité,

Enfin, sous toutes modalités quelconques qu'il plaît aux parties, pourvu qu'elles ne soient pas contraires à l'ordre public ni aux bonnes mœurs.

On décidera toutes les questions relatives à ces modalités d'après les règles générales des obligations; nous sortirions de notre sujet si nous en parlions ici.

Mais nous aurons à examiner plus tard, sous le

titre de vente à livrer, une sorte de marché à terme
fort en usage dans le commerce, et, sous le titre de
vente par navire désigné, un marché sous condition suspensive qui présente, en matière commerciale, un intérêt tout particulier.

Quelques auteurs (1) ont pensé que l'art. 1182 du
Code civil, sur la condition suspensive et ses effets
quant aux risques de la chose vendue, n'était pas
applicable aux ventes commerciales. Mais ce système a été, et à bon droit, universellement rejeté.
Quelque défecteux, en effet, que parnisse cet article, et quelque difficulté qu'on éprouve, en droit
civil, à en donner une explication satisfaisante, on
ne saurait s'appuyer sur de semblables motifs pour
le déclarer inapplicable aux matières de commerce.

§ 7.— *Des arrhes et de la faculté de dédit.*

Il arrive parfois que les parties, au lieu de se lier
dès à présent par un contrat définitif et irrévocable, se ménagent la faculté de briser les liens de
leur obligation, moyennant paiement d'une certaine
indemnité fixée à l'avance. Nul ne saurait douter
que cette convention ne soit parfaitement valable
et ne doive être respectée.

(1) Delamarre et Le Poitvin. *Droit commercial. Achats et
ventes,* n° 210.

(2) Voir en ce sens : Alauzet. *Droit commercial,* n° 1189;
Pardessus. *Droit commercial,* n° 205, etc... etc...

Mais, dans certains cas, il peut devenir difficile de savoir si les parties ont véritablement entendu se réserver cette faculté de discéder du contrat, et cette difficulté se présente notamment dans les ventes avec arrhes. Les arrhes, en effet, peuvent, en matière d'achats et ventes, présenter deux caractères différents : ou bien elles sont cette indemnité même que chaque partie devra payer à l'autre pour rompre le contrat, ou bien, au contraire, elles ne sont qu'un à-compte que l'acheteur paie à son vendeur sur le prix de vente qu'il lui doit.

Ce n'est pas là une question de droit, c'est une pure question de fait, qui consiste à rechercher quelle a été l'intention commune des parties. On devra, en toutes occurrences, la trancher d'après les circonstances et les règles du bon sens, et nous ne pouvons, sur ce point, mieux faire que de nous en rapporter d'avance à la prudence des tribunaux. Nous craindrions d'obscurcir la question, au lieu de l'éclairer, en citant ici, comme font pourtant des auteurs recommandables, l'autorité des commentateurs du droit ancien et du droit moderne, les travaux préparatoires du Code, voire même le Digeste et les Institutes.

§ 8. — *Vente avec dégustation ou à l'essai. Vue en sus. Gré dessus.*

La matière que nous abordons en ce moment est fort délicate, pleine de difficultés et de contro-

verses, et remplie de distinctions peu aisées à saisir. Nous voudrions pourtant la traiter d'une manière exacte et complète, et en même temps sans
longueur et avec clarté. Nous ferons tous nos
efforts pour y réussir.

La plus grande partie des difficultés soulevées par
notre sujet viennent de l'obscurité de l'art. 1587 du
Code civil, obscurité qui a fait l'embarras de la
jurisprudence et le désespoir des commentateurs.
Avant de le discuter et de chercher à notre tour à
en donner une explication acceptable, rapportons
ici les termes dans lesquels il est conçu :

« A l'égard du vin, de l'huile et des autres choses
« que l'on est dans l'usage de goûter avant d'en
« faire l'achat, il n'y a pas de vente tant que l'ache-
« teur ne les a pas goûtées et agréées. »

D'abord, le texte se réfère à l'usage, et c'est là
une première source de difficultés; car quoi de plus
incertain, de plus fragile que l'usage pour établir
une règle de droit? Que la loi s'en rapporte, sur
certains points, aux usages établis, rien de plus
raisonnable assurément; mais qu'elle ait la prétention de prendre des usages pour en donner une
interprétation générale et obligatoire, c'est une
erreur législative, et jamais rédacteur de lois ne
pourra le faire avec succès. Ne voit-on pas, en
particulier, sur notre matière, que les usages dont
parle l'art. 1587 pourront varier à l'infini d'un
point de la France à une autre région, que la dégustation qui, à Marseille, présente certains carac-

tères, pourra, au Havre, présenter des caractères entièrement différents, que les ventes avec faculté de dégustation pourront être juridiquement tout autres ici qu'elles ne sont là, que même, dans un même jour et au même lieu, les contrats varieront avec les circonstances et l'intention des parties, et que vouloir appliquer une règle fixe et invariable à des choses si diverses, c'est donner naissance à des difficultés presque inextricables, et se condamner par avance à être constamment en contradiction avec soi-même? Si le législateur avait voulu appliquer une règle générale aux ventes avec dégustation, il aurait dû d'abord déterminer d'une manière précise ce qu'il entendait par *faculté de dégustation;* au lieu de le faire, il s'en rapporte purement et simplement aux usages, et l'insuffisance, sur ce premier point, de la règle posée par lui, est, comme nous l'avons déjà dit, une première source de difficultés.

Ce n'est malheureusement pas la seule, car, après avoir laissé dans le vague et dans l'indéterminé de l'usage le contrat auquel il a l'intention de donner une règle générale, le législateur pose un principe qui est aussi vague, aussi indéterminé que le contrat auquel il s'applique : « Il n'y a point de vente, dit-il, « tant que l'acheteur ne les a pas goûtées et « agréées. » Il n'y a point de vente, soit; mais qu'y a-t-il? Y a-t-il quelque chose d'abord, ou n'y a-t-il rien? S'il y a quelque chose, y a-t-il offre de vente, promesse de vente, vente conditionnelle, que sais-je encore? L'obscurité est d'autant plus grande, et la difficulté d'autant plus considérable, que l'article 1588 porte que : « la vente faite à l'essai est « toujours présumée faite sous condition suspen « sive. »

Dans les ventes avec dégustation, il n'y a point de vente, dans les ventes à l'essai, il y a vente sous condition suspensive.

Qu'est-ce que cela veut dire? et quelle énigme veut-on nous proposer? Est-ce que vente à l'essai et vente avec dégustation ne sont pas une seule et même chose? Est-ce que essayer une chose ou la déguster, ce n'est pas toujours vérifier, constater ses qualités? Le texte de l'art. 1587 parle de vin et d'huile; on goûte du vin destiné à être bu, on essaie du vin destiné à faire de l'alcool; on goûte de l'huile de table et on essaie de l'huile à brûler; est-ce que tout cela ne constitue pas une même opération juridique?

Si l'on ajoute maintenant à ces deux sources de difficultés, cette autre question, également discutée, de savoir si l'art. 1587 est applicable en matière commerciale, on comprendra combien sont épaisses les ténèbres qui obscurcissent notre matière, de combien de controverses elle est embarrassée, et l'on aura quelque indulgence pour l'auteur, si, malgré son désir, il ne parvient pas à l'élucider complètement (1).

(1) On peut consulter sur ce sujet : Pothier, *Vente*, no 311;

Nous n'entrerons pas dans l'exposition ni dans
la discussion des différents systèmes qui se présentent dans la doctrine et dans la jurisprudence. Cela
ne nous paraît pas nécessaire, et il ne faudrait
guère moins d'un volume entier pour donner un
exposé complet de l'état de la question. Nous nous
bornerons à indiquer sommairement ce qui nous
paraîtra absolument indispensable; après quoi, nous
donnerons, comme c'est notre devoir, notre opinion sur la question.

Il y a deux choses bien distinctes à considérer
dans le sujet que nous examinons ici : le sens de
l'art. 1587 du Code civil et son applicabilité aux
ventes commerciales. Nous en traiterons séparément.

Sur le sens qu'il importe de donner au texte si
obscur de l'art. 1587, nous croyons qu'on s'est
trompé en l'acceptant comme un principe général,
édictant pour toutes les ventes avec dégustation
une règle unique, uniforme et absolue. Il est vrai
que tout d'abord il se présente aux regards de
commentateurs sous la forme extérieure d'un principe général de droit; mais, en le scrutant plus

Merlin, *Rép. Vente*, § 4, n° 3; Troplong, *Vente*, I, 102; Duvergier. *Vente*, I, 97; Duranton, *Droit civil*, XVI, 93; Pardessus, *Droit commercial*, II, 317; Zachariæ, II, p. 485;
Aubry et Rau, § 349; Marcadé, art. 1587-1588; Colmet de
Santerre, art. 1587. Et dans la jurisprudence: Metz, 20 août
1827. — Angers, 21 juin 1835. — Limoges, 8 mars 1837,
15 mars 1838. — Cassation, 20 mars 1836, 5 décembre 1842.

profondément, en pénétrant plus attentivement son esprit, la nature des considérations sur lesquelles il est fondé, et enfin le caractère juridique de la matière sur laquelle il statue, nous croyons qu'on doit arriver à une solution toute différente, et reconnaître qu'au lieu d'appliquer aux ventes avec dégustation une règle générale et absolue, il doit, au contraire, être interprété uniquement d'après l'intention commune des parties, telle qu'elle ressort des termes et des circonstances du contrat.

Nous sommes arrivé à cette solution, d'abord par cette considération, que l'article 1587 se réfère, non pas seulement par son esprit, mais encore par son texte formel, aux usages établis en la matière. Or les usages établis en matière de vente avec dégustation, ne peuvent évidemment régler que, dans ces sortes d'opérations, l'acheteur aura la faculté de goûter et d'agréer, sans régler en même temps le véritable caractère de cette faculté, et par conséquent la nature juridique de la convention passée et les obligations qui en découlent pour les parties. Notre esprit se refuserait totalement à comprendre ou à imaginer qu'il puisse être d'usage que l'acheteur d'une certaine marchandise ait la faculté de la goûter et de l'agréer, sans que ce même usage décide rien sur la nature, la portée et la conséquence de cette faculté de dégustation, et la raison en est que la faculté de dégustation, considérée isolément de ses conséquences, est une pure abstraction de l'esprit, dénuée de toute réalité

dans la pratique des affaires, et qui, par conséquent, ne saurait être l'objet d'aucun usage, quel
qu'il fût. Nous n'insisterions pas autant sur un
point qui nous paraît d'évidence, si nous n'avions
pas ici à combattre de si nombreux et si considérables adversaires. Mais, en leur présence, on nous
pardonnera ces détails d'argumentation.

Si maintenant l'usage dont il est parlé dans l'article 1587, règle en même temps l'existence de la
faculté de dégustation et les conséquences de cette
faculté, comment pourrait-on admettre que notre
article, s'y référant quant au premier point, ne s'y
réfère pas quant au second? Et si, dans l'usage, la
vente avec dégustation est considérée comme une
vente sous condition suspensive, ou comme une
offre de vente non obligatoire, même pour le vendeur, et toujours révocable à son gré jusqu'à acceptation, comment pourrait-on soutenir que le
texte de l'article 1587 s'oppose à ce qu'elle soit dans
la réalité, et, au point de vue du droit, ce que
l'usage considère qu'elle est? Si tel était le sens
véritable du texte que nous discutons, nous confessons que nous aurions quelque peine à rester dans
les bornes du respect que nous devons au rédacteur
de nos lois, et à ne pas l'accuser d'inconséquence et
de grossière erreur, car, enfin, qu'y aurait-il de
plus absurde que de dire : « Dans les ventes où il
« est d'usage que l'acheteur ait la faculté de goûter et
« d'agréer, il conservera cette faculté, mais elle pro-
« duira des effets différents de ceux que l'usage lui

« attribue » ? C'est là pourtant le langage que beaucoup d'auteurs prêtent au législateur, dans l'article 1587. A notre sens, on ne commettrait pas un non-sens législatif plus monstrueux en disant : « Dans les ventes que l'usage considère comme faites « sous condition, cette condition sera toujours réputée exister; mais elle sera suspensive ou résolutoire à l'inverse des règles établies par l'usage. » Non, évidemment, cela ne peut être le sens de l'article 1587; en se référant aux usages, il s'y est référé complètement, et sa signification vraie est que dans les ventes où certains usages sont établis, on doit suivre les règles posées par ces usages.

Mais l'usage varie essentiellement d'un lieu à un autre et d'un temps à un autre temps; il en résulte que les ventes avec faculté de dégustation, présenteront des caractères différents, suivant les circonstances de temps et de lieu où elles auront été conclues. Il est certain aussi que l'intention des parties peut, en cette matière, modifier les usages reçus; ces usages même n'ont de force qu'en tant qu'ils font présumer l'intention des contractants. C'est donc au point de vue de l'intention des parties, telle qu'elle apparaîtra des circonstances et des termes du contrat, qu'il faudra se placer pour apprécier le véritable caractère juridique de la vente avec faculté de dégustation.

C'est une erreur de dire avec quelques auteurs que, jusqu'à dégustation et agrément, il n'y a pas vente parfaite, mais vente conditionnelle, par laquelle les deux parties se trouvent déjà liées sous la condition que la chose conviendra.

C'est une autre erreur de dire, avec d'autres auteurs, qu'il n'y a pas alors contrat de vente, mais un contrat unilatéral qui, sans obliger dès à présent le futur acheteur, lie déjà le futur vendeur, qui ne pourra refuser de livrer la chose pour le prix indiqué, si l'autre partie la veut prendre.

C'est enfin une troisième erreur que de dire, avec une troisième catégorie d'auteurs, qu'il ne se forme alors aucun contrat, mais seulement un projet de contrat, une convention non obligatoire, et à laquelle chaque partie reste libre de ne pas donner suite.

Toutes ces opinions sont fausses et erronées, parce qu'elles sont absolues. La vérité est que la vente avec dégustation, aux termes mêmes de l'article 1587, est l'une ou l'autre des trois choses que l'on vient de dire, suivant les circonstances, les usages et l'intention des parties.

Il est vrai de dire que, dans notre système, nous sommes obligé de laisser complètement de côté l'article 1587, pour nous en rapporter uniquement aux circonstances de fait. Nous arrivons à cette conséquence, que l'article 1587 n'est que la reproduction inutile des articles 1156 et 1160. C'est là une difficulté, et nos adversaires pourraient en tirer contre nous une objection qui nous atteindrait en face. Toutefois elle ne nous ébranlerait point. Quelque incontestable mérite qu'ait le Code civil, ce n'est pourtant point une œuvre parfaite, et l'on n'est pas convaincu d'erreur par cela seul qu'on l'accuse d'un vice de rédaction. Du reste, le mal est moindre, pensons-nous, de juger un article inutile que de lui donner un sens avec lequel on arrive, nous croyons l'avoir démontré, à des inconséquences et à des absurdités.

Enfin, voudrait-on refuser à l'article 1587 le sens que nous lui donnons, il est un autre ordre de considérations qui, pensons-nous, nous obligeraient encore à laisser de côté ce trop fameux article, pour juger des ventes avec dégustation, uniquement d'après l'intention des parties.

C'est que nous sommes ici dans une matière qui n'intéresse ni l'ordre public ni les bonnes mœurs, et où, par conséquent, la volonté des parties est souveraine absolue. Que l'opération connue sous le nom de vente avec dégustation soit une opération non obligatoire, ou obligatoire seulement pour le vendeur, ou obligatoire pour les deux parties sous la condition que les marchandises seront agréées, ni l'ordre public ni les bonnes mœurs n'ont rien à y voir. Ces trois sortes de situations juridiques que nous venons de décrire sont toutes trois parfaitement licites ; et, si les parties ont voulu s'y placer, il est incontestable qu'elles l'ont pu faire valablement. Si, par exemple, elles ont entendu faire une vente sous condition suspensive, nul ne saurait prétendre que leur intention ne devrait pas être respectée, alors même que l'article 1587 déciderait que les ventes avec dégustation ne sont que des offres non obligatoires, parce qu'il est toujours loisible aux parties de déroger à un article de loi par une convention spéciale.

Ainsi donc, alors même ,qu'on reconnaîtrait à l'article 1587 le sens d'un principe général et absolu, on devrait encore admettre, aux termes mêmes des articles 2, 1134, 1156 et 1160, que ce principe serait primé par l'usage et l'intention des parties. On lui donnerait, il est vrai, une utilité théorique, mais il demeurerait relégué dans un lointain si éloigné, que la presque totalité des contrats se trouveraient placés en dehors de sa sphère d'action.

Après les explications dans lesquelles nous venons d'entrer, il est aisé de voir que la question de l'applicabilité de l'article 1587 aux matières commerciales est une question oiseuse, et qui ne peut même pas se poser. Nous avons dit que pour nous, cet article n'était qu'un simple renvoi aux usages et à l'intention des parties ; il est incontestable que, en matière commerciale de même qu'en matière civile, les usages et l'intention des parties doivent être respectés.

Ces principes étant posés, il faut voir maintenant quels caractères sont susceptibles de revêtir dans la pratique les ventes avec dégustation.

Le plus souvent elles ne seront que de simples projets non obligatoires pour l'acheteur, qui pourra refuser de s'engager définitivement dans les liens du contrat, par ce seul motif que les marchandises offertes ne lui plairont pas. Le vendeur, au contraire, sera le plus ordinairement obligé sous la condition suspensive que les marchandises seront agréées; il aura la situation juridique d'un faiseur d'offres, et il ne devrait pas être admis à les révoquer avant que l'acheteur ait fait la dégustation. Mais, si aucun délai n'avait été fixé pour cette opération, comme le vendeur ne peut pas rester perpétuellement à la merci de l'acheteur, nous croyons qu'il pourrait mettre ce dernier en demeure de déclarer sa volonté, et, à défaut de déclaration de l'acheteur, rompre lui-même le contrat.

Mais la vente avec dégustation pourrait présenter d'autres caractères, et la faculté de goûter et d'agréer pourrait n'être qu'un moyen de constater que les marchandises vendues présentent bien réellement toutes les qualités stipulées dans la convention. Il en sera ainsi toutes les fois qu'il apparaîtra que les parties ont entendu se lier dès le moment du contrat, sous une simple condition suspensive. Dans ce cas, la dégustation peut encore être laissée à l'acheteur, mais ici son choix ne serait pas souverain et définitif, et le vendeur qui se croirait lésé dans ses intérêts par l'option de l'acheteur, pourrait faire réformer par experts la solution proposée par celui-ci. Ainsi, c'est dans le sens dont nous parlons que serait réputée conclue la convention par laquelle on achèterait à un négociant en vins deux barriques de

Saint-Emilion, récolte de 1866. Incontestablement ici l'acheteur n'a pas la faculté de conserver ou de refuser les marchandises, selon qu'il lui plaira ou non, et la seule faculté de dégustation qui lui sera laissée par les termes du contrat, consistera à vérifier si les barriques qui lui ont été expédiées sont bien de la qualité qu'il avait demandée. Enfin, sa déclaration ne saurait, en aucune manière, être considérée comme obligatoire pour le vendeur, qui pourrait toujours faire nommer des experts, à l'effet de constater que l'acheteur est mal fondé dans son refus d'acceptation.

Nous croyons qu'il faut appliquer, sans restriction ni réserve, aux ventes à l'essai, toutes les observations que nous venons de présenter relativement aux ventes sous dégustation. Ces deux sortes de vente présentent, en effet, identiquement les mêmes caractères, sous deux noms différents (1). L'essai n'est qu'une espèce de dégustation, de même que

(1) Contra, Bédarride. *Des achats et ventes*, no 185. M. Bédarride signale deux différences entre les ventes sous dégustation et les ventes à l'essai :

1° La prise de possession des marchandise vendues ferait présumer chez l'acheteur la renonciation au droit de déguster, tandis qu'elle ne ferait pas supposer sa renonciation à l'essai ;

2° La dégustation pourrait être déférée à un tiers et faire l'objet d'une expertise ; l'essai ne le pourrait pas.

Nous n'admettons ni l'une ni l'autre des différences signalées. Suivant nous, dans les ventes sous dégustation et dans les ventes à l'essai, il faut décider suivant les circonstances. Les solutions de M. Bédarride sont beaucoup trop absolues.

la dégustation n'est qu'une espèce d'essai. Il ne faut pas s'arrêter à de vaines questions de mots pour voir des distinctions et des dissemblances là où, dans la réalité, il n'en existe pas.

Lorsque la vente à l'essai revêt le caractère d'une vente conditionnelle, l'article 1588 du Code civil décide qu'elle doit toujours être présumée faite sous condition suspensive. C'est là une décision importante au point de vue des risques de la chose vendue. On sait, en effet, que dans les ventes sous condition suspensive, les risques restent à la charge du vendeur jusqu'à l'événement de la condition, tandis que dans les ventes sous condition résolutoire ils passent à la charge de l'acheteur dès la livraison effectuée.

Mais il n'est pas douteux que la solution de l'article 1588 n'est qu'une simple présomption, applicable seulement dans le cas où les parties ne se sont pas expliquées sur la nature de la condition à laquelle elles subordonnent leur contrat; et s'il ressortait des circonstances ou des termes de la convention que la vente a été faite sous condition résolutoire, il faudrait abandonner la présomption de l'article 1588, pour s'en tenir uniquement à l'intention des parties (1).

(1) M. Bédarride, dont la doctrine sur ce point est obscure, et bien inutilement compliquée de droit romain, paraît soutenir le contraire. D'après lui, la vente à l'essai serait toujours sous condition suspensive. Cela nous paraît peu admissible et en contradiction manifeste avec le principe fonda-

A notre avis, on doit décider sans hésitation que la présomption de l'article 1588 doit être appliquée aux ventes sous dégustation dans les cas où cela pourrait être utile, et dans l'obscurité de l'intention des parties.

Nous arrivons maintenant aux clauses *vue en sus* et *gré dessus*, relativement auxquelles il nous suffira de nous référer aux observations que nous avons présentées déjà au sujet des ventes sous dégustation et des ventes à l'essai. En toutes les questions qui peuvent être soulevées sur cette matière, il faut décider d'après les usages, les circonstances et les termes de la convention. D'après les usages de la place de Marseille, par exemple, en matière de vente de marchandises disponibles, lorsque la vente n'a pas été conclue avec la clause *vu et agréé*,

---

mental de l'article 1150. Du reste, M. Bédarride s'est également mépris sur la solution que les jurisconsultes de Rome donnaient à la question, et il attribue à un texte d'Ulpien une portée que certainement il n'a pas, en faisant de ce texte un principe général, tandis qu'il n'est dans la réalité qu'une solution d'espèce. Son erreur à ce sujet est d'autant plus difficile à comprendre que la signification vraie du texte cité est nettement indiquée dans un autre texte des Institutes qu'il cite dans la même page. V. Bédarride. *Des achats et ventes*, no 150; *Institutes* de Justinien. De empt. vend., § 4. *Digeste*. De contr. empt., L. 3.

Pous nous, qui avons grand désir d'être clair et de ne pas obscurcir notre sujet par des citations inutiles, nous évitons avec soin toute curieuse recherche des décisions d'un droit, sur beaucoup de points très différent du nôtre, et qui n'a plus, à l'heure qu'il est, aucune force obligatoire en France.

la faculté d'agrément de la marchandise par l'acheteur est toujours sous-entendue, et le contrat n'est définitif qu'après que celui-ci s'est prononcé sur cet agrément (1). Suivant ces mêmes usages, le vendeur est réputé obligé sous la condition suspensive de l'agrément de l'acheteur ; quant à ce dernier, il est libre de tout engagement, et peut, à son gré, recevoir ou refuser les marchandises qui lui sont offertes. Toutefois, il faut encore entendre avec modération cette liberté de l'acheteur, et la restreindre suivant les circonstances. Ainsi, nous estimons que la Cour de Bordeaux a fait une sage application des vrais principes de la matière, en décidant que la portée de la clause *gré dessus* était limitée par la stipulation que la marchandise serait dans le genre d'un échantillon déposé entre les mains du courtier (2).

§ 9. — *De la clause vu et agréé.*

La clause *vu et agréé* a une signification directe-

(1) Marseille, 2 mars 1840. — 27 février 1855. — 27 mars 1855 ; mais l'acheteur est obligé de faire connaître le parti pour lequel il se décide dans un bref délai, ordinairement dans les trois jours. La clause de *vue en sus* cesserait d'être sous-entendue, si les parties avaient précisé dans le contrat la qualité des marchandises vendues. Dans ce cas, en effet, elle n'aurait plus de raison d'être ; on devra se contenter de vérifier si les marchandises sont bien de la qualité convenue.

(2) *Journal de Marseille.* T. XXXVII, 2ᵉ partie, p. 33. Arrêt du 1ᵉʳ décembre 1858.

ment contraire à celle des clauses que nous avons étudiées sous le paragraphe précédent. Elle affirme l'intention des parties de s'engager dès à présent dans les liens d'un marché ferme et définitif, et elle exclut toute condition, soit suspensive, soit résolutoire, du moins quant à l'agrément des marchandises vendues; mais elle ne fait pas perdre à l'acheteur le droit de résilier le contrat, si les marchandises ne sont pas de la qualité qu'il avait stipulée (1).

Dans les ventes de marchandises disponibles, elle écarte la présomption de *vue en sus*, dont nous avons signalé l'existence dans les usages du commerce.

Nous ne voulons pas terminer ce chapitre sans insister une dernière fois sur la nécessité de rechercher, sur toutes les questions qui peuvent se présenter, quelle a été la commune intention des parties, en s'engageant dans les liens du contrat. Il ne faut pas perdre de vue que dans notre droit, essentiellement spiritualiste, c'est la libre volonté qui engage, et qui forme les conventions; en tout ce qui n'intéresse pas l'ordre public ni les bonnes mœurs, les parties sont libres et souveraines maîtresses de leurs contrats, et ce qu'elles ont voulu faire est précisément ce qu'elles ont fait.

(1) Marseille, 31 mai 1861.

CHAPITRE V.

DES EFFETS DES ACHATS ET VENTES.

Les achats et ventes produisent des obligations réciproques du vendeur vis-à-vis de l'acheteur, et de l'acheteur vis-à-vis du vendeur. Ils transfèrent la propriété du vendeur à l'acheteur.

SECTION I. — DES OBLIGATIONS DU VENDEUR.

§ 1. *Des obligations du vendeur relatives à la délivrance des marchandises vendues.* — Le vendeur doit livrer les marchandises au temps, au lieu, et de la manière convenus.— Renvoi au livre de la *vente à livrer*, dans la seconde partie.

§ 2. *Des obligations du vendeur relatives à la quantité des marchandises vendues.* — Le vendeur doit livrer la quantité de marchandises qui a été stipulée au contrat. — Clause : *environ*. — Détermination de la quantité par maximum et minimum.— Du poids net.— Du poids brut.— Des tares. — Des bonifications. — Des dons et surdons. — Des tolérances.

§ 3. *Des obligations du vendeur relatives à la qualité des marchandises vendues.* — Le vendeur doit délivrer des marchandises de la qualité qui a été convenue. — Comment agit-on dans le silence des parties sur ce point ? — De la vente sur échantillon. — De la clause d'estampille. — Indication de la provenance. — De la clause: *qualité loyale et marchande.* — De la clause: *franc d'avaries.* — De la clause: *tel quel pour la qualité.*

§ 4. *Des obligations du vendeur relatives aux accessoires de la chose vendue.* — Le vendeur doit fournir à l'acheteur la chose vendue avec tous ses accessoires. — De la vente d'un fonds de commerce.

§ 5. *Des obligations du vendeur relatives à la garantie en cas d'éviction.* — Cette matière, très-importante en droit civil, est peu importante en droit commercial. — Exposé sommaire des règles de la garantie en cas d'éviction.

§ 6. *Des obligations du vendeur relatives à la garantie des défauts des marchandises vendues.* — Des défauts dont le vendeur doit garantie. — Dans quel sens il faut entendre la règle que les défauts doivent être cachés. — Le vendeur ne doit pas garantie des vices qui sont purement relatifs à l'usage spécial que l'acheteur veut faire des marchandises vendues si, du reste, il n'a pas fait connaître cet usage au vendeur. — Des droits de l'acheteur en cas de défauts cachés des marchandises vendues. — Du quantum de l'indemnité qui est due par le vendeur. — De la stipulation de non garantie.

SECTION II. — DES OBLIGATIONS DE L'ACHETEUR.

L'acheteur contracte deux obligations: 1° celle de recevoir livraison des marchandises au temps, au lieu et de la manière convenus; 2° celle de payer le prix.

§ 1er. *De l'obligation de recevoir livraison au temps, au lieu et de la manière convenus.* — Conséquences du défaut de réception des marchandises par l'acheteur.

§ 2. *De l'obligation de payer le prix.* — De la quotité du prix. — Fixation du prix par des arbitres. — Des droits de douane. — De la nature du prix de vente. — Du temps où doit être effectué le paiement. — De la clause: *payable comptant.* — Du lieu où doit être effectué le paiement. — Distinction entre les ventes à terme ou sans terme. — De l'escompte.

SECTION III. — DU TRANSPORT DE LA PROPRIÉTÉ.

La translation de la propriété des marchandises vendues est l'effet principal des achats et ventes. — Deux conditions sont nécessaires à cette translation de la propriété: 1° la détermination individuelle des marchandises vendues; 2° la volonté des parties.

§ 1er. *De la détermination des marchandises vendues.* — Il est dans l'essence du droit de propriété de reposer sur des

choses individuellement déterminées. — Conséquences de
ce principe dans les ventes de marchandises déterminées
seulement par leur quantité et leur qualité. — Commentaire de l'article 1585 du Code civil. — Vente au compte,
au poids ou à la mesure. — Vente en bloc. — Erreur d'un
arrêt célèbre de la Cour de cassation. — La translation de
propriété peut avoir lieu, quoique le prix de vente soit déterminé à tant la mesure.

§ 2. *De l'intention des parties.* — Il est nécessaire, pour que
la translation de propriété ait lieu, que les parties aient
l'intention de la produire. — C'est cette intention commune du vendeur et de l'acheteur qui est la cause efficiente
du transport.

Appendice. — Des ventes qui ne sont pas translatives de
propriété.

Le but de la vente, c'est une translation de propriété; cette translation s'opère, suivant les cas,
immédiatement et par la vertu seule du contrat,
ou postérieurement au contrat, par l'effet d'une
opération distincte. Nous examinerons cette question en ce chapitre. Mais d'abord nous croyons devoir parler des obligations qui naissent de la vente,
et nous étudierons en des sections différentes les
obligations du vendeur, et celles de l'acheteur.

SECTION I.

DES OBLIGATIONS DU VENDEUR.

Le vendeur s'oblige à délivrer les marchandises
au temps, au lieu et de la manière convenus, à
les délivrer en telle quantité et de telle qualité qu'il
a été dit, et avec tous les accessoires qu'elles comportent, enfin à garantir à son acheteur tous les
droits qu'il a puisés dans le contrat.

De là six paragraphes en cette section :

1° De la délivrance ;

2° De la quantité des marchandises vendues ;

3° De la qualité des marchandises vendues ;

4° Des accessoires des marchandises vendues ;

5° De la garantie en cas d'éviction ;

6° De la garantie des vices des marchandises vendues.

§ 1. — *Des obligations du vendeur relatives à la délivrance des marchandises vendues.*

Nous aurons à examiner d'une façon toute spéciale les questions de livraison des marchandises vendues quand nous traiterons, dans notre seconde partie, de la vente à livrer ; c'est, en effet, surtout dans la vente à livrer que les questions de délivrance acquièrent de l'importance et présentent de l'intérêt.

Nous ne ferons ici que quelques observations, nécessaires pour l'exactitude de l'exposé que nous entreprenons des obligations du vendeur.

En cette matière, comme en toutes les autres, il faut s'attacher principalement à connaître quelle a été la commune intention des parties. Il n'est point, relativement à la délivrance, de règles de droit précises ni absolues, et tout dépend de la question de savoir, en fait, à quoi les parties ont voulu s'obliger.

C'est ainsi qu'on devra examiner, d'après les

termes du contrat, les circonstances dans lesquelles il s'est formé et les usages communément reçus, en quel temps, en quel lieu et de quelle manière il a été dans la volonté des contractants que la délivrance s'effectuât.

Et s'il n'apparaît pas d'après cela dans quelles conditions de temps, de lieu et de manière doit s'opérer la délivrance, on interprétera ce doute en faveur du vendeur, et la livraison se fera dans les conditions qui seront le moins onéreuses pour lui. Ce n'est là, du reste, qu'une application pure et simple de ce principe de droit, qui veut que nulle obligation ne puisse naître que celles qui ont été prévues dans la convention, et qu'on n'étende jamais ce qui, comme les obligations contractuelles, est une dérogation à la liberté habituelle des personnes et à leur état de droit commun.

De ce que le vendeur doit délivrer, il résulte qu'il doit supporter les frais nécessaires à cette délivrance; mais il ne faut pas confondre ces frais avec ceux d'enlèvement qui sont à la charge de l'acheteur. Le vendeur n'est obligé qu'à une chose : mettre les marchandises vendues en la possession de l'acheteur; dès que la possession en a été transmise, l'acheteur n'a plus rien à réclamer, et s'il veut opérer le déplacement des marchandises, c'est lui seul qu'une semblable opération regarde.

Il importe, en outre, de remarquer que l'obligation du vendeur de délivrer ayant pour cause celle de l'acheteur de payer le prix, est subordonnée au sort de cette dernière. S'il apparaissait, d'après les circonstances, que l'acheteur ne pourra payer le prix convenu, le vendeur serait par là même déchargé de ses obligations vis-à-vis de lui. C'est là la théorie contenue aux articles 1613 et 1614 du Code civil. Nous ne faisons que l'indiquer ici, et nous renvoyons les explications qu'elle comporte à la section II du chapitre suivant, où nous traiterons du droit de rétention en général.

§ 2. — *Des obligations du vendeur relatives à la quantité des marchandises vendues.*

Le vendeur est obligé à livrer la quantité de marchandises qui a été stipulée au contrat.

Cela ne présente d'ordinaire aucune difficulté. La détermination de la quantité de marchandises vendue peut résulter des termes mêmes de la convention, ou bien être subordonnée à un fait ultérieur; c'est ainsi qu'on peut vendre mille sacs de café, ou bien la cargaison de café qui arrivera par tel navire, ou bien encore les marchandises qu'on a en magasin.

Dans tous ces cas l'obligation du vendeur est nettement définie, la quantité de marchandises qu'il doit livrer est déterminée d'une manière précise, le contrat est clair et il doit s'exécuter dans les termes mêmes où il a été conclu.

Mais il arrive souvent que les parties, au lieu de fixer nettement la quantité de marchandises sur laquelle elles entendent traiter, se contentent de la déterminer par approximation. Par exemple le marché porte sur *environ* mille sacs de sucre ou bien sur trois ou quatre cents barriques de vin. Dans ce cas les obligations du vendeur ne sont pas exactement déterminées dans leur étendue, et il lui reste une certaine liberté d'exécution. Il importe cependant de ne pas exagérer la latitude dont il peut jouir, et de rechercher avec soin quelle a été l'intention des parties. C'est ainsi que, dans le premier exemple que nous avons cité, d'une vente d'environ mille sacs de sucre, le vendeur ne devrait pas être admis à augmenter ou, au contraire, à diminuer sans motifs la quantité fixée au contrat. Il a été jugé, avec une entière raison, suivant nous, que la clause *environ* laissait subsister pour le vendeur l'obligation de livrer exactement la quantité exprimée, et signifiait seulement que si, par suite de quelques circonstances particulières, il était livré un peu plus ou un peu moins que cette quantité, la vente vaudrait pour la quantité livrée (1). Il peut être, dans certains cas, fort difficile de dé-

---

(1) Marseille, 19 mai 1832. Il a été jugé à Nantes que la clause *environ*, insérée dans un contrat de vente à livrer, pour indiquer que la quantité des marchandises vendues n'est pas déterminée d'une manière précise, est toujours au profit exclusif du vendeur, qui peut contraindre l'acheteur à prendre livraison d'une quantité un peu plus considérable que celle fixée dans le marché. (3 mai 1873.) Cette règle nous paraît bien absolue. Nous avons peine à l'admettre dans des termes aussi généraux.

cider dans quelle mesure la clause environ permet
au vendeur de s'écarter de la quantité fixée. Par
exemple, un sculpteur s'est adressé à un marchand
de marbre pour avoir un bloc d'une forme déterminée et d'un volume de 2 mètres cubes environ ;
si on lui offre un bloc de 1 mètre cube et demi ou de
3 mètres cubes, devra-t-on dire que les conditions
du marché sont remplies ? Il faudra toujours, en ces
sortes de difficultés, juger d'après les circonstances.

Nous venons de voir des cas où la clause environ élargit pour le vendeur les liens de l'obligation.
Il en est d'autres où elle produit un effet tout opposé, et où elle resserre ces mêmes liens. Ainsi la
vente de la cargaison de blé chargée sur tel navire
entraîne pour le vendeur une obligation moins
étroite que s'il avait été dit que cette cargaison était
de trois cents tonneaux environ. Mais on le voit,
toutes ces questions relatives à la clause *environ*
sont de pures questions de fait, et c'est en fait
qu'elles devront être tranchées.

Il en est de même de celles qui pourraient être
soulevées par la fixation par maximum et minimum de la quantité de marchandises vendue. En
toutes choses il faut ne pas perdre de vue ce principe
que les parties sont souveraines maîtresses de leurs
conventions, en tout ce qui n'intéresse pas l'ordre
public ni les bonnes mœurs, et que c'est leur volonté qui règle l'étendue de leurs obligations (1).

(1) On trouvera sur cette question de nombreux et utiles

Du poids net. Du poids brut. Des tares. — Il importe de distinguer relativement à la quantité des marchandises vendues, deux sortes de poids, le poids net et le poids brut. Le poids net d'une marchandise s'entend du poids de cette marchandise, à l'exclusion du poids de son contenant. Le poids brut comprend le poids de la marchandise et le poids de son contenant. Lorsqu'une marchandise se vend au poids, les parties sont réputées avoir entendu parler du poids net, à moins d'usages ou de convention contraires (1).

Mais lorsque la marchandise est contenue dans deux emballages, l'emballage intérieur, en tant qu'il est considéré dans l'usage comme marchandise et qu'il est conforme aux habitudes du commerce, est compris dans le poids net (2).

Un certain nombre d'espèces de marchandises se vendent toujours au poids net, par exemple les arachides, l'argent vif, les laines, etc...

D'autres se vendent tantôt au poids net, et tantôt au poids brut, suivant les cas. C'est ainsi que les cordages neufs se vendent au poids net, et les cordages vieux au poids brut. Les étoupes de cordages se vendent au poids brut, et les étoupes de lin au poids net. La fécule de pomme de terre se

renseignements dans la jurisprudence. Nous nous bornons à indiquer trois jugements du tribunal de commerce de Marseille, des 10 janvier 1830, 6 janvier 1810, 10 mai 1832.

(1) Loi du 13 juin 1806. Tableau annexé. Deuxième règle.

(2) Loi du 13 juin 1866. Tableau annexé. Sixième règle.

vend au poids brut, quand elle est contenue dans
des sacs ou dans des balles, et elle se vend au poids
net lorsqu'elle est en fûts, etc., etc.

Enfin certaines marchandises se vendent toujours au poids brut, par exemple les baies de ge-
nièvre, le coaltar, les coques de cacao, le gou-
dron, etc., etc. Quand une marchandise est
vendue au poids brut, l'emballage doit être conforme aux habitudes du commerce (1).

Relativement à un certain nombre de marchandises, il existe ce qu'on appelle, dans les usages du
commerce, des tares. La tare est le poids présumé
du contenant d'une marchandise que, pour les facilités du commerce, il est d'usage de ne pas déballer.

Pour l'arsenic blanc, la tare est de 11 kilogrammes, par barils de 200 à 205 kilogrammes ;
pour l'arsenic jaune, elle est de 7 kilogrammes par
barils de 100 à 105 kilogrammes ; pour l'arsenic
rouge, elle est de 4 kilogrammes par baril de 80 à
90 kilogrammes. Pour le coton, la tare est de
5 p. 100 ; pour les graisses jaunes en balles, de
1 p. 100 ou 2 p. 100, suivant qu'elles sont en simple
ou en double emballage.

Pour les figues, il y a des usages bizarres ; les
figues en corbeilles, couffes et cabas se vendent au
poids brut ; les figues en caisse se vendent au poids
net ; les figues de Smyrne en caisse se vendent
avec une tare de 10 p. 100.

(1) Loi du 13 juin 1866. Tableau annexé. Quatrième règle

La vente du saindoux est également soumise à des règles multiples.

Les saindoux en tierçons se vendent avec une tare de 17 p. 100; en futailles et bariques, ils se vendent au poids net; en barils, avec une tare de 18 p. 100; en frequins, avec une tare de 18 p. 100; en vessies, ils se vendent au poids brut.

Dans la vente des marchandises pour lesquelles il existe une tare, l'acheteur a le droit, en renonçant à la tare d'usage, de réclamer le poids net, même pendant le cours de la livraison (1).

Des bonifications. Des dons et des surdons. — Il arrive souvent que les marchandises vendues sont mélangées à des substances étrangères. Des minerais, par exemple, sont mélangées à de la terre, ou des os à d'autres substances animales.

Quelle est, dans ce cas, l'étendue des obligations du vendeur? Et quelle quantité de marchandises devra-t-il livrer?

Cette difficulté est réglée par les usages. Relativement à certaines marchandises, il existe ce qu'on appelle des bonifications, des dons ou des surdons. Les bonifications consistent dans un supplément de quantité de marchandises, grâce auquel le vendeur compense la perte qui résulterait, pour l'acheteur, de la présence, dans les marchandises vendues, de corps étrangers.

(1) Loi du 13 juin 1866. Tableau annexé. Troisième règle.

Pour certaines marchandises, la bonification est réglée par l'usage à raison de tant pour 100. Pour d'autres marchandises, il est d'usage de la faire régler par amis communs (1).

Le don est une réfaction qui est accordée à l'acheteur pour altération ou déchet en quelque sorte forcé de la marchandise. Le surdon est un forfait facultatif pour l'acheteur à raison d'avaries ou mouillures accidentelles.

Les dons et surdons sont des choses d'exception. Ils n'existent que dans les ventes de marchandises où l'usage les a introduites (2).

Dans les ventes de fanons de baleine, il y a une réfaction de 2 pour 100 pour barbes et crasse. Dans les ventes de nacre de perle franche, si la livraison est faite à la pelle, il y a 2 pour 100 de don; si la livraison est faite à la main, il n'y a pas de don.

Dans les ventes de plomb vieux, il y a une réfaction de 4 pour 100 pour impuretés. Dans les ventes de poivre ou cubèbe, il existe une réfaction pour la pousse ou poussière, quand elle excède 2 pour 100, etc., etc.

Des tolérances. — Il y a certaines espèces de

(1) En pratique, les bonifications se règlent d'ordinaire par une réduction du prix de vente.

Souvent aussi on désigne sous ce nom générique de bonifications, les dons et les surdons, et généralement toutes les réfactions auxquelles l'acheteur a droit, par suite du défaut de quantité ou de qualité des marchandises.

(2) Loi du 13 juin 1866. Tableau annexé, Huitième règle.

marchandises qui se trouvent presque toujours dans le commerce à l'état d'impureté. Relativement à quelques-unes, il existe ce qu'on appelle des tolérances. La tolérance, accordée en général pour le déchet appelé pousse ou poussière, a pour objet de limiter la réclamation de l'acheteur contre le vendeur. La tolérance n'existe pas de droit commun. Il faut qu'elle ait été introduite par l'usage (1).

Les tolérances varient avec les espèces de marchandises vendues. Pour les arachides, en grenier, sacs ou futailles, il y une tolérance de 2 pour 100 pour poussière et corps étrangers. Pour le cacao en fût, il y a une tolérance de 2 pour 100 pour poussière.

Les ventes de graines sont réglées par divers usages, suivant la nature des graines vendues.

Dans les ventes de graines de chanvre de provenance étrangère, le vendeur jouit d'une tolérance de 3 pour 100 pour pousse et corps étrangers. Dans les ventes de graines de chanvre de provenance indigène, il n'y a pas de tolérance.

Dans les ventes de graines de colza de l'Inde et de la mer Noire, le vendeur jouit d'une tolérance de 4 pour 100; il n'y a pas de tolérance, si les graines de colza sont d'une autre provenance, etc., etc.

(1) Loi du 13 juin 1866. Tableau annexé. Huitième règle.

§ 3. — *Des obligations du vendeur relatives à la qualité des marchandises vendues.*

C'est encore, en cette matière comme en la précédente, l'intention commune des parties qui est la règle à laquelle il faut mesurer l'étendue des obligations du vendeur. C'est surtout en fait qu'il faudra juger les questions si nombreuses et si importantes que soulèvera dans la pratique cette délicate matière, et notre rôle se bornera presque exclusivement à rechercher, sous les diverses clauses en usage dans le commerce, quelle est l'intention probable des parties.

Si les termes du contrat ne contenaient aucune stipulation relative à la qualité des marchandises vendues, il faudrait apprécier les choses suivant les circonstances et les règles de la bonne foi, et l'on devrait, croyons-nous, appliquer ici une règle analogue à celle que l'art. 1022 du Code civil a posée pour un autre cas : le vendeur ne pourrait livrer des marchandises de la plus mauvaise qualité, mais il ne serait pas tenu de les offrir de la meilleure.

Mais il arrivera presque toujours que le marché contiendra quelque clause spéciale sur la qualité des choses vendues, et il importera alors de sainement interpréter ces stipulations particulières. Nous passerons successivement en revue les hypothèses qui se présentent le plus fréquemment dans la pratique.

Vente sur échantillon. — L'échantillon remis par le vendeur, et sur lequel la vente s'est conclue, détermine, d'une manière trop précise, la qualité que doit avoir la marchandise vendue pour qu'un contrat, passé dans de semblables conditions, puisse donner lieu à des difficultés d'interprétation.

C'est par la conformité ou par la dissemblance des marchandises offertes avec l'échantillon fourni, qu'on décidera si le vendeur a satisfait ou non à ses obligations (1). Quant aux difficultés que pourrait présenter la question de savoir si, en fait, les marchandises sont conformes à l'échantillon, elles seront appréciées par des experts.

Clause d'estampille. — En matière commerciale le nom du fabricant et la provenance des objets vendus ont, au point de vue de la valeur vénale de ces objets, une importance considérable. Or, cette provenance se constate d'ordinaire au moyen d'une estampille ou d'une marque apposée par le fabricant. Si donc il a été convenu que le vendeur livrerait des marchandises portant telle estampille, telle marque de fabrique, il ne saurait être admis à livrer d'autres marchandises, alors même que les marchandises offertes seraient aussi bonnes que celles

______

(1) Il a été jugé, et avec raison, croyons-nous, qu'une légère dissemblance des marchandises offertes avec l'échantillon suffirait pour faire résilier le contrat. Cour de Rouen, 22 juillet 1872. — Cour de Cassation, 20 janvier 1873. — Cour de Caen, 27 avril 1873.

qu'il s'est obligé à fournir. Bien plus, il ne lui suffirait pas de livrer des marchandises sorties des ateliers du fabricant convenu, si elles ne portaient pas
la marque de ce fabricant ; car, nous l'avons dit,
l'estampille est le moyen de constater la provenance
des marchandises ; le vendeur, en vendant des marchandises marquées de l'estampille du fabricant, a
véritablement contracté, relativement à la qualité
des marchandises, deux engagements distincts :
1° de livrer des marchandises de telle qualité et telle
provenance déterminées ; 2° de livrer ces marchandises avec les signes extérieurs qui permettront à
tous de reconnaître leur qualité et leur provenance.
S'il manque à l'une ou à l'autre de ces obligations,
il livre, en réalité, moins qu'il n'a promis.

Indication de la provenance. — L'obligation contractée par le vendeur de fournir des marchandises
d'une provenance déterminée, se rapproche beaucoup de celle que nous venons d'étudier relativement à la clause d'estampille. Elle doit, de même
que toute stipulation insérée au contrat, recevoir
pleine et entière exécution, et le vendeur ne peut
être admis à fournir des marchandises d'une provenance différente, alors même qu'il soutiendrait
que les marchandises offertes sont de qualité égale
à celles qu'il s'était engagé à livrer.

Mais il ne faut pas, en cette matière, exagérer
l'intention des parties, et confondre l'engagement
pris, par le vendeur de fournir des marchandises

d'une provenance déterminée avec ce qui ne serait, en réalité, qu'une simple mention du lieu d'où l'on se propose de faire venir les marchandises vendues, mention qui ne saurait entraîner pour le vendeur aucune obligation de tirer, en effet, ces marchandises de la provenance indiquée.

Il importe de distinguer avec soin ce qui est vraiment une stipulation du contrat, et ce qui n'est qu'une simple indication, sans force obligatoire.

De plus, l'obligation de fournir des marchandises d'une provenance déterminée ajoutant aux obligations qui, de droit commun, résultent de la vente, ne doit pas être admise sans motif sérieux, et ne doit jamais être supposée. C'est ainsi qu'il a été jugé qu'un fabricant qui vend des produits de la nature de ceux qui font l'objet de son industrie, ne doit pas être réputé, par le seul motif de sa profession, avoir vendu des produits sortis de ses propres ateliers. Mais cette obligation pourrait, sans aucun doute, résulter des circonstances, et on l'admettrait plus facilement à son égard qu'à l'égard de tout autre.

Clause : qualité loyale et marchande. — Les parties conviennent quelquefois que la marchandise vendue devra être de qualité loyale et marchande. Le plus souvent, une telle stipulation ajoutera bien peu de chose aux obligations du vendeur ; car nous avons dit déjà que, en l'absence de convention particulière, le vendeur était tenu de livrer des mar-

chandises de qualité moyenne, et cette qualité
moyenne n'est pas autre que celle dont il est
ici question. On interprétera la clause dont nous
parlons suivant les circonstances et l'intention
probable des parties. Il est, du reste, des cas où
elle n'est pas inutile : nous citerons notamment
celui où l'usage que l'acheteur fait ordinairement
des marchandises qui lui sont livrées serait de nature à faire supposer qu'il se contenterait de la
qualité la plus mauvaise. Il en serait de même de
cet autre cas où des circonstances particulières
donneraient à croire que la marchandise doit être
de la meilleure qualité. La clause dont nous nous
occupons est alors nécessaire pour faire connaître
la véritable intention des contractants.

Clause : franc d'avariées.—La clause *franc d'avariées*
a pour but d'exclure du marché toute marchandise
qui aurait subi des détériorations ou avaries. Son
utilité se présente particulièrement dans ce cas où
les marchandises vendues sont de telle nature que,
dans les circonstances ordinaires, certaines quan-
tités de marchandises avariées se trouvent mêlées
aux marchandises intactes. Quand donc on traite
sur de semblables marchandises, on est réputé
avoir accepté la proportion normale de marchandises avariées qui d'ordinaire sont mêlées aux marchandises intactes. La clause qui fait l'objet de ces
observations a précisément pour but d'écarter entièrement du contrat toute proportion quelconque
de marchandises avariées.

Clause : tel quel pour la qualité. — La clause *tel quel* a pour effet de permettre au vendeur de livrer des marchandises de mauvaise qualité. Il est pourtant une limite qu'il ne doit pas dépasser; la fixation de cette limite dépendra des circonstances de fait, et la liberté du vendeur sera plus ou moins grande, suivant les termes et les conditions du contrat.

Qu'arriverait-il si le vendeur avec clause *tel quel pour la qualité* avait remis un échantillon à l'acheteur? Ce concours de la clause dont nous parlons avec la remise d'un échantillon peut donner lieu à des questions de fait fort difficiles, car les deux clauses sont contradictoires, et il ne sera pas toujours aisé de savoir à laquelle des deux il faut donner la préférence, comme indiquant d'une manière exacte l'intention des parties. Dans une espèce de ce genre, que nous avons rencontrée dans le *Journal de Marseille* (1), le tribunal de commerce de cette ville a décidé que l'acheteur ne pourrait refuser les marchandises offertes, sous prétexte que ces marchandises n'étaient pas conformes aux échantillons, Mais ce n'est là qu'une décision d'espèce; il faudrait bien se garder d'en faire un principe général, et nous ne doutons pas que le tribunal de commerce de Marseille ne soit disposé, dans d'autres conditions de fait, à juger dans un sens différent,

(1) Voir Tome XXXII, 1re partie, p. 175.

§ 4. — *Des obligations du vendeur relatives aux accessoires de la chose vendue.*

Le vendeur est obligé de délivrer, en même temps que la chose vendue, tous les accessoires qu'elle comporte. C'est là un principe de droit civil qui est certainement applicable aux matières commerciales. L'une des applications les plus remarquables de ce principe a trait aux ventes que font les commerçants de leurs fonds de commerce. Un tel contrat est réputé comprendre, non pas seulement les marchandises qui sont actuellement renfermées dans les magasins du vendeur, mais encore l'ensemble de sa situation commerciale, sa clientèle et même son nom, autant du moins qu'il est possible de traiter de ces choses. Il resulte de là que, dans la plupart des cas, et sauf réserve faite dans la convention, le vendeur aliène le droit de continuer son commerce dans le voisinage, parce que cette continuation est inconciliable avec la cession de clientèle qu'il est réputé avoir consentie à son acheteur. Mais les circonstances du contrat pourront modifier, à ce sujet, les obligations du vendeur, de même que la nature du fonds de commerce vendu, et enfin toutes autres considérations de fait que les tribunaux auront mission d'apprécier.

§ 5.— *Des obligations du vendeur relatives à la garantie en cas d'éviction.*

Cette matière, très-importante en droit civil, l'est

beaucoup moins en droit commercial. Nous avons déjà dit que, à notre sens du moins, les choses mobilières seules pouvaient faire l'objet d'opérations de commerce. Or, la propriété des meubles s'acquiert par l'effet d'une prescription instantanée au profit de l'acheteur, et ils ne peuvent plus être revendiqués contre lui, une fois qu'il en est devenu possesseur avec juste titre et bonne foi. Cette seule règle de droit écarte des matières commerciales presque toutes les questions de garantie, pour cause d'éviction, qui se posent en matière d'opérations civiles.

Il est cependant trois cas exceptionnels où les marchandises vendues pourraient être revendiquées entre les mains de l'acheteur. Ces trois cas sont :

1° Celui où les marchandises auraient été perdues par leur véritable propriétaire ;

2° Celui où elles auraient été volées ;

3° Enfin, celui où elles auraient été déprédées en mer sur un Français. Les deux premiers cas sont prévus par l'art. 2279 du Code civil ; le troisième fait l'objet de la déclaration du 22 septembre 1633. Dans les espèces prévues par ces exceptions, l'acheteur de bonne foi peut être évincé, et dès lors il y a lieu d'appliquer à son profit les règles ordinaires de la garantie pour cause d'éviction, c'est-à-dire qu'il pourra agir en indemnité du préjudice que lui aura causé l'éviction.

Si l'on se trouve dans un des cas prévus par

l'art. 2280 du Code civil, c'est-à-dire si l'acheteur, possesseur actuel des marchandises perdues, volées ou déprédées, les a achetées dans une foire, ou dans un marché, ou dans une vente publique, ou d'un marchand vendant des choses pareilles, le véritable propriétaire ne pourra revendiquer les marchandises vendues qu'en remboursant à l'acheteur le prix qu'elles lui auront coûté, sauf, bien entendu, son recours contre le vendeur. Dans ce cas, l'acheteur n'agira contre son vendeur qu'à l'effet d'obtenir, s'il y a lieu, l'excédant de la valeur des marchandises sur le prix de vente. S'il en est autrement, et qu'il ne puisse rien obtenir du véritable propriétaire qui l'évince, il recourra contre son vendeur pour la totalité de la valeur des marchandises vendues.

§ 6.— *Des obligations du vendeur relatives à la garantie des défauts des marchandises vendues.*

Le vendeur s'est obligé, par le contrat, à fournir des marchandises d'une qualité déterminée. Si certains défauts déprécient la marchandise vendue et en rendent la qualité pire, le vendeur n'a pas satisfait à toutes les obligations qu'il avait contractées, et il doit à l'acheteur réparation du préjudice qu'il lui a causé par sa faute. La garantie des défauts de la marchandise vendue n'est donc qu'une application pure et simple des principes généraux qui régissent la matière. La règle de la garantie dont nous parlons en ce moment est posée dans l'art. 1641 du Code civil. Cet article est ainsi conçu : « Le ven-« deur est tenu de la garantie des défauts cachés « de la chose vendue qui la rendent impropre à « l'usage auquel on la destine, ou qui diminuent « tellement cet usage que l'acheteur ne l'aurait pas « acquise, ou n'en aurait donné qu'un moindre prix, « s'il les avait connus. » Dans le cas prévu par cet article, « l'acheteur a le choix de rendre la chose et « de se faire restituer le prix, ou de garder la chose « et de se faire rendre une partie du prix, telle « qu'elle sera arbitrée par experts. »

Il faut maintenant entrer dans quelques détails.

Des défauts dont le vendeur doit garantie. — Bien que, en principe, on doive dire que le vendeur doit garantie pour tous les défauts qui rendent la marchandise impropre à l'usage auquel on la destine ou qui en diminuent la valeur, cependant la loi limite ses obligations aux défauts cachés, et l'article 1642 porte qu'il « n'est pas tenu des vices appa-« rents et dont l'acheteur a pu se convaincre. » La raison n'en est point, comme on le pourrait croire d'abord, à la lecture du texte de la loi, que les défauts cachés seuls peuvent, d'après leur nature, entraîner la garantie du vendeur; mais, lorsque les défauts des marchandises vendues sont apparents, la loi présume que l'acheteur les a connus, et qu'il a accepté la marchandise pour ce qu'elle était réellement. Il y a là une présomption légale, *juris et de jure*, contre laquelle aucune preuve ne saurait être admise.

Mais il faut prendre l'expression *vices cachés* avec la véritable signification qu'elle a. Ainsi, dans les ventes de soieries en gros, par exemple, il n'est pas d'usage que l'acheteur déploie toutes les pièces qui lui sont livrées : si dans l'intérieur des pièces il se trouve des taches ou des trous, quoique ces sortes de vices soient très-apparents, cependant le vendeur en doit garantie, parce que, à traiter l'affaire suivant les usages reçus, il n'était pas possible à l'acheteur de se rendre compte de ces défauts qui, dès lors, étaient cachés pour lui. Il en est de même pour toutes les ventes de marchandises qu'il n'est pas d'habitude de vérifier chez les vendeurs; l'usage constant du commerce commande alors de considérer le vendeur comme garantissant tacitement que la marchandise est en bon état et telle qu'elle se vend ordinairement.

C'est généralement ainsi que le décide la jurisprudence (1).

Dans une espèce qui s'est présentée devant la cour de Bordeaux, on a agité la question de savoir si le défaut de quantité pouvait constituer un vice caché entraînant la garantie du vendeur. Il y avait

(1) Voir sur cette question Pardessus, *Droit commercial*, I, p. 279; Duvergier, *Vente*, I, 391; Zachariæ, II, p. 527; Marcadé, sur l'article 1741. — Rouen, 11 décembre 1806. — Bordeaux, 23 avril 1828. — Id., 23 mai 1811, et plusieurs jugements du tribunal de commerce de Marseille.

là deux questions distinctes : 1° le défaut de quantité constituait-il un vice caché ? 2° le vendeur devait-il indemnité à l'acheteur ? Pour la première, il ne pouvait y avoir de doute, et il n'était pas besoin d'avoir recours à des magistrats pour décider que *qualité* et *quantité* ne sont pas termes synonymes dans la langue française; c'était une question de grammaire, et non une question de droit. Mais la Cour de Bordeaux s'est singulièrement trompée, à notre sens, en décidant que le vendeur ne devait pas indemnité à l'acheteur; car, en livrant les marchandises vendues en quantité moindre qu'il n'avait été convenu, il manquait à ses engagements et devait dès lors réparation pour cette partie de ses obligations auxquelles il ne satisfaisait pas (1).

Il a été décidé en jurisprudence, et cette solution nous paraît devoir être adoptée sans hésitation dans la doctrine, que des défauts purement relatifs à l'acheteur n'entraînaient aucune obligation de garantie pour le vendeur. Ainsi, quand un commerçant destine les marchandises qu'il achète à un usage différent de celui auquel elles sont généralement employées, si ces marchandises sont de bonne qualité au point de vue de leur usage habituel, l'acheteur ne peut pas agir en garantie contre le vendeur, sous prétexte qu'elles ne conviennent pas à l'usage particulier qu'il en veut

(1) Bordeaux, 25 avril 1828.

faire. Mais il faudrait décider autrement si l'acheteur avait fait connaître au vendeur l'emploi auquel il destinait les marchandises, parce que, dans ce cas, la qualité des marchandises devrait être appréciée au point de vue particulier où se sont placées les parties, et non plus au point de vue des usages généraux du commerce.

Enfin nous avons dit plus haut que les défauts des marchandises doivent, pour entraîner la garantie du vendeur, être notables et sérieux, de telle sorte que l'acheteur, s'il les avait connus, n'aurait pas acheté les marchandises, ou du moins ne les aurait payées qu'un moindre prix.

Des droits de l'acheteur en cas de défauts cachés des marchandises vendues. — Lorsque les marchandises vendues sont entachées de ces défauts qui entraînent la garantie du vendeur, l'acheteur a le choix ou de rendre les marchandises et de se faire restituer le prix, ou de garder les marchandises et de se faire rendre une partie du prix, telle qu'elle sera arbitrée par des experts.

L'article 1648 veut qu'il agisse dans un bref délai, suivant la nature des défauts des marchandises et l'usage des lieux.

Du quantum de l'indemnité due par le vendeur. — Le vendeur doit réparer complètement le préjudice qu'il a causé par sa faute. Il faut corriger sur ce point le texte de l'article 1644 par celui de l'article

1617. Le vendeur n'est pas seulement tenu à la restitution du prix, il est encore tenu à réparer complètement le dommage qui a été causé à l'acheteur par l'inexécution totale ou partielle de ses obligations.

Pourtant il est fait exception à la rigueur de ce principe en faveur du vendeur de bonne foi. Lorsque le vendeur a ignoré les défauts des marchandises vendues, il n'est tenu qu'à la restitution du prix et des frais occasionnés par la vente.

De la stipulation de non-garantie. — Les parties peuvent convenir que le vendeur sera déchargé de toute obligation de garantie. Mais cette stipulation n'est valable que si le vendeur ignorait les défauts des marchandises vendues. Dans l'autre cas, la stipulation de non-garantie serait entachée de dol de sa part, et elle serait nulle aux termes de l'article 1643.

La garantie n'a jamais lieu dans les ventes faites par autorité de justice (art. 1649).

Dans les ventes ou échanges d'animaux, elle est soumise, par la loi du 20 mai 1838, à des règles spéciales dans lesquelles nous n'entrerons pas ici, notre objet étant uniquement d'exposer, dans cette première partie, les règles générales des achats et ventes. Nous en ferons, dans notre seconde partie, le sujet d'une dissertation spéciale.

SECTION II.

DES OBLIGATIONS DE L'ACHETEUR.

L'acheteur contracte par suite de la vente deux obligations principales :

1° Celle de recevoir livraison des marchandises au temps, au lieu, et de la manière convenus,

2° Celle de payer le prix.

Sur chacune de ces deux obligations, quelques développements sont ici nécessaires.

§. 1. — *De l'obligation de recevoir livraison au temps, au lieu, et de la manière convenus.*

En même temps que le vendeur s'engage à faire délivrance des marchandises au temps et au lieu convenus, l'acheteur s'engage à recevoir cette délivrance au temps et au lieu fixés par la convention. Le défaut d'exécution de cette obligation ou le retard qu'il mettrait dans son accomplissement l'obligeraient à supporter seul les conséquences fâcheuses qui pourraient en résulter et à indemniser le vendeur du préjudice qu'il en aurait éprouvé. C'est ainsi que la perte des marchandises survenue à cause du refus de l'acheteur d'en prendre livraison devrait être entièrement supportée par lui; de même encore, si, par suite de son retard, il a dû être fait des frais pour la conservation des marchandises vendues, ces frais doivent incomber tout entiers à sa charge.

On discute la question de savoir si le défaut de retirement des marchandises au temps convenu entraîne de plein droit, en matière commerciale, comme en matière civile, la résiliation de la vente contre l'acheteur. Nous ne signalons ici cette question que pour mémoire, nous réservant de la discuter et de la résoudre dans notre chapitre sur les causes de nullité et de rescision.

Mais qu'arriverait-il si l'acheteur, refusant de prendre livraison, le vendeur ne voulait pas agir contre lui en résolution du contrat? Deux moyens lui seraient alors offerts pour sauvegarder ses intérêts. Il pourrait se faire autoriser par justice ou bien à consigner les marchandises aux risques et périls de l'acheteur dans un dépôt public ou entre les mains d'un consignataire particulier, ou bien, s'il le préférait, à vendre ces marchandises par ministère de courtiers. S'il choisit le premier parti, il pourra obtenir contre son vendeur condamnation immédiate pour la totalité du prix convenu; s'il se décide pour le second, la condamnation qui sera prononcée à son profit sera limitée à la différence en moins entre le produit net de la vente et le prix stipulé au contrat.

§ 2. — *De l'obligation de payer le prix.*

La seconde obligation de l'acheteur est de payer le prix de vente au temps, au lieu et de la manière qui ont été déterminés par la convention. Chacun de ces points mérite quelques observations particulières.

1° *De la quotité du prix.*

Le plus souvent les parties prennent soin de déterminer elles-mêmes d'une manière précise le *quantum* du prix qui devra être payé, et alors la question que nous examinons ici ne présente aucune difficulté. Mais il arrive quelquefois que les parties ne fixent pas elles-mêmes le prix de vente, qu'elles s'en rapportent pour cela à l'appréciation d'un ou de plusieurs arbitres, ou bien encore que, déterminant elles-mêmes le prix, elles ne le déterminent que par approximation.

Fixation du prix par des arbitres. — Les arbitres choisis par les parties pour fixer le quantum du prix de vente peuvent être désignés dans le contrat lui-même, ou bien laissés à la nomination de la justice ou bien encore abandonnés au choix des parties postérieurement au contrat. Cette dernière manière de procéder à la détermination du prix ne nous paraît pas moins légitime que les deux premières (1), quoique sa validité ait été contestée. De quelque moyen donc qu'on se soit servi pour désigner les arbitres, c'est leur appréciation qui détermine l'étendue des obligations de l'acheteur par rap-

---

(1) Contrà : Troplong, art. 192. Voir dans le même sens Delvincourt.

port au prix. Ni ce dernier, ni le vendeur, ne sauraient être admis à attaquer cette appréciation, sous prétexte qu'elle serait inexacte et erronée (1). Une telle liberté laissée aux parties rendrait vaine et inutile la fixation du prix par les arbitres, car il arriverait certes bien rarement que tout le monde fût satisfait du prix qui aurait été fixé, et dans la réalité ce serait presque toujours le tribunal, au lieu des arbitres, qui serait appelé à statuer sur la difficulté; enfin cette solution nous paraît être en opposition avec l'intention que l'on doit présumer aux contractants lorsqu'ils sont convenus de laisser à des tiers le soin de déterminer le prix des marchandises vendues,

Nous croyons cependant qu'on devrait décider autrement et permettre de recourir aux tribunaux, si l'appréciation des arbitres était entachée de dol et de mauvaise foi évidente. Les parties, en effet, en remettant à des tiers le soin de fixer l'étendue de leurs obligations, ont dû accepter certaines chances d'erreur, inévitables dans ces sortes d'appréciations; mais elles n'ont pas pu prévoir le cas d'une injustice raisonnée et d'une solution évidemment inacceptable en raison; or, lorsqu'il en est ainsi, il n'y a pas eu réellement fixation du prix dans le sens de la convention formée, et dès lors

(1) Toutefois cette solution ne doit pas être considérée comme certaine. Les anciens auteurs la discutaient, et Pothier se prononçait pour le recours au tribunaux. On peut voir dans M. Bédarride, n° 73, l'état de la controverse en droit romain.

l'opération qui a eu lieu doit être considérée comme nulle et de nul effet (1).

Vente d'une marchandise pour le prix qu'elle vaut, pour son juste prix. — La vente d'une marchandise pour le prix qu'elle vaut (2) oblige l'acheteur à payer le prix qui sera déterminé soit par les mercuriales, soit, à leur défaut, par une expertise. La vente commerciale d'une chose pour le prix qu'elle vaut ou qu'elle vaudra, est donc faite au cours du jour de la vente ou de tel autre qui aurait été convenu et désigné. Si la vente était à terme, nous croyons qu'on devrait fixer le prix de la marchandise d'après le cours du jour de la livraison, de préférence à celui du contrat (3).

La vente pour le juste prix présente, sous un nom différent, les mêmes caractères que la vente pour le prix que vaut la marchandise et produit exactement les mêmes effets. On est généralement d'accord sur ce point. Cependant MM. Delamarre et Le Poitvin soutiennent qu'il y a une différence entre ces deux marchés; ils enseignent que dans la vente au juste prix, le prix est déterminé par le cours,

(1) Voir en ce sens : Bédarride, *Traité du dol et de la fraude*, nos 971 et suivants.

(2) M. Troplong attaque la validité de cette vente, parce qu'elle serait, selon lui, entachée de condition potestative. Nous combattrons cette doctrine dans notre chapitre des nullités.

(3) Voir sur ce point : Bédarride, nos 71 et suivants; Alauzet, no 1077 et suivants.

tandis qu'il l'est par experts dans le cas de vente pour le prix que la marchandise vaut ou vaudra. Mais pour nous, nous ne voyons là qu'une question de mots, et nous repoussons absolument la distinction proposée.

Nous pensons que, dans certains cas, la vente sans indication du prix doit être considérée comme valable et assimilée à la vente au juste prix lorsqu'il apparaît, d'après les circonstances du marché, que les parties ont eu l'intention de s'obliger définitivement et de s'en remettre, soit au cours, soit à une expertise, pour la détermination du prix.

Droits de douane. — Dans les ventes de marchandises qui doivent être importées de l'étranger, il arrive souvent que l'acheteur est chargé par la convention d'acquitter les droits de douane. Cette obligation même doit être présumée dans certains cas, par exemple, lorsque les marchandises sont déclarées livrables sous vergues, et généralement lorsque l'acheteur devient propriétaire des marchandises avant leur débarquement. Dans ces sortes de ventes, l'acheteur est réputé prendre pour lui les chances et les risques d'abaissement ou d'élévation des droits, et la variation des tarifs de douane n'influe en rien sur la quotité du prix qu'il s'est engagé à payer au vendeur.

Mais il en serait autrement si l'acheteur ne s'était chargé d'acquitter les droits que pour le compte et au nom du vendeur. Ainsi, dans une vente de tant d'hectolitres de blé étranger, à raison de tant l'hectolitre, *sous déduction des droits de douane*, le prix que doit payer l'acheteur est dès à présent fixé d'une manière invariable; le vendeur conserve pour lui l'obligation d'acquitter les droits; seulement il est entendu que l'acheteur emploiera à l'acquittement de ces droits la partie du prix qui sera nécessaire pour cela, et qu'il versera le surplus entre les mains du vendeur. Dans cette convention en effet les parties n'ont point eu l'intention de mettre les droits de douane à la charge de l'acheteur, mais seulement de régler le mode dont s'effectuerait le paiement du prix de vente.

Nous avons dit qu'il y avait des cas où l'on devait présumer que l'acheteur s'était chargé d'acquitter les droits. La présomption est en sens contraire lorsque les marchandises sont livrables après leur débarquement. La question revient à se demander si le paiement des droits doit être considéré comme un accessoire des frais de délivrance ou comme un accessoire des frais d'enlèvement. On la résoudra d'après les conditions dans lesquelles le vendeur s'est obligé à délivrer. Dans le premier cas, les frais sont pour le vendeur, ils sont pour l'acheteur dans le second.

2° *De la nature du prix de vente.*

Le prix de vente est le plus ordinairement payable en argent monnayé. Si la vente a été conclue entre Français, le prix doit être stipulé et payé en monnaie française. Dans les autres cas, si le prix avait été stipulé en monnaie étrangère, ou devrait, tant sur la question principale que sur les questions secondaires qui pourraient s'élever relativement au cours du change ou à d'autres accessoires, décider suivant la commune intention des parties.

Au lieu de monnaie, le prix peut être stipulé en billets de banque. Nous pensons même que dans un pays où, par suite de nécessités monétaires, les billets de banque ont cours forcé, il n'est pas possible aux parties de stipuler que le prix devrait être payé en espèces d'or ou d'argent. Une telle clause devrait être annulée comme contraire à l'intérêt public.

On peut convenir aussi que le prix pourra être acquitté en traites, lettres de change, actions industrielles ou toutes autres valeurs négociables quelconques. La raison en est que, dans les usages du commerce, ces sortes de valeurs sont considérées comme une espèce de monnaie commerciale; de plus, elles peuvent toujours être converties facilement en argent, grâce aux banques et aux opérations de bourse.

Mais nous ne croyons pas que le prix puisse être stipulé en marchandises. Assurément un tel contrat serait parfaitement valable, mais ce serait un échange, et non plus une vente. La question était débattue en droit romain, où les partisans du système que nous repoussons, les Sabiniens, citaient, faute de meilleur argument, un texte d'Homère, assurément fort peu probant en leur faveur. Aujourd'hui, il est encore d'usage d'examiner la question, mais elle n'est plus sérieusement discutée. Au reste, elle est peu importante, car entre l'échange et la vente proprement dite, il n'y a guère de différence que le nom (1).

3° *Du temps où doit être effectué le paiement.*

L'acheteur est tenu de payer son prix au temps fixé par la convention, et il est tenu de le payer intégralement en une seule fois, sauf l'exception portée à l'art. 1244 du Code civil.

Si la convention a déterminé d'une manière expresse la date à laquelle doit être effectué le paiement, on doit suivre exactement ce qui a été convenu par les parties.

Cependant, si un terme avait été accordé à l'acheteur, ce dernier en perdrait le bénéfice, s'il venait à tomber en faillite ou à diminuer les sûretés qu'il avait données par le contrat (2).

Mais il arrive souvent que les parties ne s'expliquent pas expressément sur la date du paiement. On doit présumer alors que le prix est payable comptant, contre livraison de la marchandise vendue. Il existe, en effet, une liaison intime entre les obligations du vendeur et celles de l'acheteur, entre la livraison des marchandises et le paiement du prix; on doit dès lors les supposer exigibles au même instant, à moins de stipulation contraire dans la

(1) Voyez pourtant, Bédarride, *Achats et ventes*, nᵒˢ 46 et suivants. Nous examinerons plus loin le système qu'il développe sur ce point de droit.

(1) Article 1188 du Code civil.

convention. Pourtant, les usages accordent à l'acheteur un certain délai, ordinairement huit jours,
pour vérifier la qualité des marchandises.

Pour éviter toute difficulté, les parties insèrent
quelquefois dans leur convention la clause *payable
comptant*, ou *payable comptant après livraison*. Ces
clauses n'ajoutent et ne modifient rien à la situation
de droit commun créée par le contrat; mais elles ont
l'avantage d'affirmer d'une manière catégorique
l'intention qu'ont eue les contractants de ne pas
déroger, aux usages établis.

Dans les ports maritimes, toutes les marchandises autres que les articles manufacturés se vendent sur le pied de 2 p. 100 d'escompte au comptant, et lorsque le vendeur consent à convertir tout
ou partie de l'escompte en terme, l'escompte se
règle à raison de 1/2 p. 100 par mois (1).

4° *Du lieu où doit être effectué le paiement.*

Cette nouvelle question ne présente pas de difficulté lorsque la convention détermine expressément le lieu où doit être effectué le paiement. A
défaut de convention, on doit présumer que le prix
est payable au lieu de la livraison des marchandises,
en cas de vente au comptant (2), et si l'acheteur a
terme pour se libérer, au lieu de son domicile (3).

Cette question est surtout importante au point

(1) Loi du 13 juin 1866. Tableau annexé. Neuvième règle.
(2) Code civil, art. 1651.
(3) Code civil, art. 1247.

de vue de la compétence des tribunaux chargés de
statuer sur les difficultés qui pourront s'élever, à
l'occasion de la vente, entre les parties. L'art. 420
du Code de procédure cite, en effet, parmi les tribunaux compétents en matière commer . . e, celui
du lieu où le paiement doit être effectué.

SECTION III.

DU TRANSPORT DE LA PROPRIÉTÉ.

La translation de la propriété des marchandises
vendues du vendeur à l'acheteur est l'effet principal de la vente, le but que se sont proposé d'atteindre les parties (1). Cette translation est quelquefois
le résultat immédiat du contrat de vente lui-même ;
plus souvent, en matière commerciale, elle n'est que
le résultat d'un acte juridique postérieur au contrat
lequel n'engendre immédiatement, et par sa vertu
propre, que des obligations et des droits personnels.

C'est là une des différences de fait qui séparent
la vente commerciale de la vente civile. Celle-ci est
le plus souvent immédiatement translative de la
propriété de la chose vendue ; la vente commerciale, au contraire, est ordinairement simplement

______

(1) Il y a cependant des ventes qui ne sont jamais translatives de propriété, ni directement, ni indirectement et par
lesquelles le vendeur ne cède à l'acheteur qu'un droit de
simple créance ou un droit réel autre que le droit de propriété. Voir notre appendice à la fin de ce chapitre.

Coucloux.   9

productive d'obligations. Dans la plupart des cas, elle n'a pas d'autre effet que d'obliger le vendeur à transférer à l'acheteur la propriété des marchandises vendues, et d'obliger l'acheteur à en payer le prix.

La question de la translation de la propriété des choses vendues dépend de deux questions entièrement différentes l'une de l'autre, et que nous traiterons en deux paragraphes distincts.

La première est relative à la détermination précise, individuelle, des marchandises vendues. La seconde a trait à l'intention et à la volonté commune des parties, car c'est un principe fondamental que, en matière de contrats, toutes choses doiven être appréciées et décidées à ce point de vue.

§ 1er. — *De la détermination individuelle des marchandises vendues.*

Il est dans la nature et dans l'essence du droit de propriété de reposer sur un objet certain, déterminé, non pas seulement dans son espèce et dans sa qualité, mais encore dans son individualité propre. On peut être créancier de 100 hectolitres de blé, *in genere*, il n'est pas possible qu'on en soit ni qu'on en devienne propriétaire : cela est contraire à la nature des choses. Pour que ces 100 hectolitres puissent devenir l'objet d'un droit de propriété, il est nécessaire qu'ils soient déterminés, *in specie*, dans leur individualité particulière. C'est là un principe certain et fondamental en notre matière.

Il en résulte que lorsque la vente roule, non plus sur un objet ainsi individuellement déterminé, mais sur des marchandises qui ne sont qualifiées que d'après leur quantité et leur espèce, il est impossible, et d'après la nature même des choses, que la vente conclue dans ces termes transfère immédiatement, et par elle-même, la propriété des marchandises vendues. Cela est radicalement impossible, disons-nous, contraire à la nature des choses, et il n'y a pas de convention ni même de loi qui puisse modifier en quelque manière le caractère absolu et irrévocable de cette impossibilité. On peut changer le caractère de la propriété, appeler de ce nom toutes sortes de droits qu'il plaira, mais tant que le droit de propriété sera ce qu'il est actuellement, il ne pourra avoir pour objet que des choses individuellement déterminées, ce qu'on appelle, en droit, des corps certains.

A notre avis, l'art. 1585 du Code civil n'a pas d'autre objet ni d'autre but que d'affirmer solennellement et législativement ce principe de raison :

« Lorsque des marchandises ne sont pas vendues
« en bloc, porte-t-il, mais au poids, au compte ou
« à la mesure, la vente n'est point parfaite, en ce
« sens que les choses vendues sont aux risques
« du vendeur jusqu'à ce qu'elles soient pesées,
« comptées ou mesurées ; mais l'acheteur peut en
« demander ou la délivrance, ou des dommages
« intérêts, s'il y a lieu, en cas d'inexécution de
« l'engagement. »

Voilà un article qui nous paraît bien clair, et qui affirme un principe bien certain et bien raisonnable. Pourtant on ferait facilement un volume de toutes les erreurs qui ont été commises dans son interprétation, et nous croyons même qu'on trouverait, dans le nombre de ces erreurs, quelques non-sens et plusieurs absurdités. Mais nous ne voulons entrer ni dans la discussion, ni même dans l'exposition des systèmes qui ont été proposés sur ce point de droit (1). Nous avons déjà exprimé notre opinion personnelle ; il nous suffira maintenant de citer, comme développement, une espèce célèbre qui a été successivement appréciée par tous les degrés de juridiction, sans qu'aucun des tribunaux qui ont été saisis de la question, soit parvenu, suivant nous, à découvrir la vérité. Nous la reproduisons d'après M. Bédarride (2).

Un sieur Larue, débiteur du sieur Peyramont, lui vend 36 toises de bois à brûler, à prendre dans ceux appartenant au vendeur, et notamment sur tous les bois par lui achetés du sieur Cubanon et qui se trouvent lors de la vente dans le chantier du port de Sauviat. Le prix est payé tant en compensation

(1) On peut consulter avec fruit sur la question : Marcadé, sur l'article 1585 ; Colmet de Santerre, art. 1585 ; Voët, *De Peric. et comm.*, Liv xviii, Tit. 6, 4 ; Charondas, Liv. IX, Rép. 30, p. 345 ; Treilhard (Fenet. XIV, p. 21) ; Dig. Liv. xviii, Tit. 1, L. 35, § 6 ; Cujas, même loi, § 5 ; Despeisses, I, n° 10 ; Pothier. *Vente*, n° 310 ; Pardessus, II, p. 315 ; Delvincourt, Tome III ; Troplong, I, 90 ; Merlin, *Rép.* Vente, § IV, 2 ; Duranton, XV, 102, etc... etc... et la Jurisprudence.
(2) Bédarride, *Achats et ventes*, n° 124.

qu'en argent ; Larue prend quatre mois pour livrer les bois, dont, au reste, il déclare n'être plus que le gardien et le dépositaire.

Avant le mesurage, Larue, qui avait vendu et livré à des tiers les bois dont il devait livrer 36 toises à Peyramont, et qui, dans le flottage, avaient été confondus avec d'autres, est déclaré en faillite. Peyramont revendique les bois par lui achetés, tant contre les syndics que contre les tiers acheteurs.

Un jugement du tribunal de commerce de Limoges accueille cette prétention et ordonne que les 36 toises de bois seront délivrées à Peyramont, d'abord sur ceux qui étaient dans le chantier indiqué par l'acte de vente, et subsidiairement sur tous les bois qui pouvaient appartenir au failli.

Sur l'appel des syndics, la Cour de Limoges confirme le jugement du 1er septembre 1810. L'arrêt pose en fait que Peyramont était devenu propriétaire incommutable des 36 toises de bois, et que, si ces bois étaient demeurés encore quelque temps entre les mains de Larue, ce dernier n'en était que le gardien et le dépositaire ; que dès lors Peyramont avait le droit de prendre les 36 toises de bois non-seulement dans ceux qui existaient dans le chantier indiqué par l'acte, mais encore dans tous ceux qui pouvaient appartenir à Larue, à défaut des premiers.

Un pourvoi fut enfin formé contre l'arrêt de la Cour de Limoges, mais la chambre des requêtes le rejeta par un arrêt en date du 11 novembre 1812.

Ainsi voilà un tribunal de commerce, une Cour d'appel et la chambre des requêtes de la Cour de cassation qui décident uniformément qu'une vente de 36 toises de bois à brûler, à prendre dans un chantier déterminé et subsidiairement dans tous autres chantiers appartenant au vendeur, a été immédiatement translative de propriété! Et Merlin reproduit une semblable décision sans observation, et M. Duranton l'adopte et en fait la base de son opinion!!... N'avions-nous pas raison de dire que, dans la matière que nous traitons, on rencontre à chaque pas des difficultés et des erreurs, et qu'on en trouve de toutes sortes?

Que fait-on, dans l'opinion que nous combattons en ce moment avec toute l'assurance de conviction dont nous sommes capable, que fait-on du texte de l'art. 1585 du Code civil? Et, en supposant même que ce texte n'existe pas, que fait-on des purs principes et du bons sens juridique?

Comment peut-on admettre, en raison, qu'il soit possible de transférer la propriété de 36 toises de bois, *in genere*, ou de devenir propriétaire d'une chose qui n'est pas déterminée dans son individualité propre?

Pour donner quelque apparence de raison à un système qui se condamne lui-même par l'évidence de sa fausseté, il aurait fallu pouvoir dire que Larue avait vendu à Peyramont la copropriété, jusqu'à concurrence de 36 toises, de tous les bois dont il était alors propriétaire, car si l'on ne peut être propriétaire d'un objet déterminé seulement dans son espèce et sa quantité, rien ne s'oppose plus à ce qu'on soit propriétaire, pour une partie indivise, d'une chose individuellement déterminée.

Mais il est facile de voir qu'on ne pouvait interpréter dans ce sens la convention intervenue entre Larue et Peyramont; et alors même qu'elle aurait eu originairement ce caractère, on n'aurait pu en tirer aucune conséquence dans le sens indiqué par les tribunaux que nous avons cités, après la vente des bois dont Larue était propriétaire au moment de la convention passée avec Peyramont, et la substitution à ces bois d'autres bois nouvellement acquis.

Nous n'insisterons pas davantage sur cette matière, bien qu'il nous restât encore beaucoup à dire, si nous avions la prétention d'épuiser toutes les difficultés qu'elle comporte. Mais il faut se borner.

Nous avons dit que, d'après nous, l'art. 1583 n'a pas d'autre portée que de proclamer ce principe qui est dans la nature des choses, à savoir qu'on ne peut transférer la propriété que d'une chose individuellement déterminée. Mais, dès lors que la chose vendue est individuellement déterminée, peu importe, croyons-nous, qu'elle constitue un objet unique, indivisible, ou, au contraire, qu'elle se compose d'une collection d'unités distinctes. Dans l'un et dans l'autre cas, on se trouve en présence d'une chose certaine et déterminée, et la propriété peut en être immédiatement transférée, par le seul effet du contrat, et sans qu'il soit besoin d'aucune autre opération juridique. C'est ce que décide l'article 1586, en disant que la vente en bloc de marchandises qui se pèsent, se comptent ou se mesurent, est immédiatement translative de propriété. Ainsi, la vente d'un tas de blé, individuellement déterminé, d'un certain nombre de barriques de vin, spécialement désignées, est parfaite et transfère la propriété des choses vendues tout aussi bien que la vente d'un cheval ou d'une maison.

Et peu importe encore qu'on indique ou qu'on n'indique pas la quantité de blé que contient le tas, ou le nombre de litres que comprend chaque barrique; dès lors que les objets sont certains et déterminés, la propriété peut en être immédiatement et directement transférée.

Il y a pourtant des auteurs qui ont soutenu le contraire. La Cour de cassation avait déclaré, avec une entière raison suivant nous, le 24 août 1830, que la vente d'un baril d'azur de 100 kilogrammes, moyennant le prix de 1,000 francs, était faite en bloc et non à la mesure, et que, par conséquent, elle était immédiatement translative de propriété. M. Duvergier critique cet arrêt. Lorsque le contrat indique la quantité, dit-il, il n'y a vente en bloc que si, dans l'intention des parties, le poids ou la mesure ne doit exercer aucune influence sur la quotité du prix, et que si le vendeur n'est pas obligé de les parfaire l'un ou l'autre. Or, dans l'espèce, si le vendeur eût délivré un baril ne pesant que 93 ki-

logrammes, l'acheteur aurait eu le droit d'en réclamer cinq, c'est-à-dire qu'il se fût trouvé dans la
même position que s'il eût acheté 100 kilogrammes
à raison de 10 francs l'un. Donc, conclut-il, la
vente était, non en bloc, mais à la mesure (1).

Nous ne saurions admettre, pour notre part, la
conclusion de M. Duvergier. Il expose très bien que
quand on a vendu 100 kilogrammes d'azur, on est
obligé à livrer ces 100 kilogrammes, et que si on
n'a livré que 95 kilogrammes, on est encore débiteur
de 5 kilogrammes ; mais quelle conséquence tirera‑
t-on de là? Celle-ci seulement, à savoir que la vente,
pour 100 kilogrammes, d'un baril qui n'en conte-
nait que 95, n'a pu être immédiatement translative
de propriété que quant aux 95 kilogrammes qui
existaient dans le baril, et que, pour les 5 kilo‑
grammes restants, elle a été seulement productive
d'obligations.

Quelques-uns exigent encore, pour que la vente
soit faite en bloc et transfère la propriété, que le
prix soit déterminé d'une manière fixe et invariable,
et ne soit pas subordonné à la quantité des marchandises vendues.

Cela était même enseigné par Pothier comme un
principe certain ; il en est ainsi, dit-il, « dans le cas
« où l'on aurait vendu tout ce qu'il y a dans un
« magasin, dans un grenier, si la vente en a été
« faite à raison de tant par chaque millier, par
« chaque muid de blé, etc...

(1) Duvergier. Vente, I, nos 90 et suivants.

« La vente, dans ce cas, n'est point censée par-
« faite, et les marchandises vendues ne sont point
« aux risques de l'acheteur jusqu'à ce qu'elles aient
« été mesurées ou pesées, car jusqu'à ce temps *non*
« *apparet quantum venierit*. Le prix n'étant constitué
« que pour chaque millier qui sera pesé, chaque
« muid qui sera mesuré, il n'y a point encore de
« prix déterminé avant la mesure ou le poids, et,
« par conséquent, la vente, avant ce temps, n'est
« point assez parfaite pour que le risque des choses
« vendues puisse concerner l'acheteur; il n'en doit
« être chargé qu'après que les marchandises auront
« été pesées ou mesurées. »

Ce système est encore suivi aujourd'hui par la généralité des auteurs et par la jurisprudence. Toutefois nous sommes tenté de le croire inexact. A notre sens, il n'est point nécessaire, pour que la vente soit immédiatement translative de propriété, qu'elle soit faite pour un prix unique, et le système que nous combattons nous paraît exagérer la portée de l'article 1585. Marcadé, reprenant l'argument sur lequel se fonde Pothier, le développe d'une manière fort ingénieuse, et fait remarquer que, dans la vente où le prix est fixé seulement par relation à la quantité des marchandises vendues, il n'est point encore déterminé d'une manière précise, et que tout dès lors paraît subordonné au pesage, au comptage ou au mesurage qui devra avoir lieu ultérieurement.

Tout cela est fort spécieux; nous ne croyons pas

que ce soit exact. Il n'est point nécessaire, pour
que la vente soit parfaite, que le prix soit dès à
présent déterminé d'une manière fixe et invariable,
il suffit que le contrat contienne les éléments de sa
détermination, et rien ne s'oppose à ce que cette
détermination soit remise à plus tard et subordonnée
à un acte postérieur. C'est ainsi que la fixation du
prix peut être laissée à l'appréciation d'un tiers ou
à la décision de la justice. Dira-t-on, dans ce cas,
que la vente n'est pas translative de propriété, dès
le moment même du contrat? Personne n'oserait
aller jusque-là. Or, pourquoi déciderait-on autrement dans le cas où le prix, au lieu d'être laissé à
l'appréciation d'un tiers, serait subordonné au
mesurage, au pesage ou au comptage des marchandises vendues?

Nous ne voyons, pour notre part, aucun motif de
distinguer entre deux espèces qui nous paraissent
identiques (1).

Mais notre solution n'empêche pas que les tribu-

(1) Voir en ce sens : Voët, *Comm. ad. Pand.*, T. II,
Liv. xviii, Titre VI, n° 4 ; Aubry et Rau, § 931 ; Delamarre
et Le Poitvin, Tome VI, n°° 18 et suivants.
Dijon, 13 décembre 1867. — Grenoble, 23 mai 1869. —
Nîmes, 2 janvier 1871.
Contrà : Domat, *Lois civiles*, Liv. i, Titre II, sect. iv, art. 7 ;
Pothier, *Vente*, n° 308 ; Merlin, *Rép.*, V° Vente, § 4, n° 2 ;
Delvincourt, Tome III. p. 352 ; Duranton, Tome XVI, n° 88 ;
Marcadé, sur l'art. 1586 ; Troplong, *Vente*, Tome I, n° 60 ;
Massé et Vergé, sur Zachariæ, Tome IV, § 675 ; Pardessus,
Droit commercial, Tome I, n° 202 : Championnière et Ri-
gaud, Tome III, n°° 1863 et 1901·

naux ne puissent légitimement induire des circonstances de la convention qu'il a été dans l'intention des parties que le vendeur conservât la
propriété et les risques de la chose vendue jusqu'aux
opérations du comptage.

Nous nous sommes efforcé, dans les explications
qui précèdent, d'indiquer la nécessité d'une désignation individuelle des marchandises vendues,
pour que la propriété de ces marchandises puisse
être transférée. Tant que la vente ne porte que sur
des marchandises, *in genere*, elle ne peut être que
productive d'obligations personnelles, et pour la
translation ultérieure de la propriété, une autre
opération est nécessaire qui déterminera les marchandises vendues, et qui substituera aux genres,
aux espèces, qui ont fait l'objet de la vente, des
individualités, des corps certains.

Mais cette condition nécessaire de la détermination individuelle des marchandises vendues n'est
point suffisante pour opérer la translation de
propriété. Elle n'est point l'acte même qui transporte
la propriété du vendeur à l'acheteur, elle n'est
qu'une condition nécessaire à la possibilité de cet
acte, qui n'est autre que le consentement des parties, leur volonté commune que cette translation
soit opérée. C'est de ce consentement qu'il nous
faut maintenant traiter.

§ 2. — *De l'intention des parties.*

Dans notre ancien droit, le consentement seul ne suffisait pas pour transférer la propriété de la chose vendue. Aujourd'hui, grâce aux progrès accomplis par les rédacteurs du Code civil, et à une conception plus exacte et plus élevée du droit, la seule intention, suffisante pour engager les parties dans les liens d'une obligation, est suffisante aussi pour transférer de l'une à l'autre la propriété d'une chose vendue (1).

Ce transport de la propriété, de même que toutes autres conditions ou tous autres effets du contrat de vente, est entièrement subordonné à la volonté des contractants, qui demeurent libres de statuer souverainement sur ce point ce qu'il leur semble bon de décider. Ils peuvent donc convenir ou que

(1) MM. Delamarre et Le Poitvin ont soutenu le contraire. Fidèles à leur système d'opposer toujours le droit commercial au droit civil, qu'ils confondent très-inexactement avec ce que les Romains appelaient *jus civile*, ils ont prétendu que le nouveau principe de la translation de la propriété par l'effet propre du consentement des parties devait être restreint, dans ses applications, aux seules opérations civiles, et que, en matière commerciale, la translation de la propriété demeurait soumise aux règles anciennes, c'est-à-dire qu'elle ne pouvait s'opérer que par la tradition des marchandises.

Ce système est universellement repoussé, et à bon droit. M. Dufour, entre autres auteurs, en a donné une réfutation complète et péremptoire (*Droit maritime*, sur l'article 193.)

la propriété sera transférée immédiatement, ou bien que la translation n'aura lieu qu'à une époque ultérieure ; ils peuvent enfin la subordonner à une condition suspensive ou à une condition résolutoire.

Mais, en l'absence de clause particulière dans la convention, on doit présumer qu'il a été dans l'intention des parties que la propriété fût transférée dès le moment même du contrat, lorsque la vente est d'un corps certain, et, dans le cas contraire, au temps de la livraison des marchandises vendues. C'est ainsi en effet, que cela se passe dans l'usage, et il faut toujours se référer aux usages reçus, quand on n'a pas de motif spécial d'y déroger.

La livraison, du reste, peut consister soit dans la remise matérielle des marchandises vendues, soit dans la remise d'un connaissement, d'une lettre de voiture ou d'un ordre de livraison quelconque ; dans certains cas même elle peut résulter d'un simple consentement, même dépouillé de tout acte extérieur de délivrance.

On a agité beaucoup de questions relatives à la livraison et au transport de la propriété des coupes de bois. Nous ne voulons que les signaler en passant. Suivant nous, toutes ces questions doivent être agitées, non pas en droit, mais en fait, et décidées d'après l'intention des parties.

Il est cependant, sur cette matière, une certaine nature de difficultés dont la solution implique la connaissance et l'application de quelques règles de droit.

La vente d'une coupe de bois, quoique constituant une vente mobilière, parce que les parties ont considéré les bois isolément du sol auquel ils sont attachés, roule cependant sur des choses qui sont réputées immobilières, tant qu'elles demeurent attachées à la terre. Or, on sait que la vente des objets immobiliers n'est translative de propriété vis-à-vis des tiers que par la transcription. Si donc le vendeur, après avoir vendu à un premier acheteur une coupe de bois encore attachée au sol, vendait par un second contrat, à un second acheteur, son bois tout entier, et que celui-ci fît transcrire son acte de vente, il serait devenu véritable propriétaire, non-seulement du sol, mais encore du bois; et le premier acheteur de la coupe, quoique propriétaire vis-à-vis du vendeur, ne pourrait pas revendiquer contre le second acheteur.

APPENDICE

Des ventes qui ne sont pas translatives de propriété.

En rangeant la translation de la propriété parmi les effets du contrat de vente, nous avons raisonné d'après ce qui a lieu le plus souvent. Mais il existe des ventes qui ne sont jamais ni directement, ni indirectement, translatives de propriété.

Le droit de propriété n'est pas le seul, en effet, qui puisse être vendu; on peut vendre un droit d'usufruit, un droit d'usage, même un simple droit personnel; et nous verrons, dans notre seconde partie, qu'il y a certaines ventes, fort usitées dans le commerce, dites ventes par filière, lesquelles ne sont que la cession d'un simple droit de créance, purement personnel.

Il y a là, croyons-nous, une imperfection de notre langue juridique qui n'a qu'un seul mot pour exprimer la cession à titre onéreux de plusieurs droits distincts.

Une autre imperfection, bien plus grave encore à notre sens, est la confusion qui existe dans la pratique du langage, entre la propriété d'une chose et cette chose elle-même. On vend le droit qu'on a sur une chose, on ne vend pas la chose elle-même. Dira-t-on que la propriété comprend la chose tout entière, et qu'une distinction de mots ne serait ici qu'une subtilité? Ce serait inexact.

Tout droit, quel qu'il soit, réel ou personnel, comprend tout entière la chose à laquelle il s'applique. Un droit de créance sur une chose comprend cette chose non moins entièrement qu'un droit d'usufruit ou un droit de propriété. Entre tous ces droits, la différence n'est pas dans la chose qui en est l'objet, et qui, elle, demeure toujours identique; la différence n'existe que dans la nature différente de ces droits.

Mais de plus amples discussions sur ce point nous feraient sortir de notre sujet.

CHAPITRE VI.

DES CAUSES DE NULLITÉ ET DE RÉSOLUTION DES ACHATS
ET VENTES DE MARCHANDISES, ET ACCESSOIREMENT DU
DROIT DE RÉTENTION, DU LAISSÉ POUR COMPTE ET DU
REMPLACEMENT.

Les achats et ventes peuvent être entachés, dès le principe,
de vices de nullité. — Ils peuvent être résolus par suite
d'événements postérieurs à leur formation. — Enfin, leurs
effets peuvent être modifiés par certaines circonstances
spéciales.

SECTION I. — DES CAUSES DE NULLITÉ DES ACHATS ET VENTES
DE MARCHANDISES.

Les causes de nullité des achats et ventes se rapportent à
quatre chefs principaux : 1° la chose vendue ; 2° le prix ;
3° la capacité des parties ; 4° le consentement.

§ 1. *Nullités fondées sur la nature de la chose vendue.* — Renvoi
au chapitre III.

§ 2. *Nullités fondées sur le défaut du prix.* — Un prix sérieux est
de l'essence du contrat de vente. — Critérium de la distinction du prix sérieux et du prix vil.

§ 3. *Nullités fondées sur l'incapacité des parties.* — Nullités
fondées sur l'incapacité générale de contracter. — Sur l'incapacité spéciale d'acheter et vendre. — Sur l'incapacité d'acheter et vendre commercialement. — Renvoi aux
principes du droit civil pour l'interprétation des articles
450, 1505, 1596 et 1597 du Code civil. — Les agents de
change, les magistrats, avocats, notaires, avocats, consuls
et autres fonctionnaires auxquels il est interdit de faire le
commerce par des lois purement disciplinaires, peuvent
acheter et vendre valablement. Au contraire, la prohibition

Couetoux. 10

pour les commandants des divisions militaires, les préfets et les sous-préfets de faire le commerce de certaines marchandises, dans l'étendue des lieux où ils exercent leur autorité, est une disposition d'ordre public. — Les achats et ventes contractés au mépris de cette prohibition sont radicalement nuls. — Droits des tiers de bonne foi.

§ 4. *Nullités fondées sur un vice du consentement.* — Erreur, dol et violence. — Renvoi aux ouvrages de droit civil. — La convention par laquelle les parties décident de choisir plus tard des arbitres, pour la détermination du prix de vente, n'est pas une condition potestative, et n'entraîne pas la nullité du contrat.

SECTION II. — DU DROIT DE RÉTENTION.

Lorsque l'une des parties diffère d'exécuter ses obligations, l'autre partie peut différer aussi d'exécuter les siennes.

§ 1. *Du droit de rétention, en tant qu'il compète au vendeur.* — La question présente deux aspects différents suivant que la vente est faite au comptant, ou qu'il a été accordé à l'acheteur un terme pour le paiement du prix. — 1° *La vente est faite au comptant.* — Le vendeur n'est tenu de délivrer que si l'acheteur lui offre le prix. — Du droit de revendication de l'article 2102 du Code civil. — 2° *Il a été accordé à l'acheteur un terme pour le paiement.* — Le droit de rétention n'existe pas en principe. — Théorie de l'article 1188 du Code civil.

§ 2. *Du droit de rétention en tant qu'il compète à l'acheteur.* — L'acheteur n'est tenu de payer que contre livraison des marchandises, à moins de convention contraire.

SECTION III. — DES CAUSES DE RÉSOLUTION DES ACHATS ET VENTES.

§ 1er. *Des causes de résolution fondées sur le défaut d'exécution des obligations de l'acheteur.* — Si l'acheteur manque de payer son prix, le vendeur peut faire résoudre le contrat. — Particularités en cas de faillite de l'acheteur. — La vente est résolue de plein droit, si l'acheteur ne prend pas livraison des marchandises au terme convenu.

§ 2. *Des causes de résolution fondées sur le défaut d'exécution des obligations du vendeur.* — L'acheteur peut faire résoudre le contrat si le vendeur ne fait pas la délivrance des marchandises vendues, ou s'il ne livre qu'une quantité de marchandises moindre que celle qui avait été convenue (distinction pour ce second cas), ou des marchandises d'une qualité inférieure à celle qui avait été stipulée.

SECTION IV. — DES DROITS DE L'ACHETEUR EN CAS DE DÉFAUT D'EXÉCUTION DES OBLIGATIONS DU VENDEUR. — DU LAISSÉ POUR COMPTE. — DU REMPLACEMENT.

Lorsque le vendeur manque d'exécuter ses obligations, l'acheteur n'a pas seulement le droit de faire résoudre le contrat; il peut encore le faire exécuter aux dépens du vendeur. — Du laissé pour compte. — Du remplacement. — Nature et limites de ce dernier droit.

La vente peut être entachée dès son origine de vices de nullité. Valable dans le principe, elle peut par la suite être résolue et annulée.

De là deux catégories bien distinctes dans les matières de ce chapitre : les nullités, les causes de résolution.

Entre ces deux matières, qui feront chacune l'objet d'une section particulière, nous placerons une autre section où nous traiterons du droit de rétention en matière de vente commerciale.

Il nous a semblé que la rétention devait être rapprochée de la résolution de la vente, avec laquelle elle a une connexion intime. Elles sont fondées toutes deux sur le défaut d'accomplissement, par l'une des parties au contrat, des obligations qui avaient été formées, et il n'y a guère entre elles que cette différence, à savoir que la résolution, fondée

sur un défaut total d'exécution des obligations contractées par l'une ou l'autre des parties, annule la
vente dans son entier, tandis que la rétention, fondée seulement sur le retard d'une partie à satisfaire
à ses engagements, ne fait que différer l'exécution
du contrat, et, sans l'annuler d'une manière complète, modifie seulement ses effets.

Enfin la rétention, de même que la résolution,
est basée sur le principe de la corrélation intime
qui existe entre les obligations du vendeur et celles
de l'acheteur, principe posé dans les articles 1184
et 1654 du Code civil.

SECTION I.

DES CAUSES DE NULLITÉ DES ACHATS ET VENTES DE MARCHANDISES.

Tout ce que nous avons à dire ici des nullités de
la vente commerciale se trouve déjà en substance
dans les chapitres qui précèdent, et nous ne ferons
guère en cet endroit que condenser dans un ensemble complet des observations qui se trouvent
déjà éparses en différents chapitres, suivant la nature des matières que nous y avons traitées.

Les achats et ventes de marchandises se composent de quatre éléments distincts :

1° Une chose vendue ;

2° Un prix sérieux ;

3° Des parties capables de contracter ;

4° Un consentement valable.

A chacun de ces quatre éléments se rapportent
des causes de nullité différentes.

§ 1. — *Nullités fondées sur la nature de la chose vendue.*

Il est certaines choses qui ne peuvent pas être vendues; il en est d'autres qui ne peuvent être vendues que civilement; il en est enfin dont le commerce est soumis à une réglementation particulière.

Nous avons exposé les principes généraux de la matière dans notre chapitre III : *Des choses qui peuvent faire l'objet d'une vente commerciale.* — Nous nous bornerons à y renvoyer. Il n'est pas, du reste, dans le plan de cette monographie d'étudier le détail des règles qui ont été édictées par le législateur relativement à certaines espèces particulières de marchandises.

§ 2. — *Nullités fondées sur le défaut du prix.*

Le prix est de l'essence même de la vente. Il ne suffit pas d'un prix fictif et dérisoire; il faut un prix réel et sérieux.

Mais quel sera le critérium de la distinction du prix sérieux et de celui qui ne l'est pas? La chose est difficile à dire, et nous ne croyons pas qu'on soit jamais arrivé à formuler sur ce point une règle précise. Nous pensons, pour notre part, que le prix doit être réputé sérieux quand il a pu raisonnablement être considéré par les parties comme l'équivalent des marchandises vendues, et qu'il doit être réputé vil dans les autres cas. Mais la solution elle-même que nous proposons se réfère à des questions de fait très-délicates à juger. Les tribunaux apprécieront toutes ces difficultés, en tenant toujours en grande considération les circonstances dans lesquelles a été conclu le contrat; leur sagesse naturelle et leur expérience pratique des affaires seront, à notre sens, les meilleurs guides à consulter en ces sortes de questions.

Nous avons dit plus haut que le prix ne devait pas être nécessairement stipulé payable en argent, et qu'il pouvait consister en toutes espèces quelconques de valeurs négociables. Mais le prix stipulé, payable en marchandises, transformerait la vente en un contrat d'échange.

§ 3. — *Des nullités fondées sur l'incapacité des parties.*

Nous avons dit (1) que certaines personnes sont frappées de l'incapacité générale de contracter; d'autres, de l'incapacité spéciale d'acheter et vendre; d'autres enfin, de la seule incapacité d'acheter et vendre commercialement.

Il ne rentre pas dans notre sujet de traiter du sort des achats et ventes contractés par une personne frappée de l'incapacité générale de contracter. Ces achats et ventes sont annulables, et l'action en nullité dure dix ans.

(1) Voir le chapitre II : *Qui peut acheter et vendre commercialement.*

Nous ne voulons pas davantage traiter ici de la nullité des achats et ventes fondés sur l'incapacité générale de l'une des parties d'acheter ou de vendre. Ces matières nous feraient aborder des principes de droit purement civil, et nous nous bornerons à renvoyer aux auteurs qui ont élucidé ces questions. Nous dirons seulement que les achats et ventes contractés dans de semblables conditions ne sont pas radicalement nuls, mais seulement annulables; que l'action en nullité dure dix ans, et qu'elle peut être exercée par ceux-là seulement que la loi a eu pour but de protéger (1).

Nous devons insister plus sérieusement sur la nullité des achats et ventes fondée sur certaines incapacités spéciales d'acheter ou de vendre commercialement.

On sait que les agents de change, les magistrats, les avocats, les notaires, les avoués, les consuls, élèves-consuls et drogmans n'ont pas le droit de faire le commerce.

(1) On est généralement d'accord sur l'interprétation des articles 450 et 1596 du Code civil. La nullité dont il est parlé dans ces articles peut être invoquée par ceux là seulement dont les biens ont été vendus ou par leurs ayants cause.

La nullité des ventes entre époux, dont il est parlé à l'article 1595 du Code civil, peut être demandée par l'un et l'autre des époux, et pendant dix ans, à compter de la dissolution du mariage.

Quant à la nullité prononcée par l'article 1597 du Code civil, nous pensons, contrairement à l'opinion de Marcadé et de quelques auteurs, qu'elle n'est point d'ordre public, et qu'elle ne peut être invoquée que pendant dix ans par le cédant ou par le cédé.

Néanmoins, on s'accorde généralement à dire que cette prohibition de la loi n'est pas d'ordre public, et que les personnes qu'elle atteint demeurent pleinement capables de se livrer à des opérations commerciales, sous la seule réserve des peines disciplinaires dont elles peuvent être frappées.

L'interprétation de l'article 176 du Code pénal a donné lieu à quelques difficultés. Cet article frappe d'une amende de 500 fr. au moins et de 10,000 fr. au plus « tout commandant des divisions militaires, « des départements ou des places et villes, qui aura, « dans l'étendue des lieux où il a le droit d'exercer « son autorité, fait ouvertement, ou par des actes « simulés, ou par interposition de personnes, le « commerce de grains, grenailles, farines, sub- « stances farineuses, vins ou boissons, autres que « ceux provenant de ses propriétés. »

Quelques-uns pensent que le commandant, le préfet ou le sous-préfet, qui aurait acheté des denrées, ne pourrait pas rompre le contrat par le motif que le commerce lui est interdit (1). D'après les partisans de cette opinion, le contrat conserverait toute sa force contre le commandant, préfet ou sous-préfet, en faveur de l'autre partie. La loi, dit-on, leur a défendu d'acheter pour faire le commerce, mais elle n'a défendu à personne de leur vendre. Le vendeur n'a point à s'occuper de l'usage que l'acheteur veut faire de la marchandise qui lui aura été livrée.

(1) Toullier. Tome VI, n° 128 ; Molinier, Tome I, 200.

Cette solution ne nous paraît pas exacte. La disposition de l'article 176 du Code pénal est une disposition d'ordre public. Toute convention contraire à cette disposition est donc radicalement nulle, et à l'égard de toutes les parties. Les tiers de bonne foi eux-mêmes ne devraient pas être admis à s'en prévaloir, et leur unique droit, s'ils avaient été trompés, consisterait à réclamer contre leur partie de justes dommages et intérêts.

§ 4. — *Nullités fondées sur un vice du consentement.*

Nous n'entrerons ici dans aucun détail sur les causes de nullité fondées sur l'erreur, le dol ou la violence, étant résolu à ne sortir jamais des limites de notre sujet et à n'empiéter en rien sur la théorie générale des obligations. Nous nous contenterons de rappeler ces causes de nullité, établies dans les articles 1109 et suivants du Code civil. Nous ne mentionnerons aussi que pour mémoire la nécessité que le consentement des parties porte sur des marchandises et sur un prix déterminés.

Mais il est nécessaire que nous entrions dans quelques explications au sujet de certaines clauses relatives à la détermination du prix, et dans lesquelles certains auteurs ont vu des conditions potestatives annulant le contrat, conformément au principe de l'article 1174.

On admet généralement, quoique cette solution ait été contestée, que la vente d'une marchandise peut être valablement faite pour le juste prix de

cette marchandise, ou pour le prix qu'elle vaudra, parce que le cours des marchandises et leur
valeur vénale sont suffisamment connus pour
qu'il soit possible de déterminer, après le contrat,
le prix que l'acheteur devra payer. On peut vendre
même pour le prix qui sera offert au vendeur
de la marchandise vendue. Enfin, il n'est pas
douteux que le prix ne puisse être laissé à l'appréciation d'arbitres dès à présent nommés dans le
contrat, ou laissés à la nomination de la justice
ou d'un tiers désigné. Mais on s'est demandé si la
convention de faire fixer le prix de vente par des
arbitres qu'on se réservait le droit de choisir
plus tard n'était pas une condition potestative, et
dès lors une cause de nullité de la vente. On se
fonde, dans ce système, sur cette considération que
les parties demeurent libres de ne pas désigner
d'arbitres, et que, à défaut de cette désignation à
laquelle on ne peut les contraindre, le contrat devient nul, faute de prix (1). Cette doctrine nous
paraîtrait inattaquable s'il ressortait des termes et
des circonstances du contrat que les parties ont
entendu se ménager la liberté pleine et entière de
désigner ou de ne pas désigner les arbitres qui
devraient fixer le prix. Mais, à notre sens, ce n'est
point ainsi que la clause devra être ordinairement

(1) Voir en ce sens Troplong, sur l'article 1592, no 157.
M. Troplong se réfère à deux arrêts: l'un de la Cour de Limoges, du 4 avril 1826, l'autre de la Cour de Toulouse, du
5 mars 1827.

interprétée. C'est un principe de droit certain et fondamental que l'on ne doit pas étendre les nullités, et que, en cas de doute, il faut interpréter les conventions dans le sens avec lequel elles peuvent produire leur effet, plutôt que dans celui avec lequel elles n'en pourraient produire aucun. Or, d'après ces principes, il nous paraît impossible d'induire la nullité du contrat de la clause par laquelle les parties seraient convenues de nommer plus tard des arbitres pour fixer le prix de la vente. Cette clause devra être prise, non pas avec cette signification que les parties se réservent une entière liberté de désigner des arbitres ou de n'en pas désigner, mais avec cette autre signification, bien différente, qu'elles s'engagent, dès à présent, à nommer des arbitres, et que, au refus de l'une d'elles de remplir l'engagement contracté, la nomination sera faite par la justice. Dans cette interprétation, il ne nous paraît pas douteux que la vente ne soit parfaitement valable; or, nous le répétons, c'est toujours cette interprétation qui devra être admise de préférence.

Nous ne faisons pas difficulté de reconnaître que, dans certains cas exceptionnels, la clause en question pourra devenir, d'après l'intention des parties, une condition potestative; mais nous ne saurions admettre l'opinion de M. Troplong, qui fait de cette interprétation dans le sens de la nullité une règle générale; pour nous, elle n'est qu'une exception au principe, qui est contraire, et elle ne doit être admise, de même que toute dérogation au droit commun, qu'autant qu'elle ressort nettement des circonstances du contrat.

SECTION II.

DU DROIT DE RÉTENTION.

Nous avons eu déjà occasion de parler de la corrélation étroite qui existe entre les obligations du vendeur et celles de l'acheteur, et qui ne permet pas que les unes subsistent lorsque les autres ne peuvent pas s'exécuter. Ce principe fondamental est écrit partout dans notre droit, et dans la théorie générale des contrats et des obligations conventionnelles, de même que dans la théorie spéciale du contrat de vente.

Or, ce principe de corrélation n'a pas seulement pour effet de résoudre la vente, lorsque l'une ou l'autre des parties manque d'exécuter ses obligations ; il autorise encore l'acheteur et le vendeur à suspendre l'exécution de leurs engagements lorsque leurs droits, causes de leurs obligations, sont eux-mêmes suspendus ou compromis.

En un mot, les droits et les obligations des parties sont unies entre eux dans des liens intimes et indissolubles : si les uns sont détruits, les autres périssent également ; s'ils sont seulement suspendus ou compromis, les autres sont également compromis ou suspendus. Ce principe, appliqué à la suspension des droits et des obligations du vendeur et de l'acheteur, est certain et fondamental. Il s'ap-

puie, au point de vue des textes, sur les art. 1612,
1613, 1651 et 1653 du Code civil. Mais, en supposant même que ces articles n'existassent pas, on
pourrait l'induire, croyons-nous, des seuls principes généraux du droit.

Le droit de rétention doit être envisagé à deux
points de vue différents, suivant qu'il s'applique
au vendeur ou à l'acheteur. Nous examinerons chacun de ces points de vue dans deux paragraphes
distincts.

§ 1. — *Du droit de rétention, en tant qu'il compète au vendeur.*

Le vendeur n'est obligé de délivrer les marchandises vendues que moyennant paiement du prix qui
a été stipulé au contrat. Mais la question se présente sous deux aspects différents, suivant qu'il a
été accordé, ou non, à l'acheteur, un terme pour
s'acquitter.

1° *Il n'a pas été accordé de terme.* — Dans le cas où
aucun terme n'a été accordé à l'acheteur pour le
paiement du prix, et où, par conséquent, suivant
le principe de l'art. 1651, le prix est payable comptant, le vendeur n'est tenu de délivrer la chose que
si l'acheteur lui offre de payer le prix immédiatement. C'est là la règle posée par l'art. 1612 du Code
civil (1).

(1) Néanmoins, l'usage veut que, dans certaines ventes de

Si, négligeant d'user de son droit de rétention, il avait délivré les marchandises sans exiger le paiement du prix, la loi viendrait encore à son secours, en lui permettant de revendiquer les marchandises entre les mains de l'acheteur.

Mais ce droit de revendication est enfermé par la loi dans des limites restrictives. Il doit, dit l'article 2102 du Code civil, être exercé dans la huitaine de la livraison, et il ne peut produire son effet qu'autant que les marchandises sont encore entre les mains de l'acheteur et dans l'état dans lequel elles ont été vendues. Ces dispositions sont fort sages, et se comprennent aisément. Si, en effet, les marchandises avaient été transformées par l'acheteur, le droit de revendication, qui n'a pas d'autre but, dans notre espèce, que de remettre les parties dans la situation où elles se trouvaient avant la livraison, ne peut évidemment plus être exercé; et, d'un autre côté, on ne pouvait permettre de revendiquer les marchandises entre les mains d'un second acheteur, sans compromettre les droits respectables des tiers. Enfin, lorsque plus de huit jours se sont déjà écoulés depuis la livraison, sans que le vendeur ait agi en revendication, on doit présumer qu'il a consenti à l'acheteur un terme pour le paiement, et cette présomption doit rendre non recevable une action tardive de sa part.

.marchandises au comptant, il soit laissé à l'acheteur un délai pour vérifier la qualité des marchandises livrées. Voir chapitre V, section II.

Mais ces principes, qui nous paraissent certains, n'ont pourtant pas toujours été reconnus; l'explication que nous avons donnée du quatrième paragraphe de l'art. 2102 du Code civil et qui est destinée, croyons-nous, à rallier toutes les opinions, n'est pas encore universellement admise, et plusieurs arrêts de la Cour de cassation (1) ont décidé que le vendeur, après la livraison effectuée des marchandises vendues, ne pouvait les revendiquer qu'à l'effet de faire résoudre la vente, et non pour reprendre son droit de rétention, qu'il aurait négligé d'exercer dans le principe.

2° *Le vendeur a accordé à l'acheteur un terme pour le paiement.* — Dans le cas où l'acheteur a obtenu un terme pour le paiement du prix, il serait contraire à la convention que l'acheteur pût retenir les marchandises jusqu'à ce que l'acheteur lui offrît d'en payer le prix. Mais si, depuis la vente, l'acheteur était tombé en faillite ou en déconfiture, ou si, par un autre motif, le vendeur se trouvait dans un danger imminent de perdre le prix, il pourrait refuser de livrer tant que l'acheteur ne lui accorderait pas des sûretés contre le danger de son insolvabilité. Il en serait de même dans le cas où l'acheteur aurait diminué les sûretés accordées au vendeur dans le contrat (2).

(1) V. Cassation, 10 mai 1800, 1er mai 1832.
(2) Article 1188 du Code civil.

§ 2. — *Du droit de rétention, en tant qu'il compète à l'acheteur.*

Le droit de rétention de l'acheteur est écrit dans les art. 1651 et 1653 du Code civil.

Il consiste d'abord en ce que, à moins de convention spéciale, l'acheteur n'est obligé de payer le prix que contre livraison des marchandises.

En second lieu, et en supposant qu'une clause particulière du contrat l'ait obligé à payer avant livraison, si, au moment fixé pour le paiement, il avait de justes motifs de craindre que la livraison ne pût être effectuée dans les conditions convenues, il pourrait refuser de s'acquitter avant d'avoir obtenu des garanties suffisantes contre le danger qui le menace.

Mais, s'il avait payé, il ne pourrait plus agir en revendication de son droit de rétention. Une faculté analogue, il est vrai, a été accordée au vendeur. Mais en matière exceptionnelle, comme est celle des priviléges, il n'est pas permis de raisonner par analogie.

SECTION III.

DES CAUSES DE RÉSOLUTION DES ACHATS ET VENTES.

La résolution de la vente peut être prononcée soit sur la demande du vendeur, si l'acheteur n'exécute pas ses obligations, soit sur la demande de l'acheteur, si le vendeur manque aux engagements du contrat.

De là deux paragraphes, dans lesquels nous étudierons les causes de résolution fondées sur le
défaut d'exécution des obligations de l'acheteur, et
celles qui sont fondées sur le défaut d'exécution des
obligations du vendeur.

§ 1. — *Des causes de résolution fondées sur le défaut d'exécution des obligations de l'acheteur.*

« Si l'acheteur ne paie pas le prix, le vendeur
peut demander la résolution de la vente ». Ce sont
les propres termes de l'article 1654 du Code civil.

Mais dans ce cas, la vente n'est pas résolue de
plein droit, et les tribunaux peuvent, suivant le principe des articles 1244 et 1655 du Code civil, accorder
à l'acheteur des délais plus ou moins longs, d'après
les circonstances. Ce droit du juge cesse lorsqu'il
a été stipulé dans le contrat que, faute de paiement
au terme convenu, la vente serait résolue de plein
droit; mais, même en ce cas, il est nécessaire que
l'acheteur ait été mis en demeure de payer, à moins
qu'il n'ait été convenu par une clause spéciale que
l'acheteur serait constitué en demeure par la seule
échéance du terme, et sans qu'il soit besoin de sommation.

La faillite ou la déconfiture de l'acheteur le met-
tant nécessairement dans l'impossibilité d'acquitter
intégralement le prix de vente, entraînent nécessairement aussi la résolution du contrat au profit
du vendeur. Cependant, en cas de faillite, les syn-

dies peuvent, aux termes de l'article 578 du Code de commerce, et sous l'autorisation du juge commissaire, exiger du vendeur la livraison des marchandises, en payant le prix convenu entre lui et le failli.

L'action en résolution, faute de paiement du prix, peut être intentée par le vendeur pendant trente ans, suivant les principes du droit commun. Peu importe, sur ce point, que les marchandises aient été livrées ou non.

Cependant, en cas de faillite de l'acheteur, le droit de revendication des marchandises déjà livrées est soumis à quelques restrictions.

La revendication n'est plus recevable lorsque les marchandises sont entrées dans les magasins de l'acheteur ou dans ceux du commissionnaire chargé de les vendre pour le compte du failli. Elle cesse également d'être recevable si, avant leur arrivée, les marchandises ont été vendues sans fraude sur factures, connaissements ou lettres de voiture signés par l'expéditeur.

Ces exceptions au droit de revendication du vendeur sont fondées sur ce motif que les créanciers de la faillite sont considérés comme ayant un droit de gage sur toutes les marchandises achetées par le failli et livrées dans ses magasins. Or, on sait que le droit du vendeur d'objets mobiliers est primé, dans certains cas, par le privilège des créanciers gagistes (1).

(1) Article 2102 du Code civil.

L'art. 1657 du Code civil dispose que : « en ma-
« tière de vente de denrées et effets mobiliers, la
« résolution de la vente aura lieu de plein droit, et
« sans sommation, au profit du vendeur, après
« l'expiration du terme convenu pour le retire-
« ment. »Cet article doit-il être appliqué aux achats
et ventes de marchandises entre commerçants?

M. Pardessus opine pour la négative (1). La simple expiration du terme convenu ne lui paraît pas
suffisante pour faire prononcer de plein droit, et
sans sommation, contre l'acheteur en retard de
prendre livraison, la résolution du contrat. Il craint,
du reste, que le vendeur n'abuse d'un tel principe
en se prétendant dégagé par le seul fait que l'acheteur ne serait pas venu prendre livraison au temps
fixé.

Mais, suivant nous, la crainte de quelques abus
n'est pas un motif de rejeter un article de loi, et
nous ne voyons aucune raison d'écarter, en matière
de vente commerciale, un principe que le législateur a trouvé bon de poser en matière de vente
civile.

Nous hésitons d'autant moins à proclamer l'applicabilité parfaite de l'art. 1657 aux ventes commerciales que, si cet article n'existait pas, il nous
semblerait bon de l'inventer pour les opérations du
commerce.

Comme le dit avec beaucoup de raison M. Troplong, dans les matières commerciales plus encore

(1) Pardessus, *Droit commercial*, n° 288.

que dans les matières civiles, il faut que le vendeur
soit mis en situation de profiter des variations du
cours. Toute son industrie consiste à vendre avec bénéfice, et à saisir les occasions favorables pour compenser la perte qu'occasionnent les baisses inatten-
dues. Qu'arrivera-t-il dans le système de M. Pardessus? Voilà une hausse qui permettra au négociant de
faire une bonne affaire. Son acheteur ne pourra certainement pas se plaindre qu'il dispose de sa chose,
puisque, par son retard à venir la retirer, il est
censé avoir abandonné le marché. Eh bien! point
du tout. Suivant M. Pardessus, il faudra faire une
sommation à l'acheteur qui demeure peut-être à
l'autre extrémité de la France. Mais, pendant ce
temps, la marchandise baissera, le vendeur ne
pourra plus la revendre avec avantage, avec profit.
Il sera peut-être obligé d'y perdre. Si, au lieu d'être
un spéculateur, il eût été un simple particulier, il
aurait pu faire une excellente spéculation d'après
l'art. 1657. Mais il est spéculateur par état, et on
lui défend la spéculation! (1)

Ce système a été consacré par la Cour de cassation, et par plusieurs Cours d'appel. (2)

____

(1) Troplong, *Vente*, n° 680; Contrà, Bédarride, *Des
achats et ventes*, n°s 301 et suivants; Delamarre et Le Poit-
vins, Tome III, n°s 250 et suiv.

(2) Cassation, 27 février 1828.— Bourges, 10 février 1811.
— Angers, 14 mai 1847. — Cassation, 10 février 1863.

Voir aussi Nantes, Tribunal de commerce, 15 avril 1871,
22 juillet 1871.

Il nous paraît seul répondre à la véritable signification de la loi.

Il a été jugé à Marseille que l'art. 1657 du Code civil cessait d'être applicable aux ventes commerciales lorsque le contrat avait laissé à l'acheteur le choix entre plusieurs lieux différents pour la reception des marchandises. Dans ces cas, d'après la jurisprudence du tribunal de Marseille, la résolution ne pourrait être prononcée qu'autant que l'acheteur aurait été mis en demeure de fixer le lieu où il voulait recevoir les marchandises (13 juillet 1871).

§ 2. — *Des causes de résolution fondées sur le défaut d'exécution des obligations du vendeur*

Nous avons vu que le vendeur s'oblige à délivrer les marchandises vendues en telle quantité et de telle qualité qu'il a été convenu au contrat.

Le défaut d'exécution de l'une ou de l'autre de ces obligations peut entraîner contre lui la résolution de la vente.

1° *Défaut de délivrance.* — Le défaut de délivrer au temps et au lieu convenus est incontestablement une cause de résolution du contrat. Nous croyons qu'il faut appliquer ici toutes les règles que nous avons exposées plus haut au sujet du défaut de paiement du prix, à savoir que la résolution n'aurait pas lieu de plein droit, ni sans sommation, à moins de stipulation contraire.

2° *Défaut de quantité des marchandises vendues.* — Le défaut de quantité des marchandises vendues peut aussi, en certains cas, amener la résolution de la vente. Mais il importe ici de rechercher quelle a été l'intention des parties, et de se demander si elles ont entendu que, dans le cas où la quantité serait moindre que la quantité convenue, la vente serait résolue pour le tout. Il peut se faire, en effet, qu'il ressorte des circonstances ou des termes du contrat que le défaut de quantité des marchandises vendues ne puisse entraîner qu'une réduction proportionnelle du prix de vente. Toute la question est de savoir si, d'après l'intention des parties, la livraison des marchandises par le vendeur était susceptible d'exécution partielle.

3° *Défaut de qualité des marchandises vendues.* — En n'offrant à l'acheteur que des marchandises d'une qualité inférieure à celle qui avait été stipulée, le vendeur manque d'exécuter une de ses obligations, et ce défaut d'exécution peut entraîner contre lui la résolution du contrat. On a vu que les obligations du vendeur, relatives à la qualité des marchandises, sont plus ou moins étroites suivant les circonstances ou les clauses du contrat (1). Mais ces obligations, quelles qu'elles soient, doivent être exactement remplies, et une légère différence entre la qualité qui avait été convenue et celle des marchandises qui sont offertes pourrait motiver une demande en résiliation du marché.

(1) Voir chapitre V, section I, § 3.

Il faut distinguer, dans les défauts des marchandises, ceux qui constituent un vice substantiel, et
ceux qui rentrent dans la catégorie des vices cachés
et qui n'altèrent point la substance même de la
marchandise.

La loi décide que la demande en résiliation pour
cause de vices non substantiels doit être intentée
dans un bref délai. Cette disposition ne s'applique
pas au cas où la demande est fondée sur un vice
substantiel.

Toutefois l'action de l'acheteur en résiliation du
marché, même pour cause de vice substantiel, de-
viendrait non-recevable s'il avait accepté les marchandises qui lui ont été offertes. Cette acceptation peut être expresse; elle peut aussi résulter
des circonstances. Il est difficile d'établir sur ce
point des règles précises (1). Les difficultés qui
pourront s'élever à ce sujet devront être tranchées
en fait par les tribunaux. C'est ainsi qu'on a jugé
que lorsque des huiles avaient été mises en futailles
par des employés de l'acheteur, celui-ci était présumé les avoir agréées telles qu'elles se compor_
taient (2); on a attribué le même effet à la mise

(1) Sur la place du Havre, un usage, approuvé par la
chambre de commerce, voulait que la simple réception des
marchandises constituât l'acheteur non-recevable à agir
contre le vendeur, à raison du défaut de qualité. La Cour de
Rouen a refusé d'appliquer la règle de cet usage, par ce motif qu'elle était contraire aux bonnes mœurs.

(2) Marseille, 20 décembre 1851.

à la consommation d'une marchandise disponible à bord d'un navire (1). Au contraire, il a été décidé que la réception des marchandises sans protestation, et même leur emmagasinage ne constituaient point une fin de non-recevoir contre l'action de l'acheteur (2).

Mais toutes ces solutions ne doivent être considérées que comme des solutions d'espèces, et ce serait une grave erreur que de vouloir les ériger en règles générales.

On a discuté la question de savoir si les articles 105 et 106 du Code de commerce, qui règlent les effets de la réception des marchandises et du paiement du prix de la voiture par rapport aux droits et obligations du voiturier, étaient également applicables à la question des droits respectifs du vendeur et de l'acheteur. Il s'agissait de savoir si, quand l'acheteur avait reçu les marchandises et payé le prix de la voiture, il était déchu de tout recours contre le vendeur, de même qu'il l'est certainement contre le voiturier.

On a quelquefois admis l'affirmative (3). Mais la négative nous paraît préférable, et paraît destinée à triompher définitivement (4).

Il peut se faire que la vente ait porté tout à la

(1) Marseille, 24 avril 1856.
(2) Rouen, 17 février 1858, 28 avril 1858.
(3) Marseille, 7 septembre 1833.
(4) Cour de Paris, 1er mars 1834.—Cassation, 15 avril 1846.

fois sur différents objets ou différentes espèces de marchandises, livrables en même temps ou en des temps différents. On peut se demander si, en pareil cas, et faute par le vendeur de satisfaire à l'une quelconque des obligations contractées, la vente devrait être résolue pour le tout. Cela touche à la théorie des obligations, divisibles et indivisibles. Il faudra rechercher, en cette difficulté, si, dans l'intention des parties, les différentes obligations du vendeur constituaient un tout indivisible, non susceptible d'exécution partielle. S'il en est ainsi, l'exécution d'une partie des obligations nées du contrat de la part du vendeur est considérée comme nulle et non avenue, et l'acheteur est en droit de demander la résolution de la vente pour le tout.

Il peut se faire, au contraire, que les différentes espèces de marchandises vendues aient été l'objet d'opérations distinctes, dans la volonté des parties, quoique confondues matériellement dans un même acte. Alors il serait vrai de dire qu'il y a autant de ventes que d'espèces de marchandises vendues, et la résolution de l'une n'entraînerait point la résolution des autres.

Il pourrait arriver enfin qu'une vente qui aurait porté sur un certain nombre d'objets différents fût indivisible à l'égard de certains objets, et divisible à l'égard de certains autres. C'est ainsi que, dans une vente qui comprendrait un attelage de deux chevaux appareillés et une calèche, on pourrait, suivant les circonstances, décider que les deux chevaux constituent un tout indivisible, mais que ce tout indivisible demeure distinct de la calèche, et que, par conséquent, le vendeur, qui ne pourrait être admis à livrer un seul cheval, pourrait cependant exécuter partiellement son obligation en livrant soit les deux chevaux appareillés, soit la calèche seulement.

SECTION IV.

DES DROITS DE L'ACHETEUR, EN CAS D'INEXÉCUTION DES OBLIGATIONS DU VENDEUR. — DU LAISSÉ POUR COMPTE. — DU REMPLACEMENT.

Nous avons dit que, lorsque le vendeur manque d'exécuter ses obligations, l'acheteur a le droit de faire résoudre le contrat. Alors, si la résiliation du marché est fondée sur le défaut de qualité des marchandises offertes, elle prend le nom spécial de laissé pour compte.

Mais l'acheteur, dans le cas où le vendeur ne remplit pas ses engagements, n'a pas seulement le droit de faire résoudre le contrat; il peut encore se faire autoriser par le tribunal de commerce à se faire remplacer des marchandises vendues, c'est-à-dire à se procurer ces marchandises aux frais du vendeur.

Ce droit, croyons-nous, n'a jamais été contesté ni en doctrine, ni en jurisprudence. Il est fondé sur l'article 1144 du Code civil, qui permet au créan-

cier, en cas de refus du débiteur, de faire exécuter
l'obligation à ses dépens, et sur l'article 1610 du
même Code, qui permet à l'acheteur de se faire
mettre judiciairement en possession de la chose
vendue, quand le vendeur refuse d'en faire la délivrance.

Mais il importe de fixer les limites de ce droit de
remplacement. A notre sens, il consiste uniquement
dans la faculté pour l'acheteur de faire exécuter, par une voie de contrainte légale, les obligations du vendeur, telles que celui-ci les avait
contractées par l'effet de la convention. Il en résulte que l'acheteur ne pourra se faire remplacer
qu'au temps et au lieu qui avaient été fixés pour la
livraison, et que les marchandises acquises en remplacement devront toujours être de la qualité qui
avait été stipulée au contrat.

Si l'acheteur, pour tenir lieu des marchandises
vendues, se procure des marchandises d'une qualité supérieure, ou bien des marchandises de même
qualité, mais dans un lieu où le prix est plus élevé
que dans celui fixé pour la livraison, ou bien encore à un moment où le cours est en hausse, il
pourra arriver que ce fait, s'il est une conséquence
directe de la faute du vendeur, influe dans une
certaine mesure sur l'évaluation des dommages et
intérêts qui seront dus, mais il n'y aura pas, dans
ce cas, remplacement proprement dit.

CHAPITRE VII.

Une chose périt pour tous ceux qui ont sur elle des droits
réels ou des droits personnels. — Dans quel sens il faudrait entendre la règle: *res perit domino*, pour qu'elle de-
vînt exacte. — Dans une vente, quand la chose vendue
périt par cas fortuit, les obligations de l'acheteur subsistent-
elles vis-à-vis du vendeur? — Il faut distinguer: si la
perte de la chose est postérieure à l'exécution des obligations du vendeur, celui-ci conserve ses droits contre l'acheteur; si, au contraire, la perte est antérieure à l'exécution des obligations du vendeur, et qu'elle rende cette
exécution impossible, le vendeur perd ses droits contre
l'acheteur. — Développement de ce point de droit; dissen-
timent avec la majorité des auteurs.

§ 1er. *Des risques en matière de ventes pures et simples.* — Les
risques passent à la charge de l'acheteur au moment où
le vendeur lui transfère les droits qui faisaient l'objet du
contrat. — Des ventes à forfait.

§ 2. *Des risques en matière de ventes à terme.* — Le principe est
le même que dans le cas précédent. — Nécessité de distinguer le cas où le terme était relatif seulement à la délivrance des marchandises vendues, et celui où il s'appliquait
tout à la fois au transport de la propriété et à la délivrance.

§ 3. *Des risques en matière de ventes conditionnelles.* — Le
principe général demeure le même. — Mais il y est apporté quelques exceptions. — De la condition suspensive.
— De la condition résolutoire.

Les marchandises vendues sont susceptibles de
périr ou de se conserver; elles peuvent diminuer
ou augmenter de valeur.

Les chances d'augmentation comprennent non-seulement les améliorations matérielles qu'elles peuvent éprouver, mais encore le surcroît de valeur qu'elles peuvent recevoir des circonstances ou de la faveur du cours. Les chances de diminution comprennent, outre la perte entière, le déchet matériel et l'avilissement de valeur.

Par qui sont supportés ces risques, et à qui profitent ces chances d'amélioration?

C'est un principe général (1) que celui-là profite des chances d'amélioration qui est chargé des risques de détérioration. Mais à qui appartient-il de supporter ces risques ou de profiter de ces chances?

Un axiome bien connu, et trop souvent répété, porte : *res perit domino*. Il est complètement inexact si l'on traduit que la chose périt ou augmente pour le propriétaire; mais il devient profondément juridique si on le traduit de cette autre manière : la chose périt ou s'augmente pour quiconque a des droits sur elle (2). La vérité est, en effet, que tous ceux qui ont des droits quelconques sur une chose profitent des augmentations de cette chose, et supportent les détériorations qu'elle éprouve, et non pas seulement ceux qui ont un droit de propriété ou un autre droit réel sur la chose en question, mais encore ceux qui n'ont qu'un droit de créance, un simple droit personnel. La raison en est que tout

(1) Il y a des exceptions à ce principe. Nous en parlerons plus loin.

(2) Voir Demolombe, *Contrats*, Tome I, p. 113.

droit, quel qu'il soit, ne se conçoit qu'en tant qu'il s'applique à une chose qui en est l'objet, et qu'il est intimement lié au sort de cette chose, soit qu'elle augmente, soit qu'elle périsse.

Mais en matière de vente (et il en serait de même pour toute espèce de contrat), la question s'élève de savoir si l'acheteur qui, par suite de la perte totale ou partielle des marchandises vendues, s'est trouvé dépouillé de tout ou partie des droits qu'il avait sur ces marchandises, demeure néanmoins chargé de toutes les obligations qu'il avait contractées vis-à-vis de son vendeur.

Là est toute la question qui fera la matière de ce chapitre.

Nous avons dit déjà qu'il existe entre les droits et les obligations du vendeur, d'une part, et d'autre part, les droits et les obligations de l'acheteur, une corrélation intime, écrite notamment dans les articles 1184 et 1654 du Code civil, et qui ne permet pas que les uns puissent subsister indépendamment des autres (1). Mais cela n'est vrai que jusqu'à

(1) Ce point pourtant est vivement contesté. M. Demolombe a prêté l'appui de sa grande autorité à un système entièrement différent de celui que nous proposons. Le principe de la théorie des risques, dit-il (Demolombe, Contrats, Tome I, nº 420), « est formulé par l'article 1138 de la façon « la plus nette :

« L'obligation de livrer la chose rend le créancier proprié- « taire, et met la chose à ses risques, dès l'instant où elle a « dû être livrée, encore que la tradition n'en ait point été « faite.

l'exécution du contrat. La convention est l'acte qui
a lié ces obligations les unes aux autres ; l'exécu-

« Ainsi donc, dès l'instant où l'obligation de livrer a rendu
« le promettant débiteur de la chose qui en fait l'objet, les
« risques de cette chose concernent le créancier.

« ... Ce qui en résulte, c'est que, malgré l'extinction de
« l'obligation du débiteur, qui se trouve libéré par la perte
« fortuite de la chose, l'obligation corrélative du créancier
« n'est pas éteinte ; elle n'en subsiste, au contraire, par moins
« après comme avant ! (n° 422.)

« ... Cette soluton est d'évidence! » (No 423.) ·

Nous sommes bien loin de partager sur ce point l'opinion
du grand jurisconsulte ; tandis qu'il proclame son principe
évident, nous pensons, nous, que ce principe est condamné à
la fois par les textes et par les principes fondamentaux du
droit, et nous nous efforcerons de le démontrer. Mais auparavant, disons sur quels moyens M. Demolombe fonde son
système, et cherchons à en établir l'inanité et la fausseté.

M. Demolombe cite d'abord le texte de l'article 1138 du
Code civil : « L'obligation de livrer la chose rend le créancier
« propriétaire, et met la chose à ses risques, dès l'instant où
« elle a dû être livrée... »

L'éminent auteur se permet, à propos de ce texte, des fa-
miliarités vraiment étranges. Le texte parle d'un créancier
devenu propriétaire, M. Demolombe applique sa solution
à un créancier qui n'a encore qu'un droit personnel sur la
chose vendue. Le texte se place au moment où la chose a
dû être livrée, c'est-à-dire, en bon français, au moment où
l'obligation de livrer est devenue exigible, M. Demolombe,
lui, se place au moment où naît l'obligation, et avant qu'elle
soit devenue exigible.

Ces deux considérations suffiront, on l'espère, à démontrer
la fragilité de l'argument que l'illustre auteur fonde sur l'article 1138.

En second lieu, M. Demolombe cite l'autorité du droit romain. Nous ne contestons pas que, en droit romain, la théorie
de M. Demolombe serait fondée. Mais pour que des textes du
Digeste ou des Institutes puissent faire foi en notre matière, il

tion du contrat a donné à chacun des droits issus de ce contrat une existence propre, distincte, inc.ô.

faudrait prouver préalablement que les rédacteurs du Code ont suivi les mêmes principes que les jurisconsultes romains. Or, c'est précisément la question qu'il s'agit d'élucider.

En troisième ligne, M. Demolombe s'appuie sur l'autorité de Pothier. C'est là assurément un argument beaucoup plus grave, car il est certain que le législateur de 1804 s'est ordinairement réglé sur les opinions de cet auteur. Pourtant un texte de Pothier n'est pas un texte du Code, et il est permis quelquefois, quand on a de bonnes raisons de le faire, de penser que les rédacteurs du Code ont abandonné la doctrine coutumière, telle qu'elle est exposée dans le grand commentateur des coutumes.

Du reste, la question ne paraissait pas à Pothier aussi évidente qu'à M. Demolombe : « Il faut avouer, disait-il, que la « question a sa difficulté, et qu'il semble même que les ju- « risconsultes romains n'ont pas été unanimes sur cette ques- « tion. » (Contrat de vente, n° 308.)

En quatrième ordre, M. Demolombe invoque les principes généraux du droit.

« Logiquement, dit-il, les deux obligations corrélatives, qui « résultent d'un contrat synallagmatique, sont, une fois que « le contrat est formé, distinctes et indépendantes l'une de « l'autre; et chacune d'elles demeure, en conséquence, sou- « mise aux règles qui lui sont propres, en raison de son carac- « tère particulier... Donc l'extinction de la créance de l'ache- « teur, par la perte fortuite de la chose, ne saurait avoir pour « effet de produire l'extinction de la créance du prix qui ap- « partient au vendeur. » (N° 424.)

Ce dernier argument serait excellent, si le principe sur lequel il s'appuie était exact. Mais le principe est faux et inadmissible dans notre droit actuel. C'est là ce qui a trompé M. Demolombe, et ce qui trompe la presque unanimité des auteurs. Cette théorie, nous ne faisons pas de difficulté de le reconnaître, était vraie en droit romain. Les obligations, qui résultaient d'un contrat synallagmatique, naissaient distinctes et indépendantes les unes des autres; comme conséquence de

pendante. Tant que l'acheteur n'a pas payé le prix,
ses droits sont subordonnés à l'accomplissement

ce principe, il était naturel d'admettre que l'inexécution des
obligations du vendeur, fondée sur la perte de la chose due,
n'entraînât pas pour lui la perte de ses droits au prix.

Mais depuis le temps des jurisconsultes de Rome, les principes ont changé, et des progrès heureux ont été réalisés dans
la science du droit. L'époque de Pothier est, en ce point, une
époque de transition. On conserve encore quelque chose des
anciens principes romains ; on continue à considérer les
obligations du vendeur et celles de l'acheteur comme distinctes et indépendantes, et à mettre les risques de la chose
vendue à la charge de l'acheteur, avant la translation de la
propriété ; mais quelques auteurs pourtant, comme le re-
marque Pothier lui-même, Barbeyrac et Puffendorf entre
autres, commençaient à s'élever contre cette doctrine, et soutenaient que, si l'acheteur n'avait pas été rendu propriétaire,
il ne devait pas le prix. Ils donnaient à l'appui de leur système nouveau deux raisons principales. La première, c'est que
la chose périt pour son propriétaire, *res perit domino :* ce
motif n'avait aucune valeur, et Pothier, et cent auteurs, après
lui, en ont fait bonne justice. La seconde était excellente, en
principe, mais elle était en progrès sur la législation alors
existante, et elle ne devait pas triompher ; c'est que l'acheteur
ne s'est engagé à payer le prix qu'à la condition qu'on lui
donnerait la chose.

Cette raison, avons-nous dit, était en progrès sur le droit
positif des xviie et xviiie siècles. Le principe de la condition
résolutoire, pour cause d'inexécution des obligations du contrat, n'avait point encore de formule dans la législation, et
Pothier se contentait de dire sur cette importante matière :
« Dans les contrats synallagmatiques, qui contiennent des en-
« gagements réciproques entre chacun des contractants, on
« met souvent pour condition résolutoire de l'obligation que
« contracte l'un des contractants, l'inexécution de quelqu'un
« des engagements de l'autre » (*Traité des obligations*, no 673).

Ainsi, la condition résolutoire dont nous parlons n'existait

de ses obligations; mais, si une fois il l'a payé,
peu importe que ce prix périsse entre les mains

pas de plein droit; elle avait besoin d'être stipulée. Dans cet
état du droit, il était nécessaire de décider que les engagements du vendeur et de l'acheteur étaient indépendants et
distincts, et que l'acheteur continuait à devoir le prix, lorsque
la perte de la chose avait libéré le vendeur de ses obligations.
C'est, en effet, la raison que donnait Pothier, pour repousser
l'argument de Puffendorf et de Barbeyrac.

Mais aujourd'hui, il n'en est plus de même. Le contrat est
toujours résolu lorsque l'une des parties, par un motif ou par
un autre, manque d'exécuter ce à quoi elle s'est obligée.
« Dans les contrats synallagmatiques, disait M. Bigot-Préa-
« meneu (Exposé des motifs du titre troisième du livre III du
« Code civil, séance du 7 pluviôse an XII), chaque partie
« n'est présumée s'être engagée que sous une condition résolu-
« toire, dans le cas où l'autre partie ne satisferait point à son
« engagement. » L'article 1184 du Code civil n'est que la con-
sécration législative de la doctrine professée par M. Bigot-
Préameneu ; « La condition résolutoire, porte-t-il, est toujours
« sous-entendue pour le cas où l'une des parties ne satisfera
« point à son engagement. »

Enfin l'article 1654 du Code civil applique expressément
cette théorie de la condition résolutoire au contrat de vente.
Ces principes nouveaux ont modifié, croyons-nous, la théorie
des risques. Il n'est plus vrai de dire comme on le faisait au-
trefois, que les obligations du vendeur et de l'acheteur sont
nées indépendantes et distinctes. C'est la doctrine directement contraire qui est la vérité. Les obligations naissent
étroitement unies; si les unes ne sont pas exécutées, les autres
cessent, par là même, d'exister. Si la perte de la chose vendue
met le vendeur dans l'impossibilité d'en transférer la propriété, l'acheteur cesse, par là même, de devoir le prix de
vente.

Mais la perte dont nous parlons ici, et qui entraîne, suivant nous, la résolution du contrat, doit être totale ou, du
moins, assez considérable pour modifier la substance de la
chose vendue. A notre sens, on doit supposer que les parties

du vendeur, il n'en conserve pas moins tous ses droits intégralement. De même, tant que le vendeur ne s'est pas acquitté, ses droits sur le prix sont révocables et subordonnés à l'exécution de ses engagements; mais, dès qu'il a transféré à l'acheteur les droits qu'il s'était engagé à lui procurer, ses droits sur le prix deviennent absolus et indépendants, et lors même que la chose vendue viendrait à périr entre les mains de l'acheteur, ils n'en recevraient aucune atteinte. La corrélation

n'ont point eu l'intention de comprendre dans la condition résolutoire de simples détériorations de la chose vendue. Ce qui résout le contrat, c'est l'inexécution des obligations du vendeur; or ces obligations sont exécutées, si le vendeur transfère la propriété de la chose qu'il a vendue, alors même que cette chose se serait détériorée, pourvu qu'elle ait conservé sa substance.

Il nous paraît d'évidence que si la chose périt, après que la propriété en a été transférée à l'acheteur, mais avant que la délivrance lui en ait été faite, le défaut de délivrance n'entraînera point la résolution du contrat. Les obligations de l'acheteur doivent être entendues en ce sens, qu'il paiera le prix, si on lui transfère la propriété de la chose vendue. La délivrance, quoique nécessaire à l'exercice du droit de propriété de l'acheteur, n'est cependant point, à notre sens, la cause de son obligation de payer le prix, et, par conséquent, le défaut de délivrance ne le libérerait pas de ses engagements.

Mais si le vendeur était en faute de ne pas avoir fait la délivrance, il pourrait avoir encouru vis-à-vis de l'acheteur des dommages-intérêts qui se compenseraient avec le prix. C'est ainsi, croyons-nous, qu'il faut entendre le dernier paragraphe de l'article 1138 du Code civil, aux termes duquel la perte de la chose vendue, pendant la demeure du vendeur, est à sa charge, à moins qu'il ne prouve que la chose eût également péri entre les mains de l'acheteur.

établie par les art. 1184 et 1654 du Code civil n'existe donc pas entre les avantages que chacune des parties pourra retirer du contrat, mais uniquement entre les droits et les obligations du vendeur et de l'acheteur. Il peut se faire que la vente ne soit avantageuse que pour l'une des parties seulement, mais il n'est pas possible qu'elle ne soit exécutée qu'au profit du vendeur ou au profit de l'acheteur. Il est nécessaire que toutes les obligations qui en sont nées soient accomplies de la manière convenue; mais, une fois ces obligations accomplies, leurs résultats postérieurs sont indépendants les uns des autres, et ne peuvent plus exercer aucune influence sur des résultats voisins.

Ces principes, croyons-nous, sont les vrais principes de la matière. Bien compris, ils nous fourniront le moyen de résoudre toutes les difficultés de la matière des risques.

Nous distinguerons, dans cette question, les ventes pures et simples, les ventes à terme et les ventes conditionnelles, et nous en traiterons dans trois paragraphes différents.

§ 1. — *Des risques en matière de ventes pures et simples.*

Dans les ventes pures et simples, le contrat a été exécuté et les droits qui en sont nés pour les parties sont devenus indépendants les uns des autres, lorsque le prix a été payé par l'acheteur, et que le vendeur lui a transféré les droits qu'il s'était engagé à lui procurer.

Ces droits peuvent être le droit de propriété, un autre droit soit réel, soit personnel, enfin une chance, une simple éventualité.

1° *Vente d'un droit de propriété.* — La propriété est transférée à l'acheteur, et le vendeur est déchargé de ses obligations, au moment même où les parties sont convenues qu'il en serait fait ainsi. Nous avons vu, en effet, qu'aucune condition de tradition réelle et matérielle n'était ici nécessaire, et que le transport de la propriété résultait de la seule intention des parties.

Mais on comprend facilement que, pour que la translation de propriété ait pu avoir lieu, il a fallu que les marchandises vendues existassent au moment même où le vendeur et l'acheteur s'entendaient sur ce point. Et si, à ce moment même, les marchandises étaient péries en totalité, la vente serait nulle ou rescindable, suivant les cas (1).

Il faut de plus, comme nous l'avons indiqué plus haut, que les marchandises soient individuellement déterminées, d'où il suit que, dans les ventes au compte, au poids ou à la mesure, la propriété n'est transférée et les risques ne passent à l'acheteur que lorsque le comptage, le pesage, ou le mesurage a individualisé les marchandises vendues.

Mais il n'est pas nécessaire que les marchandises aient été remises à l'acheteur; il n'est même pas

(1) Article 1601 du Code civil.

nécessaire que la délivrance matérielle en ait été possible en fait. Ainsi, le vendeur aurait suffisamment exécuté ses obligations, et se trouverait déchargé de tous risques vis-à-vis de l'acheteur quand, au Havre, par exemple, il lui aurait transféré la propriété de marchandises qui se trouvaient en ce moment déposées dans ses magasins à Marseille, et qui, quelques heures après, devenaient la proie des flammes, bien que, en ce cas, il ait été absolument impossible à l'acheteur d'entrer en possession matérielle de ces marchandises. L'art. 100 du Code de commerce applique à un cas particulier ces principes que nous venons d'exposer. Il décide que : « la marchandise sortie des magasins du vendeur « ou de l'expéditeur voyage, s'il n'y a convention « contraire, aux risques et périls de celui à qui elle « appartient, sauf son recours contre le commis- « sionnaire ou le voiturier chargé du transport. »

Mais si l'acheteur refusait de prendre livraison des marchandises qui lui sont offertes, et que ces marchandises vinssent à périr, après qu'il aurait été mis en demeure de les recevoir, il devrait payer son prix, car, dans ce cas, ce serait par sa faute que le vendeur aurait manqué d'accomplir ses obligations.

2° *Ventes d'un droit autre que la propriété.* — Il est rare que, en matière commerciale, on vende un droit d'usufruit ou un droit d'usage ; mais il peut arriver que le vendeur ne s'oblige à transférer à l'acheteur qu'un simple droit de créance. Le contrat est alors exécuté, et les risques passent à la charge de l'ache-deur, dès que le vendeur a satisfait à ses obliga-tions. .

3° *Ventes à forfait.* — Il arrive enfin quelquefois que la vente ne porte que sur une simple éventua-lité, sur les chances d'une récolte, sur la propriété éventuelle d'un navire qu'on sait être exposé à de grands dangers de mer, etc. Toutes ces questions de savoir quel a été le véritable objet des obligations du vendeur devront être décidées d'après les cir-constances, et il nous serait impossible de formuler ici aucune règle sur ce point. MM. Delamarre et Le Poitvin citent des exemples qui nous paraissent bien choisis, et dont on pourra s'éclairer pour dé-cider dans des circonstances analogues. Nous re-produisons ici leurs observations : « Tranchons le « différend par moitié, me dit Jacques; vous me « donniez hier 24,000 francs de mon brigantin « *le Furet*, que vous vîtes appareiller; j'en deman-« dais 26,000, et, devis en mains, il m'en coûta « 30,000 l'an passé; le voulez-vous pour 25,000? « Va pour 25,000, répliqué-je, et je compte la somme « à Jacques. »

« Ce petit navire ne vous suffirait pas, me dit « Pierre, qui était présent au marché; ce qu'il vous « faut, c'est un navire comme mon trois-mâts *le* « *Cher-Aimé;* par malheur, il me donne de l'inquié-« tude; parti de Bourbon le 1er mai dernier, il

« devrait être arrivé depuis plus d'un mois, et
« pourtant point de nouvelles.

« Heureusement, on ne parle à la Bourse ni de
« tempêtes ni de naufrages. Vous savez que le
« navire est bon, bien commandé; il y a dix-huit
« mois, la construction en a coûté 100,000 francs,
« et il les vaut bien encore, car vous n'ignorez pas
« que je l'ai fait doubler en zinc; m'en donnez-vous
« 40,000 francs?

« Vous êtes dans l'erreur, dis-je à Pierre. Il y a
« eu un coup de vent; deux navires ont péri corps
« et biens, quels sont-ils? on l'ignore. Voici une
« lettre qui m'annonce le sinistre.

« Pierre ayant lu la lettre et fait ses réflexions,
« nous traitons à 25,000 francs. »

MM. Delamarre et Le Poitvin estiment avec raison
que, dans le premier marché, les parties ont traité
sur la propriété même du brigantin *le Furet*, tandis
que, dans le second, elles n'ont entendu traiter
que de la chance seule qui pouvait encore exister
d'avoir la propriété du trois-mâts *le Cher-Aimé* (1).

Dans ces sortes de difficultés, il faudra toujours
décider d'après les circonstances.

§ 2. — *Des risques en matière de ventes à terme.*

Il faut bien prendre garde, en cette matière, que
le terme a pu être appliqué par les parties tout à la
fois au transport de la propriété des marchandises

____

(1) Delamarre et Le Poitvin, Tome III, n° 60.

et à leur délivrance, ou à l'une de ces deux choses seulement. Or, nous avons dit que le contrat était exécuté, au point de vue des risques, et que les droits du vendeur et ceux de l'acheteur devenaient indépendants les uns des autres au moment de la translation, du vendeur à l'acheteur, des droits qui avaient fait l'objet de la convention.

La question de savoir quelle a été, dans l'intention des parties, la signification exacte du terme convenu pourra, dans certains cas, être fort délicate à apprécier. On devra la décider, avec grand soin, d'après les circonstances du contrat, et juger alors suivant les principes généraux que nous avons établis.

§ 3. — *Des risques en matière de ventes conditionnelles.*

Les ventes conditionnelles peuvent être faites sous condition suspensive ou sous condition résolutoire.

Dans les ventes sous condition suspensive, l'article 1182 décide que les marchandises demeurent aux risques du vendeur, qui ne s'est obligé de les livrer que dans le cas de l'événement de la condition.

Si elles sont entièrement péries, au moment de l'événement de la condition, la vente se trouve éteinte.

Si elles se sont détériorées sans la faute du vendeur, l'acheteur a le droit ou de résoudre l'oblition, ou d'exiger la délivrance sans diminution de prix.

Si elles se sont détériorées par la faute du vendeur, l'acheteur peut, à son choix, résoudre le contrat ou en exiger l'exécution, avec des dommages-intérêts.

Si, au contraire, les marchandises ont augmenté de valeur, le vendeur n'a droit à aucune augmentation du prix de vente.

Les dernières dispositions de cet article sont difficiles à concilier au point de vue des principes. Il met en effet, à la charge du vendeur, toutes les charges, et attribue à l'acheteur tous les avantages. Cette inégalité choquante qu'il établit entre les parties est contraire, croyons-nous, à la raison et aux principes généraux du droit; mais, quoi qu'il en soit, l'article est formel et nous devons nous incliner devant sa décision.

Dans les ventes sous condition résolutoire, au contraire, les risques des marchandises vendues passent à la charge de l'acheteur. Si elles se trouvaient entièrement péries au moment de l'événement de la condition, l'acheteur pourrait-il répéter le prix contre le vendeur? M. Duranton opine pour l'affirmative (1); mais son sentiment est généralement écarté.

Nous avons vu, en effet, que la condition suspensive ne produit d'effet qu'autant que la chose vendue

(1) Duranton, Tome XI, n° 91; V. aussi Larombière, T. II, n° 63.

existe encore au moment même où elle se réalise. Or, nous ne voyons aucune raison de décider que la loi ait établi d'autres principes pour la condition résolutoire (1).

Mais si les marchandises existaient encore et étaient seulement détériorées, le vendeur aurait-il le droit de retenir une partie du prix correspondant à la diminution de valeur subie par les marchandises. Nous ne le croyons pas. Si l'article 1182 contient une disposition analogue, en matière de condition suspensive, cette disposition est fondée sur des motifs de faveur personnelle pour l'acheteur, et ne doit pas être étendue au delà de ses termes.

Toutes les règles que nous venons d'exposer n'intéressent directement ni l'ordre public ni les bonnes mœurs, et il est loisible aux parties de les modifier par une clause spéciale de leurs conventions. Elles ne devront donc être appliquées que dans le cas où le vendeur et l'acheteur n'y auront pas dérogé par des dispositions particulières de leur contrat.

(1) Marcadé, sur l'article 1183; Colmet de Santerre, article 1183; Demolombe, *Obligations*, Tome II, nᵒˢ 401 et suivants.

CHAPITRE VIII.

THÉORIE DES DOMMAGES ET INTÉRÊTS.

Une faute est nécessaire pour motiver une condamnation à
des dommages et intérêts. Il faut, de plus, que le débiteur
ait été constitué en demeure.—Distinction du cas fortuit, de
la force majeure et de la faute. — De la bonne et de la mauvaise foi. — La responsabilité du débiteur est plus ou
moins étendue suivant qu'il est de bonne ou de mauvaise
foi. — Renvoi aux principes du droit civil.

SECTION I. — DES DOMMAGES ET INTÉRÊTS AUXQUELS PEUT ÊTRE CONDAMNÉ L'ACHETEUR.

Les dommages et intérêts auxquels peut être condamné l'acheteur pour retard dans le paiement du prix sont calculés à
raison de 6 0/0 à partir du jour de la demande. — Le vendeur n'est pas tenu de prouver qu'il a subi un préjudice.

SECTION II. — DES DOMMAGES ET INTÉRÊTS AUXQUELS PEUT ÊTRE CONDAMNÉ LE VENDEUR.

Les dommages et intérêts qui peuvent être dus par le vendeur
ont un double fondement: 1° le profit dont l'acheteur a été
privé; 2° la perte qu'il a subie.

§ 1er. *Des dommages et intérêts fondés sur le profit dont l'acheteur a été privé.* — Le vendeur n'est responsable que de la
privation de profit dont sa faute est la cause directe. —
Difficultés de fait que présentera l'évaluation des dommages et intérêts dans ce cas.

§ 2. *Des dommages et intérêts fondés sur la perte proprement dite
qui a été éprouvée par l'acheteur.* — Responsabilité du vendeur dans le cas où il livre moins de marchandises qu'il
n'avait promis. — Responsabilité du vendeur dans le cas où
les marchandises sont d'une qualité inférieure à celle qui

avait été stipulée. — Des dommages et intérêts en cas de retard dans la livraison. — Des dommages et intérêts en cas d'inexécution totale des obligations du vendeur. — Des dommages et intérêts en cas de remplacement.

Dans les achats et ventes commerciaux, de même que dans tout autre contrat synallagmatique, les parties peuvent manquer d'exécuter leurs obligations, soit par un empêchement résultant d'un cas fortuit ou d'une force majeure, soit par l'effet d'une faute commise, de bonne ou de mauvaise foi.

Lorsque c'est par suite d'un cas cas fortuit que l'une des parties manque à ses engagements, le contrat peut être résolu sans doute, conformément au principe de l'article 1184 du Code civil, mais l'article 1148 du même code déclare qu'il ne peut y avoir lieu dans ce cas à aucuns dommages et intérêts.

Quand, au contraire, c'est par l'effet d'une faute commise que l'une des parties n'a pas satisfait à ses obligations, alors, conformément au principe de l'article 1147 du Code civil, cette partie doit indemniser l'autre du préjudice qu'elle lui a causé. Les dommages et intérêts dus en pareil cas sont, en général, de la perte que le créancier a faite et du gain dont il a été privé (1); mais il importe de faire quelques distinctions, et les dommages et intérêts seront plus ou moins élevés, selon que la faute aura été commise de bonne ou de mauvaise foi.

(1) Article 1149 du Code civil.

Dans le premier cas, les dommages et intérêts seront réduits à ceux qu'on a pu prévoir au moment de la formation du contrat; dans le second cas, ils comprendront tout le préjudice qui aura été une conséquence directe de l'inexécution de la convention (1).

Nous croyons qu'il n'est pas dans notre sujet d'examiner ici le critérium auquel on distinguera le cas fortuit et la force majeure de la faute, soit de bonne, soit de mauvaise foi. Ces questions rentrent dans les principes généraux de la théorie des obligations conventionnelles, et il nous a suffi de les rappeler en tête de ce chapitre.

Un autre principe qu'il ne faut pas oublier, c'est que, en matière commerciale comme en matière civile, les dommages et intérêts ne sont dus que lorsque le débiteur est en demeure de remplir son obligation (2). Or on sait que la demeure peut résulter, sauf une exception dont nous parlerons un peu plus loin, soit d'une sommation ou de tout autre acte équivalent (3), soit de la convention, lorsque les parties ont décidé qu'il en serait ainsi.

(1) Articles 1150 et 1151 du Code civil.
Le Tribunal de commerce de Nantes a jugé que l'article 1150 était inapplicable aux ventes de marchandises, et que le vendeur, même de bonne foi, devait réparation de tous dommages résultant de sa faute (10 juin 1867). Cette doctrine nous paraît inadmissible.
(2) Article 1146 du Code civil.
(3) On décide généralement que, en matière de commerce, une simple lettre suffit pour constituer la demeure.
Nantes, 4 janvier 1871. — Marseille, 11 avril 1872. — Le Havre, 7 novembre 1871.

Ces principes étant posés, il va nous être facile d'en déduire la quotité des dommages et intérêts auxquels pourront être condamnés soit l'acheteur, soit le vendeur, en cas d'inexécution de leurs obligations.

SECTION I.

DES DOMMAGES ET INTÉRÊTS AUXQUELS PEUT ÊTRE CONDAMNÉ L'ACHETEUR.

L'acheteur contracte, par l'effet de la convention deux obligations : de prendre livraison des marchandises au temps et au lieu convenus, et de payer le prix déterminé.

S'il manque par sa faute à la première de ces obligations, et que le vendeur, ne voulant pas résoudre le contrat, soit obligé de faire des frais pour conserver la marchandise vendue, ces frais doivent être supportés par l'acheteur. Mais il ne doit supporter que les frais nécessaires à la conservation des marchandises, et si le vendeur avait fait pour cet objet des dépenses exagérées, tous ces frais superflus devraient être considérés comme n'étant pas une conséquence directe de la faute de l'acheteur, et devraient, par suite, rester à la charge de celui qui les aurait faits imprudemment. Si enfin le vendeur, au lieu de maintenir le contrat, préférait le résoudre, il pourrait réclamer à l'acheteur, à titre de dommages et intérêts, la différence entre le prix convenu et le cours en baisse des marchandises au jour fixé pour la livraison.

Sur ce point on doit suivre en tout les règles générales que nous avons posées au début de ce chapitre; mais la loi a établi certaines exceptions en ce qui touche les dommages et intérêts qui peuvent être dus pour le retard de l'acheteur à payer son prix.

Ces exceptions sont relatives à trois objets : 1° à la détermination du quantum des dommages et intérêts; 2° à la preuve du préjudice causé; 3° aux faits qui constituent la demeure du débiteur.

L'article 1153 du Code civil décide, en effet, que « dans les obligations qui se bornent au paiement « d'une certaine somme, les dommages et intérêts, « résultant du retard dans l'exécution du contrat, « ne consistent jamais que dans la condamnation « aux intérêts fixés par la loi. »

Ils sont, en notre matière, de 6 pour 100 (1). En second lieu, et d'après le même article, « ces dom-« mages et intérêts sont dus sans que le créancier « soit tenu de justifier d'aucune perte, » ce qui est une dérogation au principe que tout demandeur est obligé à faire la preuve de son droit. Enfin, ces dommages et intérêts « ne sont dus que du jour de « la demande, » ce qui exclut du nombre des faits constitutifs de la demeure, la simple sommation de payer; mais nous croyons que la demeure pourrait résulter d'une clause expresse du contrat.

(1) Loi du 3 septembre 1807; article 2.

SECTION II.

DES DOMMAGES ET INTÉRÊTS AUXQUELS PEUT ÊTRE CONDAMNÉ LE VENDEUR.

Cette matière est beaucoup plus importante que la précédente, et donne lieu à des difficultés plus graves et plus nombreuses.

Pour la traiter avec clarté, nous distinguerons les dommages et intérêts qui sont fondés sur le profit dont l'acheteur a été privé et ceux qui sont fondés sur la perte qu'il a éprouvée. Ces deux éléments des dommages et intérêts dus par le vendeur présentent des aspects complètement différents, et sont gouvernés par des règles spéciales.

§ 1. — *Des dommages et intérêts fondés sur le profit dont l'acheteur a été privé.*

Ce premier point ne saurait être soumis à une règle précise, et les tribunaux auront toujours sur les difficultés relatives à cette matière une grande latitude d'appréciation. Il n'est pas facile, en effet, de prévoir exactement le profit que l'acheteur eût retiré des marchandises qu'il devait recevoir, et qui, en fait, ne lui ont pas été livrées.

En supposant ce profit déterminé, il n'est pas facile encore de décider si la perte de ce profit est tout entière la conséquence directe de la faute du vendeur, et s'il doit en supporter à lui seul toute la responsabilité, ou bien si la négligence de l'ache-

Coutoux.   13

teur n'a pas aggravé cette perte et diminué d'autant la responsabilité du vendeur. — Si, par exemple, l'acheteur avait pu se procurer des marchandises pour tenir lieu de celles qui ne lui étaient pas livrées, n'a-t-il pas été en faute de ne pas se procurer ces marchandises, et ne doit-il pas supporter, sans indemnité, la perte du profit qu'il a ainsi éprouvée par suite de sa négligence? Il se présentera sur la matière que nous traitons en ce moment beaucoup de questions fort délicates; mais ces questions seront toujours des questions de fait, beaucoup plus que des questions de droit.

D'autres questions de fait, également très-difficiles à résoudre, seront relatives à la bonne et à la mauvaise foi du vendeur, et à la prévision probable, au moment du contrat, des dommages et intérêts qui pourraient être dus par la suite. Sur ce point, nous sommes absolument impuissant à formuler aucun principe général. Les tribunaux devront apprécier, en fait, les difficultés qui leur seront soumises.

Si, par exemple, nous supposons que les marchandises vendues sont des matières premières qui doivent servir à l'industrie de l'acheteur, et que le défaut de livraison de ces matières premières, en obligeant l'acheteur d'interrompre sa fabrication, l'a privé de certains profits, indépendamment de la perte matérielle qu'il a éprouvée, les dommages et intérêts dus par le vendeur pour la privation de ces profits, seront bien différents, suivant les cas.

Si le vendeur est de mauvaise foi, il devra réparation de la perte de tous les profits, si considérables qu'ils soient, que l'acheteur eût pu réaliser. S'il est de bonne foi, il ne devra que les dommages et intérêts qui auront pu être prévus au moment du contrat, et pour apprécier le quantum de ces dommages et intérêts, il faudra tenir compte de mille circonstances. Les marchandises vendues étaient-elles ordinairement abondantes sur la place où elles devaient être livrées; est-ce par l'effet d'un cas fortuit, ou d'une force majeure, que l'acheteur n'en a pas pu opérer le remplacement, ou bien, au contraire, les marchandises vendues étaient-elles des choses rares que le vendeur savait bien que l'acheteur ne pourrait pas se procurer, s'il manquait d'exécuter ses obligations? Les profits que l'acheteur eût réalisés, si les marchandises lui avaient été livrées, ne sont-ils que des profits ordinaires, faciles à prévoir dans le commerce, ou bien, s'ils s'étaient réalisés, n'auraient-ils pas été dus à des circonstances exceptionnellement favorables, et qui ne pouvaient entrer dans la prévision des parties? Toutes ces questions devront être soigneusement étudiées par les tribunaux. Mais, nous l'avons dit déjà, ce sont des questions de fait sur lesquelles nous n'avons à donner aucune règle de droit.

§ 2. — *Des dommages et intérêts fondés sur la perte proprement dite qui a été éprouvée par l'acheteur.*

Cette matière est moins difficile que celle qui pré-

cède, et peut être soumise à des règles certaines.
La raison en est qu'il est toujours possible d'apprécier le quantum d'un préjudice matériel qui a été causé.

La question se résoudra sans difficulté pour le cas où le vendeur aurait livré une quantité moindre de marchandises qu'il ne devait. Il en sera de même si les dommages et intérêts sont dus pour défaut de qualité des marchandises livrées. Pour apprécier l'étendue de la responsabilité du vendeur, dans ces deux cas, il faudra se placer toujours au jour de la livraison.

Si le vendeur manque complètement de livrer les marchandises vendues, les dommages et intérêts seront de la différence entre le prix de vente et le cours en hausse du jour où il était en demeure de livrer. Ce jour-là, il devrait livrer pour un prix déterminé des marchandises d'une valeur supérieure; en ne livrant pas, il fait perdre à l'acheteur la différence entre le cours de ces marchandises et le prix de vente.

S'il est seulement en retard de livrer, les dommages et intérêts seront de la différence entre le cours du jour où la livraison aurait dû être faite, et le cours en baisse du jour où elle a été effectuée. En effet, il était obligé à livrer des marchandises qui, au jour où elles auraient dû être livrées, avaient une certaine valeur déterminée; au jour où elles ont été livrées, elles valaient moins; l'acheteur a perdu la différence entre les deux valeurs.

Toutes ces questions sont faciles à résoudre, en droit et en fait. — Une autre question plus grave s'est présentée pour le cas où l'acheteur, faute d'exécution volontaire des obligations du vendeur, s'est remplacé lui-même des marchandises vendues.

On s'est demandé si, lorsque le remplacement a eu lieu, le vendeur doit en supporter les charges, quelles qu'elles soient, et dans quelques conditions que le remplacement se soit produit, ou bien si, au contraire, il ne doit, à titre de dommages et intérêts que la différence entre le prix de vente et le cours en hausse du jour où la livraison aurait dû être faite.

Nous avons peine à comprendre, pour notre part, que la question ait été sérieusement discutée, et nous n'hésitons pas à répondre que, dans tous les cas, qu'il y ait eu ou ou qu'il n'y ait pas eu de remplacement, la responsabilité du vendeur est limitée à la différence entre le cours du jour de la livraison et le prix de vente stipulé (1).

Assurément nous ne contestons pas à l'acheteur le droit de se remplacer : ce droit est écrit formellement dans deux articles de la loi, il n'a jamais été contesté, et il n'est pas contestable ; mais si ce droit existe pour l'acheteur, il doit être exercé dans cer-

(1) Toutefois nous admettons une exception à ce principe pour le cas où, les marchandises faisant totalement défaut au jour de la livraison, le remplacement n'aurait pu être réalisé qu'à une date postérieure.

taines limites. Le vendeur devait s'acquitter de son obligation de délivrer à un certain moment déterminé, et l'on ne peut transformer cette obligation qu'il a contractée dans la convention en une autre obligation de délivrer dans d'autres conditions ou à un jour différent. S'il plaît à l'acheteur de faire exécuter, pour le compte et aux frais du vendeur, l'obligation qu'il n'exécute pas lui-même, incontestablement il ne peut la faire exécuter que dans les conditions où le vendeur devait l'exécuter lui-même, c'est-à-dire au temps fixé par le contrat. Or, s'il en est ainsi, on voit que les frais de remplacement qui devront être supportés par le vendeur, à titre de dommages-intérêts, seront précisément indiqués par la différence entre le cours en hausse du jour du remplacement ou du jour où la délivrance devait être faite, puisque les deux se confondent ici, et le prix déterminé par la convention.

Si, au lieu d'agir de la sorte, l'acheteur a tardé, pour se remplacer des marchandises qui ne lui ont pas été livrées, et qu'il ait attendu que le cours se soit élevé, qui ne voit que le remplacement s'effectue alors dans des conditions complètement différentes de celles dans lesquelles devait s'effectuer la délivrance, et qu'il n'y a plus là une exécution forcée de l'obligation du vendeur, mais l'exécution d'une obligation toute nouvelle, et dont, par conséquent, l'acheteur ne peut pas rejeter les frais sur le vendeur?

Ces principes ont été proclamés avec beaucoup de raison par la jurisprudence (1).

M. Bédarride les combat dans la doctrine (2). Il cite même, à l'appui de son opinion, un arrêt de la Cour d'appel d'Aix, qui pourtant nous paraît formel en notre faveur :

« Attendu, porte cet arrêt, que toute personne « est tenue à la réparation entière du dommage « qu'elle a occasionné ;

« Que si, dans l'espèce, le vendeur avait acquiescé « à la demande de l'acheteur et n'eût pas prolongé « par sa résistance la privation que ce dernier a « éprouvée de la marchandise par lui acquise, le « règlement quant à la différence du prix se serait « naturellement opéré, conformément à l'art. 1611 « du Code Napoléon, sur le prix du jour où la livrai- « son devait être faite et où la demande avait été « réalisée ;

« Mais, attendu que la résistance du vendeur, le « temps qu'elle a pris pour en faire apprécier le « fondement ayant exposé l'acheteur au préjudice « que peut lui causer l'attente prolongée de sa mar- « chandise, celui qui avait promis de la lui livrer et « qui ne remplit pas son engagement, doit le relever

(1) Voir notamment un jugement du tribunal de commerce de Marseille, en date du 11 décembre 1840. On peut aussi consulter avec fruit sur ces questions souvent délicates de remplacement des jugements du même tribunal, en date des 18 janvier 1830, 20 avril 1847, 6 novembre 1855, etc...

(2) Bédarride, *Achats et Ventes*, n⁰ˢ 250 et suivants.

« de tout préjudice souffert par suite de ce re-
« tard, etc... »

Cet arrêt, dans le second paragraphe que nous
avons cité, reconnaît formellement, comme nous
l'avons fait nous-même, que le chiffre des dommages
et intérêts doit être fixé d'après le cours du jour
convenu pour la délivrance.

Il est vrai que, dans l'espèce, il décide que la
responsabilité du vendeur s'étend au-delà de ces
limites; mais ce n'est pas par application d'un principe général qu'il décide de la sorte, c'est uniquc-
ment parce que, dans l'espèce prévue, « la résistance du vendeur » avait « exposé l'acheteur au
« préjudice que pouvait lui causer l'attente pro-
« longée de sa marchandise. »

Nous n'avons pas à examiner ici si cette question
de fait, tranchée par la Cour contre le vendeur, a
été bien appréciée par elle. Cela n'importe pas à
notre discussion.

Il n'a jamais été dans notre pensée de soutenir
que le vendeur, qui ne livre pas au jour indiqué,
ne peut jamais, quelques fautes qu'il commette plus
tard, encourir d'autre responsabilité que celle que
nous avons dite; mais nous avons soutenu et nous
soutenons que le défaut par lui d'avoir délivré les
marchandises au jour convenu ne pouvait entraîner
au point de vue de la perte éprouvée par l'acheteur,
et sauf bien entendu, le cas de privation de gains,
d'autres dommages et intérêts que la différence du

cours en hausse du jour de la livraison au prix de vente stipulé.

Si maintenant le vendeur ne se contente pas de ne pas délivrer les marchandises vendues, si, par de fausses promesses, il induit l'acheteur en erreur et l'empêche de se remplacer à des conditions avantageuses, il est incontestable qu'il y a là autant de fautes nouvelles qui aggravent, chacune pour sa part, la responsabilité qui pèse sur lui et dont il est chargé vis-à-vis de l'acheteur.

Nous renvoyons au livre de la vente par navire désigné, dans notre seconde partie, la question des dommages et intérêts qui peuvent être dus en cas de prorogation du délai de la livraison.

DEUXIÈME PARTIE

Des règles spéciales à certaines espèces particulières d'achats et ventes de marchandises.

————

Dans notre première partie, nous avons traité des achats et ventes, en général, et nous avons essayé d'exposer les principes qui régissent cette importante opération commerciale.

A côté de ces principes généraux, ainsi que nous avons eu l'occasion de le dire déjà, il existe des règles spéciales qui ne s'appliquent qu'à de certaines espèces particulières d'achats et ventes. Ce sont ces règles que nous voudrions exposer dans cette seconde partie.

Certaines espèces particulières de ventes ont été distinguées des ventes ordinaires par le législateur lui-même, et soumises par lui à des principes particuliers. Telles sont les ventes d'animaux domestiques et les ventes publiques. Nous dirons, sur ces ventes, à quelles règles spéciales elles ont été soumises législativement.

Certaines autres espèces d'achats et ventes sont nées exclusivement de l'usage, et n'ont été jusqu'ici réglementées que par lui. Telles sont la vente par navire désigné et la vente par filière. Nous essaierons d'exposer les usages du commerce en ces sortes de marchés.

Mais avant d'aborder ce nouvel ordre de matières, nous rappellerons encore une fois ce principe, qui est fondamental et que nous avons eu déjà différentes fois à signaler dans cette étude, à savoir que, dans toutes les matières qui n'intéressent pas directement l'ordre public, il faut rechercher d'abord ce qui a été la commune intention des parties.

Cette règle doit toujours être suivie, en matière de contrats; elle est surtout importante quand on étudie un contrat qui n'est réglementé que par l'usage. L'usage, en effet, n'a de force qu'autant qu'il indique et fait présumer l'intention probable des parties.

LIVRE PREMIER.

De la vente à livrer.

Nous avons deux choses à examiner sur la vente à livrer : d'abord son caractère propre, ce qui la différencie de la vente de droit commun, et la manière dont elle se concilie avec la prohibition de l'art. 1599 du Code civil ; en second lieu, les règles spéciales à la livraison des marchandises vendues. Sur tous les autres points, on devra se référer purement et simplement aux principes généraux que nous avons exposés dans notre première partie.

—————

CHAPITRE Ier.

DU CARACTÈRE PROPRE DE LA VENTE A LIVRER ET DE SA VALIDITÉ.

Toutes les ventes de marchandises qui ne sont déterminées
que par leur quantité peuvent être rangées dans la classe
des ventes à livrer. — Spécialement le nom de vente à
livrer s'applique aux ventes de marchandises dont le vendeur n'est pas actuellement propriétaire. — Comment la
validité de ces ventes se concilie avec le principe de l'article 1599 du Code civil.

Nous avons été amené à dire déjà que beaucoup
de ventes commerciales n'avaient pas pour objet ce
qu'on appelle en droit des corps certains, c'est-à-
dire des marchandises individuellement déterminées, mais bien des marchandises déterminées seulement par leur espèce et leur quantité, ce qui, en
droit, s'appelle des genres. Or, toutes les ventes
qui roulent sur cette seconde catégorie d'objets, ne
sont pas susceptibles d'être immédiatement translatives de propriété; leur effet est nécessairement
subordonné, au point de vue du transport de la
propriété, à un acte postérieur au contrat de vente,
ordinairement à la livraison. Il est donc vrai de
dire que toutes les ventes de marchandises déterminées seulement par leur espèce et leur quantité,
sont des ventes à livrer. Mais les usages du commerce appliquent particulièrement cette dénomi-
nation à la vente de marchandises dont le vendeur

n'est pas actuellement propriétaire, et qu'il ne doit acquérir que postérieurement au contrat.

La vente à livrer n'engendre que des droits et des obligations purement personnels; à l'égard du vendeur elle produit deux effets distincts; d'abord elle l'oblige à acquérir lui-même les marchandises vendues; ensuite elle le met dans la nécessité juridique de transférer à son acheteur la propriété de ces mêmes marchandises.

Ainsi entendue, la validité de la vente à livrer ne saurait être contestée, et elle se concilie facilement avec le principe de l'art. 1599 du Code civil qui porte que la vente de la chose d'autrui est nulle.

Ce principe, en effet, doit être interprété seulement en ce sens, qu'on ne peut transférer la propriété d'une chose dont un autre est propriétaire; mais on ne doit pas lui faire dire qu'il est impossible de s'obliger valablement à acquérir des marchandises pour ensuite les livrer à l'acheteur.

On peut même vendre à livrer des marchandises qui n'existent pas encore, et, par exemple, les produits d'une usine ou les récoltes d'un champ. En ces sortes de marchés, on devra déterminer avec soin le véritable caractère du contrat, et ne pas confondre la vente à forfait avec la vente conditionnelle. Lorsqu'un fabricant a vendu des produits de sa manufacture, il ne peut guère être douteux que le marché ne soit ferme, c'est-à-dire que le fabricant ne soit obligé, sans condition, à livrer les produits vendus, faute de quoi l'acheteur pourra faire résoudre le contrat, avec ou sans dommages et intérêts, suivant les cas. Mais dans le cas de vente d'une récolte la question peut être plus délicate. Les parties ont-elles eu l'intention de traiter seulement des chances de la récolte, telle qu'elle se comportera, en un mot, ont-elles traité définitivement et à forfait, ou bien ont-elles subordonné leur contrat à la condition que la récolte réaliserait les espérances qu'elle donnait au moment de la vente? Les termes et les circonstances de la convention fourniront les éléments de la solution.

CHAPITRE II.

Généralités sur l'obligation de livrer: Renvoi à la première
partie. — De la clause livrable sous vergues. — Marchandises livrables du bord à quai, du bord en transbordement.
— Du terme pris pour la livraison. — Il faut appliquer avec
prudence la règle que le terme est réputé stipulé en faveur
du débiteur. — Les tribunaux peuvent, suivant les circonstances, proroger les délais de la livraison en faveur du
vendeur.

Nous avons dit, au chapitre des effets de la vente,
et en traitant des obligations du vendeur, qu'il devait livrer les marchandises vendues au temps, au
lieu et de la manière fixés par la convention.

Les parties peuvent choisir tel mode de livraison
qu'il leur convient d'adopter, et dire, par exemple,
que les marchandises seront livrées dans les magasins du vendeur, ou dans les magasins de l'acheteur, ou à l'entrepôt, etc... A défaut de convention,
on sait qu'elles devraient être livrées de la manière
la moins onéreuse pour le vendeur.

Il arrive souvent que, dans les ventes à livrer
proprement dites, les marchandises sont déclarées
livrables sous vergues, ou livrables du bord. Cela
veut dire que le vendeur s'oblige seulement à les
mettre à la disposition de l'acheteur sur le navire
qui les a apportées. Les marchandises peuvent être

livrables du bord à quai, ou du bord en transbordement, suivant qu'il convient à l'acheteur de les
recevoir à terre, ou de les faire charger immédiatement sur un de ses navires pour les réexpédier
sur une autre place.

Il a été jugé que l'étranger au lieu d'embarque-
ment, qui achète des marchandises devant lui être
expédiées par mer, est considéré acheter ces marchandises livrables sous vergues, en ce sens que le
vendeur devra supporter tous les frais d'embarque-
ment (1).

Toutes ces clauses relatives au mode de livraison
doivent être soigneusement observées, sans cependant qu'on puisse jamais les interpréter avec une
rigueur excessive. Ainsi, il a été jugé qu'une vente
de marchandises livrables du bord en transbordement n'était pas résolue par cela seul que le vendeur avait fait transborder ces marchandises du
navire qui les avait apportées sur un autre navire,
et que c'était du bord de ce second navire qu'il en
offrait livraison; mais, au contraire, on a décidé
qu'une vente était résolue parce que le vendeur
avait fait débarquer sans l'assentiment de l'acheteur des marchandises qui avaient été stipulées
livrables en transbordement.

Ce ne sont là évidemment que des décisions
d'espèces; il ne faudrait pas en faire, sous peine
d'erreur, des principes généraux et absolus; mais

______

(1) Nantes, 12 août 1871.

en toutes choses il faut tenir compte de l'intention des parties et des circonstances.

Une autre question très importante est celle du délai dans lequel les marchandises vendues doivent être livrées.

En matière civile, le terme est toujours présumé stipulé en faveur du débiteur, qui peut y renoncer suivant son bon plaisir; mais l'article 1187 ajoute qu'il en est autrement lorsqu'il résulte « de la sti- « pulation ou des circonstances qu'il a été aussi « convenu en faveur du créancier. » Cette règle est pleine de sagesse et elle est d'une application fré- quente en matière commerciale.

Il arrive souvent, en effet, que l'acheteur a intérêt à ne pas prendre livraison des marchandises avant le terme convenu, soit qu'il veuille éviter les risques que la livraison mettrait à sa charge, soit que, dans une vente en transbordement par exemple, il ait besoin d'un certain temps pour trouver un navire sur lequel il puisse faire opérer le chargement. C'est ainsi que la cour de Rennes a jugé sagement, suivant nous, en décidant que, dans une espèce où les parties avaient stipulé que la livraison serait faite dans un certain délai, le vendeur n'avait pas le droit de contraindre l'acheteur à prendre livraison à la date d'un jour déterminé de ce délai, à l'exclu- sion de tout autre (1).

La fixation d'une date pour la livraison doit être

____

(1) Rennes, 13 mars 1851.

interprétée de bonne foi et suivant l'intention probable des parties ; c'est ainsi que la vente en disponible elle-même laisse au vendeur les délais qui lui
sont reconnus nécessaires pour effectuer la livraison.

Mais il faut évidemment qu'il n'abuse pas de ces
délais, et si, par exemple, il avait vendu, comme
disponibles à son bord, des marchandises qui se
trouvaient à fond de cale et qui ne pouvaient être
remises à l'acheteur qu'après le déchargement
complet de la cargaison, la vente pourrait être
résiliée dans ce cas.

Ordinairement, l'obligation pour le vendeur de
livrer dans un certain délai, s'entend seulement en
ce sens que le vendeur doit remettre dans ce délai
les marchandises à la disposition de l'acheteur.
Cela peut s'effectuer par la simple remise d'un
ordre de livraison, et il n'est pas nécessaire qu'entre
la remise de cet ordre de livraison et l'expiration
du délai, il s'écoule un temps suffisant pour qu'il
soit possible à l'acheteur d'enlever complétement les
marchandises pour les transporter dans ses magasins. Ainsi, de droit commun, une vente conclue le
1ᵉʳ mars, de 1,000 hectolitres de blé livrables sous
vergues, de la date du contrat en trois mois, dans
le port de Nantes, serait suffisamment exécutée de
la part du vendeur, si le 31 mai il remettait à
l'acheteur un ordre de livraison des 1,000 hectolitres de blé vendus sur un navire arrivé le jour
même dans le port, bien que cet ordre de livraison

ait été remis trop tard à l'acheteur pour qu'il lui soit possible de décharger le navire avant l'expiration du délai.

Mais il en serait autrement dans le cas où le vendeur se serait obligé.à effectuer la remise matérielle des marchandises à la disposition de l'acheteur. La convention devrait alors s'exécuter de la manière que l'ont voulu les parties; et, à défaut d'exécution dans le délai, elle devrait être résiliée.

On s'est demandé si, conformément au principe de l'article 1184, il était au pouvoir des tribunaux de proroger, dans certains cas, les délais de délivrance stipulés par le vendeur.

Cette question a été résolue affirmativement par plusieurs décisions de la jurisprudence (1). Nous n'hésitons pas à suivre également cette opinion; mais il ne faut pas oublier que l'article 1184 du Code civil ne donne ce pouvoir aux tribunaux, que suivant les circonstances. Sur ces sortes de difficultés, les tribunaux de commerce devront agir avec une extrême prudence et ne jamais perdre de vue qu'il ne leur est point permis d'avantager ainsi une partie au détriment de l'autre, sans des motifs sérieux. Mais, dans certaines circonstances, il n'est pas douteux que des délais ne puissent être justement accordés au vendeur, en retard de livrer. Ainsi, dans une espèce qui s'est présentée à Paris,

____

(1) Bordeaux, 8 août 1829. — Aix, 4 mai 1832. Voir aussi Troplong, n° 293: Bédarride, n°° 216 et 217.

une caisse de rubans, qui avait été stipulée livrable le 15 mars, était offerte le 16 au matin. L'acheteur la refusait et demandait la résiliation de la vente, avec dommages et intérêts.

Le tribunal de commerce accueillit sa prétention. Mais la cour de Paris, jugeant que, dans ce cas, l'acheteur n'avait subi aucun préjudice du retard apporté dans la livraison, réformait le jugement de première instance, et sa décision était maintenue par la cour de cassation (1).

(1) *Journal du Palais,* 1843, I, 591.

LIVRE II.

De la vente par navire désigné ou à désigner.

Nous traiterons successivement, en cinq chapitres distincts :

1° Du caractère distinctif de la vente par navire
désigné ou à désigner,

2° De la désignation du navire et des obligations
du vendeur en général,

3° Des conséquences du défaut de désignation du
navire dans le délai convenu,

4° Des risques de mer et de la résiliation du
contrat,

5° Des dommages et intérêts.

CHAPITRE I.

DU CARACTÈRE DISTINCTIF DE LA VENTE PAR NAVIRE DÉSIGNÉ OU A DÉSIGNER.

La vente par navire désigné est un contrat par lequel le vendeur s'oblige à faire charger, sur un navire désigné ou à désigner, certaines marchandises, dans un délai fixé, et vend ces mêmes marchandises sous la condition suspensive de l'heureuse arrivée du navire.

La vente à livrer proprement dite est pleine de dangers pour le vendeur. Au moment où il contracte l'obligation de fournir à son acheteur, dans un délai déterminé, des marchandises, de telle qualité et en telle quantité qui ont été fixées dans la convention, qui pourrait prévoir toutes les difficultés qui peut-être l'empêcheront de se procurer lui-même ces marchandises dont il n'est pas encore propriétaire, et que pourtant il a vendues? Ce peuvent être des risques de mer, la perte d'une récolte, mille choses enfin. Et pourtant, comme il s'est obligé purement et simplement, s'il est en faute de ne pas s'être procuré ces marchandises et de ne pas les livrer à l'acheteur, il sera condamné à voir résilier le marché avec dommages et intérêts. Pour échapper à la rigueur de cette terrible responsabilité, l'usage s'est introduit dans le commerce de subordonner la vente à livrer à de certaines conditions suspensives, dont l'effet est de libérer le vendeur de toutes les obligations qu'il a contractées, dans le cas où certaines difficultés, spécialement prévues, l'empêcheraient d'exécuter la convention. Parmi ces ventes conditionnelles, la plus fréquente est celle qui porte le nom de vente par navire désigné ou à désigner.

Dans cette sorte de contrat, le vendeur s'oblige à livrer à l'acheteur les marchandises qui doivent lui arriver par tel navire qui est désigné dans la convention, ou qui sera désigné plus tard. Le marché conclu a cette signification : que le vendeur s'oblige à faire charger sur le navire en question, au lieu convenu, les marchandises qu'il vend à l'acheteur, et à une époque telle que, suivant les chances ordinaires de la navigation, il soit possible à ce navire d'arriver au port de débarquement dans le temps où les marchandises doivent être livrées; mais si, le vendeur ayant exécuté toutes ses obligations, les marchandises périssent en route, le vendeur sera déchargé de toute responsabilité, et ne pourra pas être condamné à payer des dommages et intérêts. Le caractère de ce contrat étant ainsi défini, on comprend toute l'importance qui s'attache à ce que la désignation du navire sur lequel doivent arriver les marchandises soit faite dans le temps et de la manière qui ont été fixés dans la convention. Cette désignation individualise, pour ainsi dire, les risques du marché, et diminue les dangers courus par l'acheteur. Si nous supposons, par exemple, que le vendeur a plusieurs navires

en charge au lieu d'où il doit faire venir les marchandises vendues, tant que la désignation n'aura
pas été faite, il demeurera libre d'affecter à l'exécution du marché tel de ces navires qu'il lui plaira,
et si l'un de ces navires périt en mer, et que le
vendeur déclare que c'était ce navire lui-même qui
portait les marchandises vendues, l'acheteur n'aura
rien à répondre, et devra subir, sans indemnité, la
résiliation du contrat. De plus, cette désignation du
navire spécialise les obligations du vendeur relatives au chargement et au départ du navire en
temps opportun, et permet à l'acheteur de surveil-
ler utilement les opérations à la régularité desquelles il est intéressé. Ce point mérite des développements qui feront l'objet du chapitre suivant.

CHAPITRE II.

DE LA DÉSIGNATION DU NAVIRE ET DES OBLIGATIONS DU VENDEUR EN GÉNÉRAL.

La désignation du navire a pour objet de préciser les obligations du vendeur, et d'individualiser les risques du contrat. — Le navire peut être désigné dans la convention elle-même. — Souvent la désignation ne doit être faite que plus tard. — Du cas où le vendeur s'est obligé à désigner le navire dans un délai déterminé. — Du cas où le vendeur s'est obligé à désigner le navire dès qu'il en aurait connaissance. — Du cas où le navire désigné n'est pas actuellement rendu au port de charge. — Des risques du voyage d'aller.

Nous avons exposé déjà que, dans le contrat dont nous parlons, le vendeur s'oblige à faire charger un navire des marchandises vendues et à l'expédier du port de charge en temps opportun, pour que, suivant les chances ordinaires de la navigation, il puisse arriver au port de débarquement dans le délai de la livraison. Il arrive quelquefois que le navire affecté à l'exécution du marché est désigné par les parties dans la convention. Souvent ce navire est laissé au choix du vendeur, qui s'oblige seulement à le faire connaître plus tard à son acheteur. Cette désignation, comme nous l'avons déjà dit, au chapitre précédent, a le double intérêt de spécialiser les obligations du vendeur, et d'individualiser les risques du contrat. Cela fait donc partie des engagements contractés par le vendeur, et doit être effectué de la manière convenue.

Dans le cas où les parties n'ont pas fixé le délai dans lequel le navire devra être désigné, on admet, conformément à ce principe général qui veut qu'on interprète toujours les obligations dans le sens le plus favorable au débiteur, que le vendeur a, pour désigner le navire, le même délai que pour livrer les marchandises vendues, et que la désignation serait valablement faite même le dernier jour du délai pour livrer (1).

Si les parties avaient fixé, dans le contrat lui-même le temps dans lequel la désignation devrait être faite, on suivrait exactement les clauses de la convention. Ce cas ne présente pas de difficulté lorsque le délai pour la désignation est déterminé d'une manière précise; mais qu'arrivera-t-il si, comme il est convenu quelquefois, la désignation du navire doit être faite *quand le vendeur le connaîtra?* Il peut se faire, en effet, que, au moment du contrat, le vendeur ne sache pas quel est le navire sur lequel les marchandises seront chargées, et qu'il s'en rapporte à un correspondant pour le choix de ce navire. Si les choses se passent ainsi, quelle est l'étendue de ses obligations vis-à-vis de l'acheteur, relativement à la désignation du navire? Il est difficile de donner une règle générale sur ce

____

(1) Aix, 23 janvier 1840. Voir aussi Bédarride, *Achats et Ventes,* n° 213.

point; mais on devra toujours se référer à l'intention probable des parties. S'il n'apparaît pas des termes ou des circonstances du contrat que le vendeur ait indiqué à l'acheteur l'époque à laquelle il comptait avoir connaissance du navire sur lequel seraient chargées les marchandises vendues, le délai pour désigner pourra être considéré comme étant le même que le délai de la livraison. Mais si le vendeur a laissé entendre à l'acheteur qu'il connaîtrait à telle époque le navire à désigner, il pourrait se faire que la mention insérée au contrat que le vendeur désignerait le navire quand il en aurait connaissance fût l'équivalent exact d'une obligation contractée par lui de désigner dans le délai dont il aurait été parlé. Si, par exemple, Pierre dit à Paul qu'il attend, par la prochaine malle de Bourbon, une lettre de son correspondant, qui lui fera connaître le nom du navire sur lequel seront chargés mille sacs de café qui doivent lui être expédiés, et que, dans ces conditions, Pierre vende à Paul les mille sacs de café en question, à charge par lui de désigner le navire qui les apportera en France, dès qu'il le connaîtra, il nous paraît certain que le délai de la désignation du navire sera indiqué par le délai de l'arrivée de la malle de Bourbon, et si le vendeur laisse passer cette date sans faire la désignation convenue, il devra être réputé avoir manqué à ses obligations, et sera condamné à supporter toutes les conséquences d'un défaut d'exécution du contrat. Dans d'autres cas, et, par exemple, si Philippe avait vendu à Jean des arachides qu'il attend de la côte d'Afrique, et qui ont dû déjà lui être expédiées, mais sur un navire dont il ignore le nom, et qu'il s'engage à faire connaître ce navire, dès qu'il le connaîtra lui-même, il serait difficile de voir dans ce contrat aucune obligation pour le vendeur de désigner le navire avant l'expiration du délai convenu pour la livraison.

Il arrive quelquefois que le vendeur désigne à l'acheteur, comme devant être chargé des marchandises vendues, un navire qui n'est pas encore arrivé dans le port où il doit prendre ces marchandises. Ici la situation des parties et les effets du contrat doivent être interprétés de différentes manières, suivant que cette désignation est faite par le vendeur dans la convention elle-même ou postérieurement à la convention, dans le délai convenu.

Dans le premier cas, et si l'acheteur a accepté sans réclamation le navire désigné, il est vraisemblable qu'il a accepté par là même, et comme rentrant dans les conditions du contrat, les risques du voyage d'aller.

Dans le second cas, au contraire, cette présomption d'acceptation des risques du voyage d'aller n'existerait pas contre l'acheteur. Le vendeur s'est obligé purement et simplement à faire charger un navire dans le port déterminé et à l'époque convenable; s'il ne remplit pas ses obligations, il en doit supporter les conséquences, et, s'il est en faute, il pourra être condamné à des dommages et intérêts.

Quelle est la différence pratique entre ces deux cas? Car, même dans le second, la perte, par cas fortuit ou force majeure, du navire désigné, libérerait certainement le vendeur de toute responsabilité, au point de vue du non-chargement des marchandises sur ce navire, et ne laisserait à l'acheteur que le droit de faire résilier la vente sans dommages et intérêts. Cela est incontestable, et, sur ce point, la distinction que nous avons signalée est sans importance pratique. Mais elle est importante en cet autre point, c'est que, dans le premier cas, l'acheteur, ayant accepté les risques du voyage d'aller, la perte du navire désigné éteint complètement, et, par sa propre force, toutes les obligations qui étaient nées du contrat, et met les parties dans la même situation que si elles n'avaient jamais contracté; dans le second cas, au contraire, la perte du navire désigné, même par cas fortuit ou force majeure, n'éteint pas l'obligation du vendeur de faire faire le chargement; sans doute, s'il lui est impossible de trouver un autre navire pour prendre ce chargement, il n'encourra aucune responsabilité, car nul ne peut être responsable de n'avoir pas fait l'impossible : c'est là un principe de droit aussi bien que de morale; mais, comme son obligation subsiste cependant, il sera tenu de pourvoir au remplacement du navire qui a péri, et si, en ne le remplaçant pas, il s'est montré coupable de négligence, il sera passible de dommages et intérêts.

Ainsi, dans le premier cas, l'obligation du vendeur de charger les marchandises est complètement et définitivement éteinte ; dans le second, au contraire, elle persiste, malgré la perte du navire désigné, et le vendeur est tenu, dans les limites du possible, de pourvoir au remplacement du navire perdu par un autre navire, dont la désignation et le chargement seront soumis à toutes les conditions stipulées au contrat de vente.

Nous avons déjà signalé l'obligation du vendeur de faire opérer le chargement des marchandises vendues dans un temps convenable, de telle sorte que, suivant les chances ordinaires de la navigation, il soit possible au navire ainsi chargé d'arriver au port de débarquement dans le délai convenu. Si ce chargement était fait à une époque trop avancée pour que l'on pût raisonnablement espérer l'arrivée du navire dans le délai de la livraison, ce retard pourrait engager la responsabilité du vendeur. Il arrive parfois que l'acheteur stipule, par une clause spéciale de la convention, la faculté de proroger une ou plusieurs fois le marché. Cette faculté de prorogation peut s'appliquer soit au délai de désignation du navire, soit au délai de chargement; le plus souvent elle s'applique au délai de la livraison des marchandises. Entre autres avantages, elle a celui d'obvier aux dangers d'une fraude combinée par le vendeur qui, voyant le cours des marchandises à la hausse, pourrait simuler des retards forcés, et faire ainsi résilier un contrat qui aurait cessé de lui être avantageux. En toutes choses et en toutes circonstances, il faudra juger d'après l'intention des parties: nous n'entrerons ici dans aucun détail; le développement et le commentaire des espèces qui pourront se présenter sur ce point, nous entraîneraient beaucoup trop loin.

CHAPITRE V.

DES CONSÉQUENCES DU DÉFAUT DE DÉSIGNATION DU NAVIRE DANS LE DÉLAI CONVENU.

Le défaut de désignation du navire dans le délai convenu modifie et aggrave les dangers de la condition suspensive de
l'heureuse arrivée du navire. — La conséquence en est que
cette condition suspensive, ainsi aggravée, ne doit plus être
supportée par l'acheteur. — Le défaut de désignation transforme la vente conditionnelle en marché ferme.

Nous avons dit que le vrai caractère et le véritable
objet de la vente par navire désigné était de subordonner le contrat à la condition suspensive que
les marchandises arriveraient heureusement au lieu
de la livraison, et, par conséquent, d'obliger l'acheteur à supporter sans dommages et intérêts le manque d'exécution qui serait fondé sur les risques de
mer auxquels les marchandises seront nécessairement exposées.

Mais évidemment il ne peut pas être au pouvoir
du vendeur d'aggraver, par son propre fait, les
risques auxquels l'acheteur s'est volontairement
soumis; il en a accepté quelques-uns librement et
par le fait même de la convention qu'il a passée; il
ne peut pas dépendre du vendeur de les augmenter
en aucune manière. Or, nous avons expliqué comment la désignation du navire avait pour but et
pour effet de spécialiser et d'individualiser, pour

ainsi dire, les risques auxquels l'acheteur se soumettait. Si cette désignation du navire n'a pas lieu
suivant qu'il avait été convenu, qu'en résulte-t-il ?
C'est que les risques ne sont pas spécialisés, indivi-
dualisés, comme il avait été décidé qu'ils le seraient ;
c'est, enfin, qu'on n'est plus dans les termes dans
lesquels les risques de mer avaient été considérés
par les parties comme une cause de résiliation du
contrat. Dès lors que les risques de mer ne sont plus
les mêmes que ceux qui avaient été envisagés par
les parties, on doit conclure que ces risques nouveaux ne sauraient produire les mêmes effets que
les parties avaient attribués aux risques sur lesquels elles avaient spécialement traité, et que, par
une dernière conséquence, ils ne sauraient plus être
une cause de résiliation du contrat, dans le sens
où cela avait été entendu dans la convention.

En d'autres termes, les parties avaient inséré
dans leur contrat une clause de résiliation ; le débiteur a aggravé, par son fait, les dangers de cette
clause pour le créancier ; il ne p t être admis à
s'en prévaloir contre lui.

La conclusion qu'il faut tirer de là, c'est que le
défaut de désignation du navire dans le délai convenu transforme le marché, de conditionnel qu'il
était d'abord, en marché pur et simple, ou, comme
on dit dans le commerce, en marché *ferme*.

Si maintenant il est certain que le défaut d'affectation spéciale d'un navire désigné au transport
des marchandises mettra le vendeur dans l'impos-

sibilité de livrer au temps convenu, l'acheteur pourra dès à présent faire prononcer la résiliation du contrat, sauf à remettre à plus tard la fixation des dommages et intérêts qui pourront lui être dus. Mais si, au contraire, le vendeur soutient que, malgré le défaut de désignation, il livrera les marchandises à l'époque déterminée dans la convention, alors l'acheteur ne peut se plaindre d'aucune faute qui lui soit préjudiciable; il a même cet avantage de voir transformer à son profit, en marché ferme, un marché qui n'était que conditionnel, et il ne peut rien réclamer à son vendeur.

CHAPITRE IV.

L'expression ordinairement employée dans les ventes par navire désigné: *à l'heureuse arrivée du navire*, doit être entendue dans le sens de l'heureuse arrivée des marchandises chargées sur le navire. — Les risques de mer ne doivent pas être aggravés par une prolongation du voyage, non rendue nécessaire par les circonstances. — Si le navire déroute, les risques de mer passent à la charge du vendeur.

La vente par navire désigné a pour caractère propre d'être faite sous la condition suspensive que les marchandises vendues échapperont aux risques de mer auxquels elles seront exposées pendant le voyage d'arrivée.

Cette condition est ordinairement exprimée, dans l'usage, par ces mots : *à l'heureuse arrivée* de tel navire que le vendeur désigne dans le contrat ou désignera plus tard.

Quelques-uns, tirant des termes de cette expression un argument misérable, et que nous ne nous attendions pas à trouver sous la plume de jurisconsultes français, et raisonnant, comme on l'eût fait à Rome, dans un contrat de droit strict, ont soutenu que la condition à laquelle était subordonnée la vente était rigoureusement l'arrivée du navire, et non pas l'arrivée de la marchandise, et que, par exemple, si le navire désigné faisait naufrage en arrivant dans le port, et que les marchandises dont il était chargé fussent recueillies d'abord, puis heureusement débarquées par un autre navire, la condition ne devrait pas être réputée accomplie, et la vente serait résiliée. Hâtons-nous de dire que ce système a été accueilli comme il le méritait. Il serait inutile, croyons-nous, de le discuter sérieusement. « On doit, dit l'art. 1156 du code civil, re-« chercher dans les conventions quelle a été la « commune intention des parties contractantes, « plutôt que de s'arrêter au sens littéral des ter-« mes. » Or, il est évident que lorsque deux commerçants ont vendu et acheté des marchandises, à l'heureuse arrivée du navire qui les portait ou sur lequel elles devaient être chargées, ils ont entendu parler de l'heureuse arrivée des marchandises, et n'ont employé une expression différente que parce qu'elle était l'équivalent exact de celle que nous avons dite, et qu'elle avait, du reste, l'avantage de mieux préciser leur pensée, au sujet des risques auxquels les marchandises vendues seraient exposées.

La détermination, la spécialisation des risques, voilà tout l'intérêt de la désignation du navire, et c'est pour cela seulement qu'elle est faite ; quant aux risques dont les parties parlent au contrat, ce sont évidemment les risques courus par la marchandise elle-même, et non ceux du navire qui les contient. « En indiquant dans le marché le navire « qui doit apporter la marchandise, dit la Cour de

« Rouen, cette désignation a pour but, d'une part,
« de fixer approximativement et d'après les chances
« possibles de la navigation, l'époque de la livraison,
« et pour qu'il ne puisse dépendre de la volonté de
« l'une ni de l'autre des parties d'en hâter ni retar-
« der l'exécution, et d'autre part, afin qu'il ne soit
« pas possible d'offrir en livraison une autre mar-
« chandise que celle que l'acheteur a entendu ac-
« quérir.

« Cette expression, heureuse arrivée, dit encore
« la même Cour, ne peut être considérée comme
« une condition impérative devant, en cas d'inexé-
« cution, entraîner la résolution du contrat de vente,
« mais seulement comme une locution ancienne et
« banale, exprimant une espérance, un désir, et
« révélant en même temps une pieuse pensée, comme
« celles contenues dans une multitude de connais-
« sements et de lettres de voiture où il est dit, *à la*
« *garde de Dieu et conduite de*,... ou bien... *maître,*
« *après Dieu, de mon navire*... (1) »

Les risques qui sont compris dans la vente s'entendent toujours des risques du voyage d'arrivée
du navire désigné. Nous avons dit que, dans certains cas, ils s'entendent aussi des risques du
voyage d'aller de ce navire, du lieu où il se trouve
au port de charge ; c'est lorsqu'il apparaît, soit des
termes, soit des circonstances du contrat, que les
parties ont eu l'intention qu'il en fût ainsi.

(1) Rouen, 7 mars 1831, 24 août 1836.

Mais le vendeur ne peut jamais, et dans aucun cas, aggraver par son fait, les risques qui ont été prévus dans la convention. Le navire désigné est toujours réputé, à moins de stipulation contraire, devoir se rendre au port de charge et revenir au port de débarquement par la route ordinaire. S'il s'écarte de cette route, soit en allant au lieu de charge, soit en revenant au port de débarquement, les dangers auxquels il s'expose, en allongeant son voyage, étant différents de ceux qui ont été considérés par le vendeur et l'acheteur, ne pourraient pas avoir la force de faire résilier le contrat, en cas de perte ou d'avarie.

Toutes ces règles ont été sainement appréciées, suivant nous, par un jugement du tribunal de commerce de Marseille, en date du 14 juin 1860, et dont nous reproduirons ici les considérants :

« Attendu que les sieurs Caillot et Cie, ont vendu « aux sieurs Pappudof, le 15 octobre dernier, « 1000 quintaux métriques arachides de la côte occi- « dentale d'Afrique, à livrer d'un ou de plusieurs « navires à désigner du 1er janvier à fin février, « et dont l'arrivée a été fixée du jour de la désigna- « tion à fin de juin courant ;

« Attendu que les sieurs Caillot ont désigné, le « 9 février, le navire *Louis-Aimé* ;

« Attendu que les sieurs Caillot, d'après les ren- « seignements fournis par eux-mêmes, avaient « affrété ce navire à Gênes pour porter un charge- « ment à Cayenne, en recevoir un autre pour Sierra-

« Leone où il devait prendre les arachides vendues ;

« Attendu que le *Louis-Aimé* est arrivé à Cayenne
« le 14 janvier ; qu'il a éprouvé dans ce port un
« échouement à la suite duquel il a été déclaré
« innavigable ;

« Attendu que la condamnation du navire a été
« dénoncée à l'acheteur ;

« Attendu que celui-ci a formé une demande en
« résiliation, avec dommages et intérêts, de la vente
« des 1,000 quintaux que devait apporter le *Louis-*
« *Aimé*, en raison de ce que l'innavigabilité de ce
« navire ne serait point survenue dans des condi-
« tions qui mettent cet événement à ses risques ;

« Attendu que le vendeur est obligé de se placer,
« au point de vue du marché qu'il a fait, dans l'une
« de ces deux hypothèses, que le point de départ
« du navire pour aller prendre les graines à Sierra-
« Leone était Cayenne ou bien Gênes ;

« Attendu que, dans l'hypothèse où Cayenne
« serait le point de départ, le vendeur n'aurait pas
« pu y affecter au transport des arachides un na-
« vire déjà innavigable ; que ce cas serait différent
« de celui où le vendeur désignerait un navire se
« rendant au lieu de charge ou parti pour le port
« de destination et qui, à son insu, aurait péri au
« moment de la désignation ; que le navire doit être
« en bon état de navigabilité au moment où il est
« affecté à l'opération à réaliser, parce que cette
« affectation suppose une action du vendeur, soit
« directe, soit par mandataire ;

« Que si le navire était affrété à l'avance et que
« le vendeur voulût s'exonérer de toute garantie
« relativement à l'état de son navire au commen-
« cement du voyage, ce serait un cas exceptionnel
« qu'il aurait fallu préciser dans le traité de vente;

« Attendu que, dans la seconde hypothèse,
« Cayenne n'a été qu'un lieu de relâche du navire
« dans son voyage d'aller au lieu de charge;

« Attendu qu'il a été jugé que les risques de ce
« voyage rentrent dans l'accomplissement de la
« condition à laquelle est subordonné le marché
« lorsque, ainsi que dans l'espèce, il n'y a pas
« possibilité de se procurer des navires au lieu de
« charge;

« Attendu que ce voyage d'aller au lieu de
« charge, faisant partie de l'accomplissement de la
« condition, doit être soumis à des règles analo-
« gues à celles qui régissent le voyage du lieu de
« charge au port de destination; que, dans l'un et
« l'autre, la condition doit être accomplie de la
« manière que les parties ont vraisemblablement
« voulu et entendu qu'elle le fût; que dans un
« marché tel que celui dont il s'agit, les parties ont
« dû entendre ou que le navire serait pris sur le
« lieu, ou, en cas d'impossibilité, qu'il s'y rendrait
« le plus directement; que l'acheteur n'a pu en-
« tendre accepter que les risques inévitables pour
« la réalisation de l'opération;

« Attendu que ce n'est pas de cette manière que
« s'est fait le voyage d'aller de Gênes à Sierra-

« Leone ; que Cayenne n'est pas un lieu d'échelle
« dans un pareil voyage ; que le navire a dérouté
« sans nécessité et que les risques ont été aggravés ;
« que l'acheteur est donc fondé dans son action ;
    « Etc.... »

Ces considérations sont équitables et juridiques et on peut les considérer comme les véritables regles de cette délicate matière. Toutes ces règles se résument dans ce principe, c'est que les risques, auxquels les parties ont attaché l'effet de résoudre le contrat, ne doivent jamais être étendus au delà de l'intention commune du vendeur et de l'acheteur, et que si, par son fait, le vendeur aggrave ces risques en quelque manière, il est responsable, suivant les règles du droit commun, de toutes les conséquences de cette aggravation.

CHAPITRE V.

Lorsque la vente est résiliée pour défaut de désignation du navire dans le délai convenu, il faut, comme toujours, apprécier les dommages et intérêts qui pourront être dus par le vendeur d'après le cours du jour où la livraison aurait dû être effectuée. — Lorsque l'acheteur a prorogé le délai de la livraison, il faut se référer, pour l'évaluation des dommages et intérêts, au cours du jour où la livraison a été prorogée, et non à celui du jour originairement fixé pour la livraison.

Si le vendeur manque de livrer les marchandises au jour convenu, et que le défaut d'exécution de ses obligations puisse lui être imputé à faute, la résiliation de la vente pourra être prononcée contre lui, et en même temps il sera condamné à payer de justes dommages et intérêts.

On sait que le vendeur doit être réputé en faute, soit lorsqu'il n'a pas fait charger les marchandises en temps convenable, soit lorsqu'il a exposé le navire désigné pour le transport de ces marchandises à des dangers autres que ceux qui avaient été prévus dans la convention.

Les dommages et intérêts qu'il devra payer à l'acheteur seront toujours calculés, suivant le principe général de la matière, d'après le cours des marchandises au jour où elles auraient dû être livrées.

Il n'y a pas d'exception à faire à ce principe, pour le cas où la résiliation serait prononcée par ce motif que la désignation du navire n'aurait pas été faite en temps opportun. On a soutenu que, dans ce cas, les dommages et intérêts devraient être calculés d'après le cours du jour où la désignation aurait dû être faite; mais c'est une erreur évidente, car le défaut de désignation du navire ne peut faire résilier la vente qu'autant qu'il rend impossible, dans les conditions où elle avait été stipulée, la livraison des marchandises vendues; c'est toujours le défaut de livraison des marchandises qui est la véritable cause de la résiliation du contrat, c'est là la seule obligation dont le défaut d'exécution soit directement préjudiciable à l'acheteur et puisse entraîner une condamnation à des dommages et intérêts.

C'est donc toujours le préjudice causé à l'acheteur par le défaut de livraison des marchandises vendues qui doit être pris pour base des dommages et intérêts auxquels sera condamné le vendeur, et il est d'évidence que ce préjudice ne peut être apprécié que d'après le cours du jour où la livraison aurait dû avoir lieu.

Nous ne parlons ici que de ce premier élément du préjudice qu'on nomme, en doctrine, le *damnum emergens*, et qui consiste dans la différence entre le prix auquel la vente a été conclue et le cours en hausse du jour de la livraison.

Quant à ce second élément qui se fonde sur la privation de bénéfices éprouvée par l'acheteur à cause de la privation des marchandises vendues, nous nous bornerons à renvoyer aux règles générales de la matière, que nous avons exposées dans notre première partie.

La fixation des dommages et intérêts a donné lieu à quelques difficultés, dans le cas où l'acheteur, usant de la faculté qui lui avait été accordée dans le contrat, avait prorogé les délais pour la livraison.

Si, à l'expiration de ces délais ainsi prorogés, la livraison manque encore d'être effectuée, sur quelle base devront être calculés les dommages et intérêts : d'après le cours du jour où la livraison aurait dû avoir lieu originairement, ou d'après celui du jour où elle avait été prorogée par l'acheteur?

Pour nous, et malgré l'avis contraire de quelques auteurs, nous croyons qu'il n'y a pas à hésiter, et qu'on doit se placer, en ce cas, au point de vue du cours du jour auquel la livraison a été prorogée par l'acheteur.

La raison en est bien simple. Le défaut de livraison au jour originairement fixé donnait à l'acheteur le droit de résoudre le contrat ou de le proroger; s'il l'avait fait résilier, il aurait eu droit à faire apprécier les dommages et intérêts au point de vue du cours actuel; mais il a préféré proroger, il ne peut plus dès lors être question du jour originairement fixé pour la livraison, l'acheteur lui-même a effacé cette date du contrat pour lui en substituer une autre; cette dernière seule subsiste après la prorogation effectuée, et c'est à elle seulement que se rapportent désormais toutes les obligations du vendeur.

Si l'on nous objecte que, par le fait de cette prorogation, les dommages et intérêts pourront se trouver diminués, au grand préjudice de l'acheteur, nous répondrons que cela importe peu, dès lors que c'est lui-même qui a fait cette prorogation. Si elle le constitue en perte, il ne peut s'en prendre qu'à lui et à son imprudence d'avoir prorogé le marché.

Si l'on nous dit maintenant que la prorogation consentie par l'acheteur a pu être entachée d'erreur, de dol ou de violence, nous ne ferons aucune difficulté de reconnaître que cela est, en effet, fort possible, et que, en pareil cas, elle devrait être attaquée et annulée suivant les principes ordinaires de la théorie générale des obligations conventionnelles; mais cela ne nous empêche en rien de soutenir que, jusqu'à annulation prononcée de la prorogation, c'est seulement à la prorogation qu'il sera permis de se référer pour juger toutes les questions relatives aux obligations nouvelles et à la responsabilité du vendeur.

LIVRE III.

Des Ventes par filière.

CHAPITRE I.

DU CARACTÈRE ET DU MÉCANISME DE LA VENTE PAR FILIÈRE EN GÉNÉRAL.

La vente par filière se compose d'une série de ventes à
livrer successives, d'un premier vendeur à un dernier
acheteur, réceptionnaire des marchandises vendues. — La
vente par filière donne lieu à trois opérations distinctes. —
De la filière ou des ordres de livraison. — Du règlement de
la filière et du liquidateur.

Il arrive fréquemment dans les usages du commerce, que, des marchandises ayant été vendues à
livrer, avant le terme fixé pour la livraison, l'acheteur a revendu à un autre; celui-ci à un troisième;
le troisième à un quatrième, et ainsi de suite.

Cette suite de ventes donne lieu à trois opérations.

D'abord, l'époque fixée pour la livraison étant
arrivée; le vendeur primitif prévient, si toutefois
cela est nécessaire, son acheteur que la livraison
aura lieu dans quelques jours, et l'invite à se mettre en mesure de recevoir; celui-ci prévient le
deuxième acheteur, le deuxième prévient le troisième,
le troisième le quatrième, et ainsi de suite jusqu'au
dernier qui, n'ayant pas revendu, se met en mesure de recevoir. — Les lettres qui sont écrites pour

cet objet, et qui passent de mains en mains, sont qualifiées lettres de prévention. — C'est là la première opération.

La deuxième consiste à dresser les ordres de livraison, car, jusqu'alors, le vendeur primitif ignore quel sera le réceptionnaire, c'est-à-dire celui qui prendra effectivement livraison des marchandises. Or, voici ce qui a lieu. Le premier acheteur, Primus, donne ordre à son vendeur de livrer au deuxième acheteur, Secundus ; celui-ci donne ordre de livrer au troisième Tertius ; Tertius de livrer à Quartus, et ainsi de suite jusqu'à celui qui recevra effectivement. — Ces ordres de livraison signés et quelquefois collés les uns aux autres composent ce qu'on appelle la filière. — C'est la deuxième opération (1).

Le vendeur primitif, possesseur des marchandises vendues, fait la livraison matérielle et effective au dernier acheteur, qui doit alors le payer. — A ce moment commence la troisième opération qui consiste dans l'échange des factures. Le vendeur qui a effectué la livraison remet sa facture au premier acheteur, Primus, qui la paie en remettant au vendeur sa propre facture, à lui Primus, sur Secundus (2), sauf règlement de la différence entre les

____

(1) Il existe aussi, dans l'usage, des ordres de livraison qui contiennent la clause à ordre, et qui se transmettent alors par la voie de l'endossement.

(2) Souvent aussi le premier acheteur paie le vendeur primitif, livreur effectif des marchandises, intégralement en es-

deux factures échangées. Le vendeur, ainsi mis en possession de la facture de Primus sur Secundus,

pèces. Le règlement de compte par échange de factures ne se fait alors qu'entre le premier acheteur et les acheteurs subséquents.

Les diverses opérations de la vente par filière sont exposées dans une relation d'espèce, qui figure au tome XXVI du *Journal de jurisprudence commerciale* de Marseille, et que nous reproduisons ici.

En 1840, une vente par filière de 32 hectolitres d'huile d'olive à livrer, telle que ces sortes de ventes sont pratiquées à Marseille, a lieu du sieur Pellissier de Chabert aux sieurs Rabaud frères et C°; de ceux-ci au sieur Roustan fils, de celui-ci aux sieurs Honoré Guérin et C°, de ceux-ci aux sieurs Rocca et cousins, de ceux-ci aux sieurs Arlaud Binkhorst et C°, de ceux-ci au sieur Marcella, de celui-ci au sieur Mavrocordato, et enfin de ce dernier au sieur Savine fils.

Le sieur Pellissier de Chabert, vendeur primitif, était celui qui devait livrer les 32 hectolitres d'huile, objet de ces ventes successives. Le 25 mars, les sieurs Rabaud frères, premiers acheteurs, et vendeurs du sieur Roustan fils, délivrent à celui-ci un ordre de livraison sur le sieur Pellissier de Chabert.

Cet ordre, transmis par le sieur Roustan fils, passe successivement des mains de celui-ci dans celles des acheteurs subséquents, et arrive au sieur Savine fils, dernier acheteur, terminant la filière, lequel reçoit les huiles dont il s'agit du sieur Pellissier de Chabert.

Les sieurs Rabaud frères en paient le prix au sieur Pellissier de Chabert, qui leur en délivre la facture acquittée.

Il est question ensuite de régler la filière, c'est-à-dire le compte de chaque vendeur avec son acheteur, afin d'arriver jusqu'au dernier acheteur, réceptionnaire des huiles, et d'opérer le recouvrement du prix. Pour cela, d'après l'usage, chacun de ceux qui ont composé la filière doit, en recevant la facture de celui qui le précède, lui fournir la sienne sur l'acheteur venant immédiatement après lui et payer ou recevoir la différence entre la facture qu'il donne et celle qu'il reçoit.

Les sieurs Rabaud frères et C°, porteurs de la facture du

s'adresse alors à Secundus et obtient de lui, par le
même moyen, la facture sur Tertius; puis il s'a-

sieur Pellissier de Chabert, se présentent au sieur Roustan fils, et lui remettent la leur en échange de celle du sieur
Roustan sur les sieurs Guérin et C⁰; ils réclament ensuite de
ceux-ci leur facture sur les sieurs Rocca et cousins, en
échange de celle du sieur Roustan.

Mais les sieurs Guérin et C⁰ refusent, prétendant n'avoir
à régler qu'avec le sieur Roustan, leur vendeur, et compenser
avec lui la différence en moins du montant de leur facture sur
Rocca et cousins, comparé avec le montant de la facture de
Roustan sur Guérin et C⁰.

Le 13 mai 1840, les sieurs Rabaud frères et C⁰ assignent les
sieurs Guérin et C⁰ devant le tribunal de commerce pour qu'ils
aient à leur remettre leur facture sur les sieurs Rocca et
cousins en échange de celle du sieur Roustan fils, et à leur
payer la différence en moins qu'il y a entre la facture que les
sieurs Guérin et C⁰ remettront et celle des 3,625 francs qu'ils
recevront.

A défaut, les sieurs Rabaud frères et C⁰ demandent condamnation contre les sieurs Guérin et C⁰ au paiement des
3,625 francs, montant de la facture du sieur Roustan sur eux,
sauf, en ce cas, aux sieurs Guérin à suivre la filière et à recourir contre les sieurs Rocca et C⁰.

Les sieurs Guérin et C⁰ opposent que les sieurs Rabaud
frères et C⁰ n'ayant pas traité avec eux, n'ont aucune action
contre eux à raison des huiles dont il s'agit; que Guérin
et C⁰ n'ont à se régler à cet égard qu'avec le sieur Roustan fils,
en compensant avec lui la différence en moins entre leur facture sur les sieurs Rocca et cousins et la facture du sieur
Roustan sur eux.

La discussion entre les parties roule donc sur la question
de savoir si les sieurs Rabaud frères et C⁰, qui n'ont pas vendu
aux sieurs Guérin et C⁰, ont action contre eux, ou bien s'ils
n'en ont une que contre le sieur Roustan, ou bien encore s'ils
ne peuvent agir contre les sieurs Guérin et C⁰ que du chef
du sieur Roustan. Suivant les sieurs Rabaud frères et C⁰, ils

dresse à Tertius pour obtenir sa facture sur Quartus et ainsi de suite jusqu'au dernier acheteur récep-

ont une action personnelle et directe contre les sieurs Guérin et Cᵉ.

Ils sont vendeurs de l'huile qu'ils ont livrée par intermédiaire du sieur Pellissier de Chabert ; ils ont par conséquent tous les droits du vendeur pour obtenir paiement du prix.

Ils ont action contre les sieurs Guérin et Cᵉ, comme si ceux-ci avaient reçu eux-mêmes, puisque c'est sur l'ordre par eux remis à Rocca et cousins, et par ceux-ci aux acheteurs subséquents de la filière, que la livraison a été effectuée. Celui qui, en définitive, a reçu les huiles dont il s'agit représentait donc tous ceux qui figuraient dans la filière et spécialement les sieurs Guérin et Cᵉ.

Or, argumentent les sieurs Rabaud et Cᵉ, si les sieurs Guérin et Cᵉ avaient reçu personnellement les huiles de Rabaud frères et Cᵉ, pourraient-ils prétendre que ceux-ci sont sans action contre eux ? Ne seraient-ils pas incontestablement tenus jusqu'à concurrence du prix convenu entre eux et le sieur Roustan, leur vendeur ?

Eh bien ! n'est-ce pas la même chose, dès que la livraison a été faite de leur ordre au sieur Savine, dernier acheteur, terminant la filière ?

Par suite, ne sont-ils pas tenus de fournir titre à Rabaud frères et Cᵉ pour arriver jusqu'à celui qui a reçu les huiles ?

Lorsqu'on prend part à une filière, on s'oblige à tout ce que l'usage impose en pareil cas. L'usage du commerce veut qu'une filière se règle et se liquide par l'échange des factures de l'un à l'autre à partir du premier vendeur et par le paiement de la différence entre les diverses factures.

Donc les sieurs Guérin et Cᵉ, en recevant l'ordre de livraison de Rabaud frères et Cᵉ, et en le transmettant se sont obligés à concourir à la liquidation de la filière, à faire ce qui est d'usage ; ils ne peuvent s'y refuser.

Ils ne peuvent, à l'égard de Rabaud frères et Cᵉ, dont ils ont reçu les huiles, exciper d'une compensation entre eux et le sieur Roustan.

tionnaire, qui, n'ayant pas revendu, et n'ayant, par conséquent, aucune facture à remettre au ven-

Les 3,625 francs, prix dû par les sieurs Guérin et C*, sont dus à Rabaud frères et C*. Les sieurs Guérin et C* doivent les leur payer en espèces. En ce cas, tout sera fini pour Rabaud frères et C*; ou bien que les sieurs Guérin et C* les paient partie en espèces, et le complément en leur facture sur les sieurs Rocca et cousins. S'ils ne le font pas, ils doivent le paiement intégral en espèces.

Les sieurs Guérin et C* persistent dans leur exception et demandent que les sieurs Rabaud frères et C* soient déclarés sans action contre eux.

JUGEMENT.

Attendu qu'Honoré Guérin et C*, par ordre de livraison de mars dernier, ont chargé Joseph Roustan fils de livrer, pour leur compte, à Rocca et cousins, 32 hectolitres huile d'olive; que Rabaud frères et C* étaient les livreurs de ces mêmes huiles à Joseph Roustan fils;

Attendu que le règlement dudit ordre est arrêté par le refus que font Honoré Guérin et C* de remettre à Rabaud frères les factures sur Rocca et cousins, en recevant celle de Joseph Roustan fils, cédant desdits Honoré Guérin et C*; que ce refus de livrer facture de la part d'Honoré Guérin et C* n'est pas fondé, puisqu'il a été justifié que les 32 hectolitres huile d'olive ont été livrés à Rocca et cousins sur un ordre émané, comme il a été dit ci-dessus, de ces mêmes Honoré Guérin et C*;

Attendu que ce mode de règlement par ordre de livraison est conforme aux usages constants de la place;

Le tribunal, faisant droit à la demande des sieurs Rabaud frères et C*, ordonne que, dans les vingt-quatre heures de la signification du présent, les sieurs Honoré et C* remettront auxdits sieurs Rabaud frères et C* leur facture de 32 hectolitres d'huile d'olive dont il s'agit sur les sieurs Rocca et cousins, en échange de celle de Joseph Roustan fils, et leur paieront la partie du prix provenant de la différence entre la somme de 3,625 francs, montant de la vente faite par ce dernier aux sieurs Honoré Guérin et C*, et le montant de la fac-

deur en paiement de son prix, le paie intégralement en espèces.

D'autres fois, le réceptionnaire paie directement
le livreur, ce qui donne lieu à quelques modifications dans l'échange des factures dont nous avons
parlé.

A Marseille, il est d'usage que l'échange des factures et le règlement de la filière soient opérés par
un agent spécial appelé liquidateur. Au Havre, les
fonctions de liquidateur sont ordinairement remplies par le dernier acheteur. Sur ce point, les
usages varient avec les places de commerce.

ture que ceux-ci délivreront sur les sieurs Rocca et cousins;
autrement, et faute de ce faire, sans qu'il soit besoin d'autre
jugement, ni que la clause puisse être réputée comminatoire,
condamne, dès à présent, les sieurs Honoré Guérin et Cᵉ, en
faveur des sieurs Rabaud frères et Cᵉ, en paiement de la
somme de 3,625 francs, avec intérêts et dépens.

Du 9 juillet 1846, *Journal de Marseille*, Tome XXVI,
1ʳᵉ partie, p. 1.

CHAPITRE II.

Le vendeur par filière est tenu à la garantie suivant les règles
ordinaires de la vente, et non suivant les règles de la cession de créance. — La filière n'entraîne point d'obligation
solidaire entre les divers co-obligés. — Chaque vendeur ne
peut agir directement que contre son acheteur immédiat.—
Pourtant on admet généralement que le livreur a une action directe contre le réceptionnaire.

Ce que nous avons dit au chapitre précédent a
fait voir que les ventes intermédiaires de la filière
n'étaient, en aucune manière, translatives de propriété, et que tout se bornait, entre le vendeur et
l'acheteur, à une transmission de droits personnels.

On s'est fondé sur ce caractère spécial de la
vente dont nous parlons pour se demander si
elle ne devait pas être assimilée à la cession de
créance, au point de vue de la garantie. On sait que,
dans les ventes de droit commun, le vendeur est
obligé de garantir à l'acheteur la pleine propriété de
la chose vendue; dans la cession de créance, au contraire, le cédant ne doit garantie au cessionnaire que
de l'existence seulement du droit personnel cédé, au
moment de la cession, et abstraction faite de ce qu'il
pourra valoir par la suite. Or lequel de ces principes
faudra-t-il appliquer aux ventes par filière? Dira-t-on
que le vendeur doit garantir à l'acheteur le trans-

port de la propriété des marchandises vendues, ou seulement l'existence, au moment de la vente, d'une créance de marchandises sur le vendeur primitif? La question est importante; car si, au jour fixé, la livraison n'avait pas lieu, l'acheteur aurait un recours contre son vendeur, dans le premier système; il n'en aurait aucun dans le second. Quelle est la solution vraie de cette difficulté? Il faut répondre, croyons-nous, que le vendeur par filière est obligé à la garantie de droit commun, c'est-à-dire qu'il est personnellement engagé vis-à-vis de l'acheteur, à lui faire avoir la propriété des marchancises vendues.

Rien ne s'oppose assurément à ce que la cession de créance proprement dite ne puisse s'appliquer à une créance de marchandises cédée par un commerçant à un autre commerçant.

Un contrat, conclu dans ces termes, serait certainement valable, et devrait être interprété d'après les règles ordinaires de la cession de créance, et notamment d'après les articles 1693, 1694 et 1695 du Code civil, relatifs à la garantie.— Mais ce n'est point là le caractère que les usages commerciaux ont donné à la vente par filière.

Dans cette vente, le vendeur ne se borne pas à transmettre à l'acheteur les droits de créance sur les marchandises qui font l'objet du contrat, tels que ces droits pourront se comporter dans l'avenir; mais il s'oblige personnellement à livrer les marchandises vendues, avec cette clause spéciale toutefois que la livraison n'en sera pas effectuée directement par lui, mais par l'intermédiaire du vendeur primitif.

Chaque vendeur de la filière joue, en quelque sorte, le rôle de caution du vendeur primitif vis-à-vis de son acheteur.

Tous les vendeurs successifs qui ont figuré dans la filière sont donc obligés personnellement à la pleine et entière exécution du contrat. Mais il n'y a pas entre eux de solidarité. On s'est pourtant posé la question, en s'appuyant sur l'analogie qui existait entre la lettre de change et la vente par filière, surtout quand cette dernière est contractée avec la clause à ordre. Mais cette analogie n'est certainement pas suffisante pour faire admettre entre les vendeurs successifs de la filière une solidarité qui, suivant le principe de l'article 1202 du Code civil, ne doit jamais être présumée, et ne peut résulter que d'une convention expresse des parties ou d'une disposition formelle de la loi.

On s'est demandé aussi quelle était la situation respective de deux personnes comprises dans la filière, mais n'ayant pas contracté l'une avec l'autre. Supposons, par exemple, Primus vendeur primitif, Secundus premier acheteur et Tertius second acheteur. Quelle sera la situation de Primus vis-à-vis de Tertius, et réciproquement? Il n'est guère douteux que Tertius ne puisse agir directement contre Primus, et sans l'intermédiaire de Secundus, car ce dernier, en contractant avec lui, lui a nécessairement cédé tous ses droits contre Primus. Il n'est pas douteux non plus que Primus ne puisse actionner Tertius en paiement de son prix; mais pourra-t-il intenter cette action directement et en son nom personnel, ou bien seulement en tant que créancier de Secundus, et au nom de ce dernier, conformément à la règle de l'article 1166 du Code civil?

Cette question est plus délicate que celle que nous nous sommes posée précédemment. On l'a quelquefois résolue dans le sens de l'action directe et personnelle (1). Pour expliquer ce système, il faudrait dire que chaque vendeur de la filière est constitué, par les usages reçus en cette sorte d'opération, gérant d'affaires des vendeurs qui le précèdent dans la filière, vis-à-vis des acheteurs subséquents, et leur acquiert dès lors une action à l'effet d'exercer directement contre les acheteurs postérieurs, tous les droits qu'il pourrait lui-même exercer. Les vendeurs successifs qui ont figuré dans la suite d'opérations intervenues n'auraient, pour ainsi dire, pas eu d'autre mission que de rapprocher le vendeur primitif du dernier acheteur, réceptionnaire effectif des marchandises, et n'auraient gardé pour eux-mêmes que le caractère de parties accessoires et de cautions. Vis-à-vis de ceux qui les précèdent, ils seraient cautions du paie-

______

(1) Voir le jugement précité du tribunal de commerce de Marseille, en date du 9 juillet 1840.

ment du paiement du prix par ceux qui les sui-
vent; vis-à-vis de ces derniers, ils seraient cautions
de la livraison des marchandises par ceux qui les
précèdent.

Mais cette solution, pour pouvoir être admise,
aurait besoin d'être appuyée sur des usages constants; car elle constituerait certainement une dérogation aux principes ordinaires du droit. Or nous
ne croyons pas que les usages soient constants sur
ce point. Le Tribunal de commerce de Marseille a
modifié son ancienne jurisprudence dans un jugement du 26 avril 1858. Les usages ne sont donc pas
suffisamment établis pour motiver une dérogation
aux principes. Toutefois on admet généralement
que le livreur a une action personnelle et directe
contre le réceptionnaire (1).

(1) On peut consulter sur cette matière des ventes par filière
de nombreux documents de jurisprudence, notamment les
jugements du tribunal de commerce de Marseille, en date des
1er décembre 1870, 26 juillet 1871, 2 avril 1873.

CHAPITRE III.

DU RÈGLEMENT DE LA FILIÈRE.

La filière se règle par un échange de factures, avec paiement
de la différence, entre les acheteurs successifs de la filière.
— Renvoi pour les différents usages établis en cette matière. — Il est de règle établie par l'usage que le réceptionnaire ne peut valablement payer tant que le livreur n'a
as été désintéressé.

Nous avons exposé, dans le premier chapitre de
ce livre, les usages établis dans le commerce à
propos du règlement de la filière. Nous n'avons
pas à y revenir ici, mais seulement à dire quels
liens de droit ces usages créent entre les parties.

Bien que les usages existants en ce point soient
peu précis et essentiellement variables, cependant
il est certain que, à moins de convention contraire,
les parties doivent être réputées s'y être référées
pour le règlement de compte à intervenir entre
elles.

Le règlement se fera donc par un échange de
factures, avec paiement des différences, suivant
les formes établies sur les différentes places de
commerce.

Il est un point sur lequel les usages paraissent
constants, c'est que le réceptionnaire des marchandises est responsable du défaut de paiement du
prix de vente entre les mains du livreur. On ad-

met qu'il ne devient irrévocablement propriétaire
des marchandises livrées qu'autant que le livreur
a été payé, et que, faute de paiement, la vente pourrait être résolue à son préjudice. Ce principe se
formule d'ordinaire de la manière suivante : « Le
« réceptionnaire ne peut payer valablement qu'au-
« tant que le livreur a été désintéressé. »

Il a été rendu sur cette question de nombreuses
décisions judiciaires. Nous n'en citerons qu'une
seule, un arrêt de la cour d'Aix, en date du
29 août 1863 :

« Attendu, porte cet arrêt, que, d'après l'usage
« en matière de vente par filière, et d'après la na-
« ture même des choses, Savine fils, vendeur
« primitif d'une marchandise successivement re-
« vendue à diverses personnes et finalement à
« Montanaro, avait le droit, en le livrant à ce der-
« nier, d'en exiger de lui le paiement, et qu'il ne
« pouvait perdre ce droit que par une renonciation
« expresse ou tacite, ou en tant que, ayant laissé
« ignorer sa qualité de livreur au réceptionnaire,
« celui-ci aurait, dans cette ignorance, payé le prix
« à son vendeur immédiat ;

« Attendu que Montanaro, acheteur direct de
« Pernessin, n'a pu ignorer, en recevant la mar-
« chandise, qu'elle lui était remise par Savine, ven-
« deur primitif, puisqu'il l'a reçue sur des billets
« de poids portant : *Vendu par Savine, acheté par
« Montanaro*, et puisque, à cette occasion, il a
« acheté directement de Savine le reste de la car-

« gaison du navire *Golfe-Juan* où la livraison du
« blé lui était faite ;

« Attendu que, par une conséquence nécessaire
« de ce mode de livraison, il a su aussi que le li-
« vreur de la marchandise n'en avait pas encore
« reçu le prix, et que c'était au réceptionnaire
« qu'incombait la charge de le payer ;

« Attendu que les premiers juges ont eu tort de
« considérer Savine comme ayant renoncé à son
« droit en remettant sa facture sur Roger et com-
« pagnie, ses acheteurs directs, et en percevant
« ensuite, au moyen des échanges, celle de Per-
« bost-Tronchet et compagnie, vendeurs de Per-
« nessin ; qu'on ne saurait induire cette renoncia-
« tion tacite d'aucun de ces faits, ni d'aucun autre
« acte de la conduite de Savine. . . . .

« . . . .

« Attendu que la liquidation de la filière n'a pu
« être menée à bonne fin, parce que l'échange
« des factures s'est arrêté à Pernessin qui, au
« moment de tomber en faillite, ayant reçu le prix
« des mains de son acheteur avant d'avoir lui-même
« payé les marchandises, n'a plus eu ni argent
« ni facture acquittée à remettre à Perbost-Tron-
« chet et compagnie, ses vendeurs directs ; que
« cette fraude de Pernessin, vendant aux en-
« chères (1) des blés qu'il n'avait encore ni reçus

____

(1) Pernessin avait fait vendre publiquement, par le ministère d'un courtier de commerce, les blés, objet de la filière,
alors que, n'en ayant pas payé le prix, il ne pouvait que trans-

« ni payés, aurait manqué son effet si Montanaro,
« mieux avisé, n'avait pas commis la faute de
« payer promptement Pernessin, sans s'être assuré
« que le livreur avait été désintéressé, alors même
« que tout tendait à lui démontrer le contraire ;
« qu'il ne peut invoquer, pour son excuse, la clause
« du cahier des charges qui soumettait l'acheteur
« à payer dans les vingt-quatre heures, cette
« clause n'étant obligatoire pour lui qu'en tant
« que Pernessin lui aurait lui-même livré la mar-
« chandise ou aurait justifié de l'acquittement du
« prix ;

« Attendu que Montanaro a trop tôt payé Per-
« nessin pour pouvoir dire qu'il était induit à faire
« ce paiement par le retard qu'a mis le livreur à
« l'exercice de son droit et pour pouvoir y puiser
« une fin de non-recevoir contre l'action de Savine ;
« qu'il ne doit donc qu'à son imprudence l'obliga-
« tion où il se trouve de payer une seconde fois ; .

« Attendu qu'il est juste de le condamner en lui
« faisant l'application de ce principe salutaire
« sanctionné par la jurisprudence de la cour : *que
« le réceptionnaire ne peut payer son vendeur tant que
« le livreur n'a pas été désintéressé*, principe qu'il faut
« appliquer sévèrement si l'on veut maintenir
« l'honnêteté dans la vente par filière et assurer le
« commerce contre le retour de la fraude dont le

mettre les seuls droits résultant pour lui de l'ordre de livraison dont il était porteur.

« dernier vendeur s'est rendu coupable dans celle
« qui nous occupe ;

« Par ces motifs, etc... »

Cet arrêt fut déféré à la Cour de cassation, pour
violation ou fausse application des règles relatives
au paiement du prix de vente.

Le pourvoi fut rejeté par un arrêt de la chambre
des requêtes du 30 janvier 1865 (1).

(1) Voir Sirey, 1865, I, 403.

LIVRE QUATRIÈME.

Des ventes de marchandises entreposées. — Vente à la consommation. — Vente à l'entrepôt.

Les marchandises entreposées sont susceptibles d'être vendues
à la consommation ou à l'entrepôt. — Dans la vente à la
consommation, le vendeur s'oblige à livrer les marchandises, tous droits de douane acquittés. — Dans la vente à
l'entrepôt, l'acheteur se charge lui-même d'acquitter les
droits ; mais dans ce cas, il a un recours contre le vendeur,
si la marchandise est arrivée en France sur un navire
étranger. — De la vente à la consommation avec faculté
pour l'acheteur de recevoir à l'entrepôt, sous déduction des
droits de douane. — Lorsque les parties n'ont pas indiqué
expressément quels droits devaient être déduits du prix de
vente en cas de livraison à l'entrepôt, elles doivent être réputées avoir entendu parler des droits du jour de la livraison.

On sait que les entrepôts sont des magasins où
les commerçants peuvent, sous un simple droit de
magasinage, déposer les marchandises qu'ils re-
çoivent de l'étranger, et, par ce moyen, s'affranchir du paiement des droits de douane jusqu'au
jour de la sortie des marchandises dudit entrepôt (1).

(1) Voir : Décret du 22 août 1791. — Loi du 8 floréal an XI.
— Loi du 9 février 1832. — Ordonnance du 9 janvier 1818.
— Circulaire du 23 août 1821. — Circulaire du 15 février
1822. — Loi de douane du 17 juillet 1822. — Circulaire du
23 mai 1826. — Circulaire du 1er mars 1833. — Décision ad-
ministrative du 23 juillet 1839.

Les marchandises entreposées sont susceptibles d'être vendues comme toutes les autres.

Lorsque les parties sont convenues que l'acheteur recevrait les marchandises sur le poids de douane, elles sont censées s'être référées au poids qui a été constaté à l'entrée des marchandises dans les magasins de l'entrepôt. Mais cependant l'acheteur demeure libre de faire faire une seconde vérification du poids à ses frais et de régler son prix d'après cette seconde vérification.

Les marchandises entreposées sont vendues soit à la consommation, soit à l'entrepôt. Dans la vente à la consommation, le vendeur s'oblige à livrer les marchandises, tous droits de douane acquittés; dans la vente à l'entrepôt, au contraire, l'acheteur se charge d'acquitter lui-même les droits.

Mais, dans ce dernier cas, la marchandise vendue est toujours réputée être arrivée en France sur un navire français, et s'il en était autrement, le vendeur serait soumis au recours de l'acheteur pour l'excédant des droits qui auraient dû être payés.

Il n'y a guère de difficultés dans toutes ces règles d'usage; mais il nous faut discuter ici une question, qui n'est pas moins difficile qu'elle est grave et importante, sur laquelle la doctrine est jusqu'à présent restée muette, et à laquelle les tribunaux ne savent encore quelle règle ils doivent appliquer.

Supposons, pour plus de précision, que Primus a vendu *à la consommation*, et pour un prix déterminé, des marchandises   . . . .lus, mais avec faculté pour celui-ci de recevoir les marchandises à l'entrepôt sous déduction des droits. Les droits de douane, qui, au jour de la vente, étaient de 100, ne sont plus que de 50 au jour où Secundus opte pour la réception à l'entrepôt, et de 25 au jour convenu pour la livraison. Il s'agit de savoir quels droits, ceux de 100, ceux de 50 ou ceux de 25, il faudra déduire du prix qui devra être payé au vendeur. En d'autres termes, à qui, du vendeur ou de l'acheteur, profite la diminution des droits de douane, ou incombe, au contraire, la charge de leur augmentation?

Sur cette question, tous les systèmes ont été plaidés et tour à tour admis, puis rejetés par les tribunaux.

A Marseille, à Bordeaux et ailleurs, on a jugé qu'il fallait déduire les droits du jour de la vente; la Cour de cassation a décidé qu'il fallait déduire ceux du jour de l'option; la Cour d'Aix s'est prononcée pour ceux du jour de la livraison (1).

Un point qui n'est pas contestable, c'est que, si l'on peut trouver dans le contrat qui a été passé quelque indice capable de faire connaître l'intention des parties à ce sujet, il faudra décider d'après

(1) Aix, 4 août 1830. — 0 juin 1847. — 21 juin 1831.
Marseille, 0 septembre 1830. — 29 octobre 1843. — 30 mars 1847. — 0 octobre 1805.
Bordeaux, 13 février 1845. — 10 août 1851.
Cassation, 5 mars 1833. — 15 novembre 1858.

cette intention. Mais si le contrat ne contient aucune lumière sur ce point, d'après quelles règles se décidera-t-on?

Pour soutenir qu'il faut, dans le silence des parties, déduire les droits existants au jour de la vente, on peut raisonner de la manière qui suit.

Lorsque les parties ont contracté, le prix *à la consommation*, qui avait été fixé par elles, se composait de deux parties distinctes : l'une qui représentait la valeur intrinsèque des marchandises, l'autre qui représentait les droits que devrait acquitter le vendeur pour livrer à l'acheteur les marchandises vendues. Le prix à la consommation, déduction faite des droits de douane existants au jour du contrat, était donc considéré par les parties comme l'équivalent des marchandises livrées à l'entrepôt, c'est-à-dire comme l'équivalent de la valeur intrinsèque des marchandises.

Ceci posé, si l'acheteur, usant de la faculté qui lui a été accordée par la convention, se borne à réclamer au vendeur cette seule valeur intrinsèque des marchandises, abstraction faite des droits qui devront être payés pour que ces marchandises puissent être utilisées en France, n'est-il pas évident qu'il ne devra être payé au vendeur que cette partie du prix qui a été considérée dans le contrat comme l'équivalent exact de cette valeur intrinsèque, la seule chose qui lui soit réclamée au jour de l'exécution?

Cela revient à dire, comme nous l'avons expliqué plus haut, qu'il devra payer le prix fixé pour la vente à la consommation, déduction faite des droits existants au jour où la vente a été consentie.

Cette solution, qui paraît la plus rationnelle, au point de vue des principes, paraît aussi la meilleure au point de vue de l'intention probable des parties. Quand le vendeur a accordé à l'acheteur la faculté de recevoir à l'entrepôt, sous déduction des droits de douane, à quels autres droits est-il probable qu'il pensât, si ce n'est aux droits qui existaient au moment du contrat? Supposer que les parties ont entendu se référer aux droits qui seraient fixés dans l'avenir, ce serait les supposer capables de divination.

Cette interprétation est donc la plus vraisemblable, en même temps que la plus rationnelle.

Il est vrai que, dans ce système, le vendeur est à la merci de l'acheteur. Si les droits augmentent, l'acheteur choisira de recevoir à la consommation; s'ils baissent, au contraire, il choisira la livraison à l'entrepôt. Dans tous les cas, le vendeur n'a aucune chance de gain, et il peut se faire que l'élévation des droits de douane le constitue en perte.

On peut essayer de répondre à cette objection. Si les droits de douane sont élevés et que l'acheteur opte pour la réception à la consommation, le vendeur perdra, c'est vrai, une partie des avantages qu'il avait pu espérer de son contrat, mais de quoi pourrait-il se plaindre? La convention sera exécutée exactement comme elle avait été conclue. Si, au contraire, les droits sont abaissés, et que l'acheteur choisisse la livraison à l'entrepôt, il recevra un certain avantage qui n'avait pas été prévu au contrat, mais le vendeur, lui, ne perdra rien, car il recevra exactement ce qui, lors de la convention, avait été considéré par lui comme l'équivalent exact de ce qu'il livre à son acheteur. Il manquera de gagner, mais il ne perdra pas.

En résumé, dans ce système, le vendeur ne sera jamais constitué en perte, que quand le contrat sera exécuté comme il avait été conclu; si l'acheteur profite de la faculté qui lui a été consentie, le vendeur ne perdra point, il manquera seulement de gagner.

Ces observations sont assurément spécieuses; mais elles ne nous paraissent pas exactes.

Nous pensons que, dans le cas où aucune circonstance particulière du contrat ne fait connaître l'intention des parties relativement à la déduction des droits de douane, on doit déduire ceux du jour de la livraison.

Il ne faut pas perdre de vue que la vente sur laquelle nous discutons est une vente à la consommation. La faculté, pour l'acheteur, de recevoir à l'entrepôt est une clause exceptionnelle du contrat. En cas de doute, elle doit être entendue restrictivement, suivant les principes ordinaires de l'interprétation des conventions. Cela est d'autant plus nécessaire, dans la difficulté présente, que la faculté laissée à l'acheteur est une faculté exorbitante, qui n'est compensée par aucune faculté semblable du vendeur, et qui déroge, d'une manière grave, à l'égalité ordinaire de situation qu'une convention établit entre les parties.

Ces motifs exigent donc impérieusement que la faculté d'entrepôt laissée à l'acheteur soit restreinte dans les plus étroites limites, et interprétée avec la signification qui respectera le mieux la nature et les effets ordinaires de la vente à la consommation.

Or, dans cette vente, il est de règle que le prix est fixé d'une manière invariable et indépendante des fluctuations des tarifs de douane, que ces variations des tarifs de douane n'intéressent que le vendeur exclusivement.

Si l'on admettait que la faculté d'entrepôt permet à l'acheteur de déduire les droits de douane du jour de la vente, on bouleverserait toute l'économie du contrat. Le prix, qui, dans la vente à la consommation, est toujours invariablement fixé, varierait désormais avec toutes les fluctuations des tarifs ; ces fluctuations qui, dans la vente à la consommation, sont pour le vendeur exclusivement, passeraient à l'acheteur. Du contrat originaire de vente à la consommation, il ne resterait rien, et l'opération se trouverait transformée en une vente à l'entrepôt.

Ce n'est point en ce sens qu'il faut, suivant nous, interpréter la faculté d'option laissée à l'acheteur. Cette faculté doit être considérée comme n'entraînant, pour lui, que le droit de choisir le mode de livraison qui lui conviendra le mieux, suivant son intérêt du moment. La clause d'entrepôt nous paraît être exactement de même nature que cette autre clause qui donnerait à l'acheteur le droit de choisir entre une livraison du bord à quai, ou une livraison du bord en transbordement. Elle laisse subsister intégralement tous les effets de la vente à la consommation. Les variations des droits de douane restent pour le vendeur; le prix demeure invariablement fixé. Une seule chose est modifiée, la manière dont les parties exécuteront leurs obligations. Le vendeur livre à l'entrepôt, au lieu de livrer en dehors de l'entrepôt; l'acheteur, au lieu de payer le prix tout entier entre les mains du vendeur, ne lui en paie directement qu'une partie, et s'acquitte de l'autre par une sorte de dation en paiement, en le déchargeant de ses obligations vis-à-vis de la douane.

Pour résumer en deux mots tout notre système, la faculté d'entrepôt est une clause exceptionnelle du contrat, elle doit être entendue dans le sens avec lequel elle troublera le moins l'économie du contrat, qui est une vente à la consommation. Si l'on déduit les droits du jour de la vente, on modifie les obligations des vendeurs et les obligations de l'acheteur; si, au contraire, on déduit les droits du jour de la livraison, on laisse subsister, intégralement toutes les obligations qui sont nées du contrat, on ne modifie que la manière dont ces obligations seront exécutées. De ces deux significations de la faculté d'entrepôt, la seconde est celle qui respecte le mieux la nature et les effets du contrat de vente à la consommation; c'est donc elle qu'il faut adopter, dans le silence des parties.

LIVRE CINQUIÈME.

Des ventes de marchandises déposées dans les magasins généraux.

La vente des marchandises déposées dans les magasins généraux se traite ordinairement au moyen de la remise du récépissé. — L'acheteur a sur les marchandises des droits
plus ou moins étendus suivant que le récépissé seul lui a
été remis, ou qu'il a reçu tout ensemble le récépissé et le
warrant. — L'endossement du récépissé au nom de l'acheteur est nécessaire pour faire preuve de la vente.

Les ventes de marchandises déposées dans les
magasins généraux (1), sont soumises à certaines
règles spéciales, qu'il nous paraît utile d'exposer
ici brièvement.

On sait qu'il est remis au négociant, propriétaire des marchandises déposées dans ces magasins, deux bulletins contenant l'énumération des
nom, profession et domicile du déposant, la nature des marchandises et toutes les indications
propres à en établir l'identité et à en déterminer la
valeur. L'un de ces bulletins est appelé récépissé,
l'autre prend le nom de warrant. Ce dernier a pour
but de servir à la mise en gage des marchandises

(1) Voir décret du 21 mars 1848. — Arrêté du ministre des
finances du 26 mai 1848. — Décret de l'Assemblée nationale
du 23 août 1848. — Loi du 28 mai 1858. — Loi des 31 août,
— 1er septembre 1870.

déposées ; il est, par conséquent, étranger à notre sujet. Quand au récépissé, il est affecté à la vente des mêmes marchandises, et nous en devons dire quelques mots. Le récépissé représente la propriété des marchandises déposées dans les magasins généraux ; si le warrant y est adjoint, il représente la propriété pleine et entière de ces marchandises ; s'il est seul, et que le warrant en ait été détaché, il ne représente plus que la propriété, déduction faite d'un droit de gage qui appartient à un tiers créancier.

Suivant donc que le récépissé est transmis par le déposant à un acheteur avec ou sans le warrant correspondant, l'acheteur a acquis la propriété libre des marchandises énoncées au récépissé, ou seulement la propriété de ces mêmes marchandises, restreinte par le droit de gage dont elles sont grevées au profit d'un tiers.

Le récépissé, de même que le warrant, est transmissible par voie d'endossement. Cet endossement doit être daté, mais il n'est pas soumis aux autres prescriptions de l'articles 137 du Code de commerce, relatif à l'endossement des lettres de change (1).

Cet endossement est nécessaire au transport de la propriété des marchandises ; la loi n'accorde aucun droit au simple détenteur d'un récépissé non endossé à son profit (2). Mais il en serait différemment,

(1) Loi du 28 mai 1858, art. 5.
(2) Cassation, 19 décembre 1865.

cependant, s'il était prouvé que la simple remise
du récépissé avait, dans l'intention des parties, la
signification d'une translation de propriété. Ici, en
effet, comme partout ailleurs, et à moins d'exception formellement établie dans la loi, c'est la volonté des parties qui fait la loi de leurs conventions.
L'endossement du récépissé est nécessaire pour la
preuve de l'intention des parties; mais elle ne l'est
point pour la perfection même du contrat, sauf,
bien entendu, les droits qui pourraient être acquis
à des tiers.

Lorsque des marchandises ont été vendues, qui
étaient déjà constituées en gage au profit d'un
tiers, l'acheteur peut les libérer en payant la créance
à la garantie de laquelle elles sont affectées, même
avant l'échéance convenue. Si le porteur du warrant n'est pas connu, ou si, étant connu, il n'est pas
d'accord avec le débiteur sur les conditions auxquelles aurait lieu l'anticipation de paiement, la
somme due, y compris les intérêts jusqu'à l'échéance,
est consignée à l'administration du magasin général, qui en demeure responsable, et cette consi-
gnation libère la marchandise (1).

(1) Loi du 28 mai 1858, art. 6.

LIVRE SIXIÈME.

Des ventes publiques de marchandises.

Toute la législation actuelle sur les ventes publiques repose sur cette idée que les ventes publiques ne sont pas un mode régulier de faire le commerce.— Elle distingue les ventes publiques au détail, les ventes publiques en gros et les ventes forcées.

Toute notre législation sur la matière des ventes publiques de marchandises dépend de cette idée que la vente publique n'est point un mode régulier de faire le commerce, qu'elle doit donc être défendue en principe, et ne peut être autorisée que dans certains cas exceptionnels. Défendre d'y avoir recours, disait-on, c'est pourvoir à l'intérêt général de tous, sans ôter à personne l'usage d'une faculté légitime. Notre rôle dans ce travail est beaucoup plus d'exposer la loi, telle qu'elle est, que de chercher à la critiquer ou à la réformer. Nous n'insisterons donc pas sur cette prétention singulière et étrange du législateur de ranger à la fois le public et les commerçants dans la catégorie des incapables et de leur imposer une tutelle légale à l'effet de les préserver des dangers imaginaires d'une vente aux enchères publiques.

Quoi qu'il en soit de cette législation, et quoi qu'on en puisse penser, elle existe, et doit être obéie.

Elle distingue trois espèces de ventes publiques : les ventes en détail, les ventes en gros et les ventes forcées.

Les deux premières catégories sont les seules qui rentrent directement dans notre sujet. Les ventes forcées, en effet, ne sont pas, à proprement parler, des opérations commerciales, et devraient être rangées dans la classe des actes et voies d'exécution des obligations. Nous n'en dirons qu'un mot à la fin de ce livre, et seulement pour compléter le tableau que nous entreprenons ici des ventes publiques de marchandises.

CHAPITRE I.

Les marchandises neuves ne peuvent être vendues publiquement au détail que dans certains cas exceptionnels. — Exposé sommaire de la législation sur ce point. — Les marchandises qui ont servi peuvent être vendues publiquement au détail, sans autorisation spéciale.

Les règles de cette matière se trouvent dans la loi du 25 juin 1841.

L'esprit général de la loi est la prohibition absolue des ventes publiques de marchandises au détail. L'article premier de cette loi porte : « Sont inter-
« dites les ventes en détail des marchandises neuves
« à cri public, soit aux enchères, soit au rabais, soit
« à prix fixe (1), proclamé avec ou sans l'assistance
« des officiers ministériels. »

La loi, comme on le voit d'après le texte même de ce premier article, ne parle que des marchan-

(1) Mais est-ce que, par hasard, la loi défendrait aux commerçants de faire connaître publiquement le prix auquel ils offrent leurs marchandises ? Est-ce qu'il ne leur est pas permis de distribuer des prospectus, des prix-courants, de faire des affiches, de publier des annonces dans les journaux, etc... ? Tout cela leur est permis ; mais on leur défend d'avoir recours à un mode de publicité verbal. On voit dans quel système bizarre de contradictions singulières le législateur est tombé pour avoir voulu substituer au système naturel de la liberté commerciale celui d'une protection officielle sans raison d'être et sans fondement sérieux.

dises neuves. Les marchandises qui ont servi sont exceptées de ce vaste système de prohibition. Heureux privilége de l'âge !

Dans la discussion de la loi, on a essayé d'indiquer les motifs de cette distinction : « On conçoit, « disait M. Hébert, la formalité des enchères, en « tant qu'elle a pour but de faire vendre, au plus « haut prix possible, ou des objets dont le vendeur, « en raison de sa situation personnelle, n'a point, « selon la loi, le pouvoir de fixer et de débattre le « prix, ou des meubles qui, ayant servi, ne sont « plus marchandises, et n'ont plus ni prix courant; « ni valeur facilement appréciable (1). »

Nous avouons ne pas concevoir du tout la valeur des observations de M. Hébert, de même que nous ne comprenons pas comment des meubles qui, neufs, avaient la qualité de marchandises, perdent cette qualité en vieillissant. Mais nous n'en finirions pas s'il nous fallait relever toutes les inconséquences et les erreurs qu'on trouve dans cette loi de 1841.

Elle est encore en vigueur, et elle est formelle ; à ce titre, elle est digne de nos respects.

L'article 2 de cette même loi établit un certain nombre d'exceptions au principe de prohibition contenu dans l'article premier. Il est ainsi conçu : « Ne « sont pas compris dans cette défense les ventes

(1) Voir dans Duvergier : Lois, décrets, ordonnances, 1841, p. 303 et suivants, les curieux motifs de la loi que nous analysons en ce moment.

« prescrites par la loi, ou faites par autorité de jus-
« tice, non plus que les ventes après décès, faillite
« ou cessation de commerce, ou dans tous les autres
« cas de nécessité dont l'appréciation sera soumise
« au tribunal de commerce. Sont également excep-
« tées les ventes à cri public de comestibles et objets
« de peu de valeur, connus dans le commerce
« sous le nom de menue mercerie. »

Les ventes publiques de marchandises neuves,
qui ont lieu après décès ou par autorité de justice
sont faites selon les formes prescrites, et par les
officiers ministériels préposés pour la vente forcée
du mobilier, conformément aux prescriptions des
articles 625 et 945 du Code de procédure civile.

Les ventes de marchandises après faillite sont
faites conformément à l'article 486 du Code de
commerce, par un officier public de la classe que
le juge-commissaire aura désignée.

Les ventes après cessation de commerce, ou dans
les autres cas de nécessité prévus par l'article 2,
ne peuvent avoir lieu qu'autant qu'elles ont été
préalablement autorisées par le tribunal de commerce, sur la requête du commerçant propriétaire,
à laquelle doit être joint un état détaillé des mar-
-chandises.

Le tribunal doit constater, par son jugement, le
fait qui donne lieu à la vente; il indique le lieu de
son arrondissement où elle se fera; il peut même
ordonner que les adjudications n'auront lieu que
par lots, dont il fixera l'importance.

Il décide, d'après les lois et règlements d'attribution, qui, des courtiers ou des commissaires-priseurs et autres officiers publics, sera chargé de la réception des enchères.

L'autorisation ne peut être accordée pour cause de nécessité qu'au marchand sédentaire, ayant depuis un an au moins son domicile réel dans l'arrondissement où la vente doit être opérée.

Enfin des affiches, apposées à la porte du lieu où se fait la vente, doivent mentionner le jugement qui l'a autorisée. Toute contravention aux dispositions de la loi de 1841 est punie de la confiscation des marchandises mises en vente, et, en outre, d'une amende de 50 à 3,000 francs, qui sera prononcée solidairement contre le vendeur et contre l'officier public qui l'aura assisté, sans préjudice des dommages et intérêts, s'il y a lieu.

Sont passibles des mêmes peines les vendeurs ou officiers publics qui comprennent sciemment dans les ventes faites par autorité de justice, après décès, faillite, cessation de commerce ou dans les autres cas de nécessité prévus dans l'article 2 de la loi du 25 juin 1841, des marchandises neuves, ne faisant pas partie du fonds ou mobilier mis en vente.

———

CHAPITRE II.

DES VENTES PUBLIQUES EN GROS.

Les ventes publiques en gros sont vues par le législateur d'un œil moins défavorable que les ventes publiques au détail. — Suivant la qualité des marchandises, les ventes publiques en gros sont libres ou soumises à la nécessité d'une autorisation préalable.

Section Ire — *Des ventes qui ne sont soumises à aucune autorisation préalable.*

Avant 1858, toute vente publique en gros de marchandises neuves était soumise à la nécessité d'une autorisation préalable du tribunal de commerce. — Réformes de la loi du 28 mai 1858, complétées par le décret du 30 mai 1863. — Des formes dans lesquelles il doit être procédé aux ventes publiques de marchandises en gros.

Section II. — *Des ventes qui sont soumises à l'autorisation préalable du tribunal de commerce.*

Dans les cas de nécessité, les tribunaux de commerce peuvent autoriser la vente publique en gros des marchandises de toute espèce et de toute provenance. — Des formes dans lesquelles il doit être procédé à ces ventes.

Par suite d'une distinction dont nous ne comprenons pas bien les motifs, mais dont nous ne songeons pas à nous plaindre, les ventes publiques en gros ont toujours été vues par le législateur d'un œil moins défavorable que les ventes publiques en détail.

Jusqu'à la loi du 25 juin 1841, dont nous avons

avons parlé plus haut, et à celle du 28 mai 1858, dont nous parlerons tout à l'heure, cette séparation des ventes en gros et des ventes en détail était confuse et ne pouvait s'appuyer sur aucun texte précis. Les deux lois que nous avons citées l'ont accentuée nettement.

Les ventes publiques de marchandises en gros sont actuellement soumises aux prescriptions contenues dans les actes législatifs suivants :

1° La loi du 22 pluviôse an VII ;

2° Le décret du 22 novembre 1811 ;

3° Le décret du 17 avril 1812 ;

4° La loi du 15 mai 1818 ;

5° L'ordonnance du 1er juillet 1818 ;

6° L'ordonnance du 9 avril 1819 ;

7° La loi du 28 mai 1858 ;

8° Le décret du 12 mars 1859 ;

9° La loi du 3 juillet 1861 ;

10° Le décret du 30 mai 1863 ;

11° Le décret du 6 juin 1863 ;

12° Le décret du 7 octobre 1863 ;

13° La loi du 3 mars 1866.

Cette seule énumération suffira pour faire comprendre combien notre matière est compliquée.

Nous laisserons volontairement de côté un nombre considérable de détails qui, si nous voulions les exposer, ne demanderaient guère moins d'un volume d'explications. Nous nous bornerons exclusivement aux règles générales, et nous essaierons de mettre dans l'exposition de ces matières difficiles une clarté qui devrait toujours être une des qualités principales de la loi, et qui malheureusement lui fait complètement défaut sur le point en question.

La loi distingue deux sortes de ventes publiques de marchandises en gros. Les unes sont libres; les autres ne peuvent être faites qu'après autorisation préalable du tribunal de commerce.

Cette distinction est fondée sur la qualité des marchandises. Chacune de ces ventes est soumise à des règles spéciales, que nous exposerons séparément.

Section I. — Des ventes qui ne sont soumises à aucune autorisation préalable.

Jusqu'en 1858, aucune vente publique de marchandises ne pouvait avoir lieu sans autorisation préalable du tribunal de commerce. La loi du 28 mai 1858 a apporté sur ce point quelques tempéraments heureux à la rigueur excessive de la prohibition antérieure. Les marchandises, tant indigènes qu'exotiques, comprises dans le tableau annexé à cette loi, purent désormais être vendues, en gros, aux enchères publiques, sans qu'il fût besoin d'aucune autorisation préalable, et sous la seule réserve qu'elles seraient faites dans certaines formes déterminées. Mais le bienfait de la loi de 1858 ne s'appliquait qu'à un petit nombre de marchandises; le décret du 30 mai 1863 a complété les réformes commencées par la loi de 1858, et le tableau annexé à ce décret comprend un nombre si considérable de marchandises que nous sommes porté à croire qu'il en existe maintenant bien peu dont la vente publique, en gros, demeure subordonnée à l'autorisation préalable du tribunal, conformément à ce qui est encore, en droit, le principe général de la matière.

Le même décret du 30 mai 1863 indique les règles qui doivent être suivies dans les ventes dont nous parlons.

Il doit être procédé à la vente par le ministère d'un courtier.

La vente est faite à la Bourse ou dans les salles autorisées à cet effet. Toutefois le courtier est autorisé à vendre sur place, dans le cas où les marchandises ne peuvent être déplacées sans préjudice pour le vendeur, et où, en même temps, la vente ne peut être convenablement faite que sur le vu des dites marchandises.

Le courtier peut également vendre sur place dans le cas où il n'existe pas de Bourse ni de salle de vente autorisée dans la commune où la marchandise est déposée. Le lieu, les jours, les heures et les conditions de la vente, la nature et la quantité de la marchandise, doivent être, trois jours au moins à l'avance, publiés au moyen d'une annonce insérée dans l'un des journaux désignés pour les annonces judiciaires de la localité, et, en outre, au moyen d'affiches apposées à la Bourse, ainsi qu'à la porte du local où il doit être procédé à la vente et du magasin où les marchandises sont déposées.

Deux jours au moins avant la vente, le public doit être admis à examiner et vérifier les marchandises, et toutes facilités doivent lui être données à cet égard. Toutefois le président du tribunal de commerce du lieu de la vente peut, sur requête motivée, accorder dispense de l'exposition préalable lorsqu'il s'agit de marchandises qui, à cause de leur nature ou de leur état d'avarie, ne pourraient pas y être soumises sans inconvénients. Mais, en tous cas, des mesures doivent être prises pour qu'il soit permis au public de prendre connaissance des marchandises avant la vente.

Il est dressé et imprimé un catalogue des denrées et marchandises à vendre, lequel porte la signature du courtier chargé de l'opération. Ce catalogue est délivré à tout requérant.

Il énonce les marques, numéros, nature et quantité de chaque lot de marchandises, les magasins où elles sont déposées, les jours et les heures où elles peuvent être examinées, et le lieu, le jour et l'heure où elles seront vendues.

Sont mentionnées également les époques de livraison, les conditions de paiement, les tares, avaries et toutes les autres indications et conditions qui seront la base et la règle du contrat entre le vendeur et les acheteurs.

La formation préalable de lots distincts n'est pas obligatoire pour les marchandises en grenier ou en chantier. Si elle n'a pas lieu, le catalogue doit indiquer la cause qui empêche d'y procéder et la manière dont s'opérera la livraison. La même mention doit être reproduite dans le procès-verbal de la vente.

Lors de la vente, le courtier inscrit immédiatement sur le catalogue, en regard de chaque lot, le nom et le domicile de l'acheteur, ainsi que le prix d'adjudication. Les lots ne peuvent être, d'après l'évaluation approximative et selon le cours moyen des marchandises, au-dessous de 500 francs.

Ce minimum peut être élevé ou abaissé, dans chaque localité, pour certaines classes de marchandises, par arrêté du Ministre du commerce, rendu après avis de la Chambre de commerce et de la Chambre des arts et manufactures.

En cas d'avaries, les marchandises peuvent être vendues par lots d'une valeur inférieure au minimum fixé pour chacune d'elles, mais après autorisation donnée sur requête par le président du tribunal de commerce du lieu de la vente. Faute par l'adjudicataire de payer le prix dans les délais fixés, la marchandise est revendue, à la folle enchère et à ses risques et périls, trois jours après la sommation qui lui a été faite de payer, sans qu'il soit besoin de jugement (1).

(1) Le décret du 12 mars 1859 et celui du 3 mars 1860 ont permis de déroger à ces règles pour certaines ventes spéciales de marchandises, mais au profit de la place de Marseille seulement, sauf extension du même privilége à d'autres places de commerce.

Section II. — Des ventes qui sont soumises à l'autorisation préalable du tribunal de commerce.

Les tribunaux de commerce peuvent, après décès ou cessation de commerce, et dans les autres cas de nécessité dont l'appréciation leur est soumise, autoriser la vente aux enchères en gros des marchandises de toute espèce et de toute provenance (1).

L'autorisation est donnée sur requête, à laquelle doit être joint un état détaillé des marchandises à vendre. Ces ventes sont soumises aux prescriptions des articles 2, 3, 4, 5, 6 et 7 de la loi du 28 mai 1858 sur les ventes publiques de marchandises en gros, de même qu'aux dispositions des articles 3, 6, 20, 21, 22, 23, 24, 25, 26 et 27 du décret du 12 mars 1859, portant règlement d'administration publique pour l'exécution des lois du 28 mai 1858 sur les négociations concernant les marchandises déposées dans les magasins généraux, et sur les ventes publiques de marchandises en gros.

Les dispositions du décret de 1859 ont été modifiées et complétées par le décret du 6 juin 1863, relatif aux ventes publiques de marchandises en gros, spécialement autorisées ou ordonnées par la justice consulaire.

Le minimum de la valeur des lots est fixé à 100 francs. Mais ce minimum peut être abaissé

(1) Loi du 3 juillet 1861. Cette loi est la règle fondamentale de la matière.

par le tribunal ou le juge qui ordonne ou autorise la vente.

De plus, il appartient toujours au tribunal ou au juge qui ordonne ou autorise la vente, de désigner pour y procéder, un officier public autre qu'un courtier (1).

(1) Loi du 3 juillet 1861 sur les ventes publiques de marchandises en gros, art. 2.

CHAPITRE III.

Renvoi pour les ventes sur saisie. — De la vente du gage commercial.

Nous ne parlerons pas ici des ventes sur saisie, pas plus que de celles qui sont faites après faillite.

Nous dirons un mot seulement de la vente du gage commercial.

On sait que, faute de paiement à l'échéance, le créancier peut, huit jours après une simple signification faite au débiteur et au tiers bailleur de gage, s'il y a lieu, faire procéder à la vente publique des objets donnés en gage.

Relativement aux marchandises déposées dans les magasins généraux, la signification exigée par l'article 93 du Code de commerce se fait sous la forme d'une protestation de warrant.

Ces ventes doivent être faites dans les formes prescrites par le décret du 12 mars 1859, modifié par celui du 30 mai 1863.

Si les marchandises sont déposées dans des magasins généraux, l'administration de ces magasins est tenue de fournir toutes facilités au courtier chargé de la vente. Le minimum de la valeur des lots est fixé à 100 francs.

CHAPITRE IV.

DE LA GARANTIE DES VICES CACHÉS.

Il faut appliquer aux ventes publiques les dispositions de l'article 1649 du Code civil, d'après lequel, dans les ventes faites par autorité de justice, il n'est pas dû garantie par le vendeur des vices de la chose vendue.

Nous pensons que, dans les ventes publiques, le vendeur n'est jamais tenu de la garantie des vices cachés. L'article 1649 du Code civil ne le décide expressément, il est vrai, que pour les ventes faites par autorité de justice; mais nous croyons que cette exception doit être étendue à toutes les ventes publiques de marchandises.

Le motif qui sert de fondement à l'article 1649 est la publicité qui est donnée aux acquéreurs de vérifier par eux-mêmes la qualité des marchandises avant de les acheter. Or tous ces motifs se retrouvent dans toutes les ventes publiques de marchandises, sans exception.

LIVRE SEPTIEME.

Des achats et ventes d'animaux domestiques.

Les ventes d'animaux domestiques ont été soumises, par la loi du 28 mai 1818, à des règles spéciales, relativement à la garantie des vices cachés. — Énumération des vices rédhibitoires dans les ventes d'animaux domestiques. — L'acheteur a le droit de faire résilier le contrat, mais il ne peut faire réduire le prix de vente. — L'acheteur doit faire constater le vice rédhibitoire par experts nommés par le juge de paix. — Du délai dans le quel doit être provoquée l'expertise, et intentée l'action.

Les achats et ventes d'animaux domestiques ont été soumis par la loi du 20 mai 1838 à des règles spéciales relativement à la garantie des vices rédhibitoires. Ce sont ces règles qui feront l'objet du présent livre.

La loi de 1838 a dérogé en trois points à la législation ordinaire de la garantie :

1° Elle a enlevé à l'acheteur le droit d'obtenir une réduction du prix de vente, et ne lui a laissé que le droit de faire résilier le contrat ;

2° Elle a limitativement énuméré les vices qui seraient considérés comme rédhibitoires et donneraient lieu à la garantie ;

3° Elle a déterminé le délai dans lequel l'action devrait être intentée.

Auparavant, ce délai variait suivant les localités et la nature des vices. L'article 3 de la loi dont nous parlons l'a fixé à trente jours pour les cas de fluxion périodique des yeux et d'épilepsie ou mal caduc, à neuf jours pour tous les autres cas, non compris le jour fixé pour la livraison.

Si la livraison a été effectuée, ou si l'animal a été conduit, dans le délai ci-dessus, hors du lieu du domicile du vendeur, les délais sont augmentés d'un jour par cinq myriamètres de distance du domicile du vendeur au lieu où l'animal se trouve.

Mais cette prorogation ne s'applique qu'à la citation qui doit être signifiée au vendeur. Dans tous les cas, l'acheteur est obligé de provoquer une expertise dans le délai de trente jours ou de neuf jours suivant les cas.

A cet effet, il doit adresser requête au juge de paix du lieu où se trouve l'animal. Ce juge nomme, suivant l'exigence des cas, un ou trois experts qui doivent opérer dans le plus bref délai.

L'observation de ces délais est de rigueur. Il ne suffit pas que l'expertise ait été provoquée, il faut encore que la citation ait été signifiée dans les délais (1).

Les experts nommés doivent non-seulement

___

(1) La Cour de Paris, et divers tribunaux de première instance avaient décidé le contraire. Mais la Cour de cassation a établi dans plusieurs arrêts la véritable signification de la loi.

Voir Cassation: 23 mars 1840, 8 mai 1840, 17 mai 1847.

constater l'existence du vice, mais encore en indiquer la nature et en déterminer l'origine. Le vendeur, en effet, ne répond que des vices antérieurs à la vente; si l'animal vendu n'a contracté le vice rédhibitoire que postérieurement au contrat, les risques sont à la charge exclusive de l'acheteur. Il est même un cas où la loi présume que le vice est postérieur à la vente, et décharge le vendeur de toute garantie; c'est celui où il serait prouvé que le cheval, l'âne ou le mulet vendu, atteint de la morve ou du farcin, aurait été mis, depuis la vente, en contact avec des animaux atteints de ces maladies, ou bien, s'il s'agit d'un animal de l'espèce ovine, malade de la clavelée, que l'animal vendu aurait été mis en contact avec d'autres animaux malades de cette même maladie.

Mais, dans les autres cas, quelle sera la présomption qui devra être admise par les tribunaux? Si les experts, nommés dans les délais, constatent l'existence d'un vice rédhibitoire, sera-ce à l'acheteur de prouver que le vice était antérieur à la vente, ou bien, en cas de doute, cette antériorité devra-t-elle être présumée? MM. Troplong et Duvergier admettent cette présomption au profit de l'acheteur. Mais elle peut certainement être détruite par la preuve contraire, et l'opinion des experts sera toujours la base la plus sérieuse de la solution de la difficulté.

Sur les autres points de la matière, et notamment sur les effets de la clause de non-garantie, et sur la question des dommages et intérêts qui peuvent être dus à l'acheteur, la loi de 1838 n'a pas apporté de dérogation au droit commun.

Nous renvoyons, pour cette partie des règles de la garantie des vices cachés, aux observations que nous avons présentées dans notre première partie (1).

(1) Voir première partie, chap. 5, sect. 1, § 6.

LIVRE HUITIÈME.

Des marchés fictifs.

Le pari sur la hausse ou la baisse des marchandises est nul, alors même qu'il revêt les apparences d'une vente. — Comment on peut distinguer un pari d'une vente valable. — La différence, une fois payée par le perdant, ne pourrait pas être répétée.

La loi n'admet pas que le jeu et le pari puissent constituer des contrats valables, si ce n'est dans certains cas exceptionnels (1).

Les paris qui se font sous l'apparence mensongère d'une vente de marchandises à terme doivent être annulés. Mais comment distinguera-t-on un marché réel à terme d'un simple marché fictif? Et à quel signe reconnaîtra-t-on qu'un acte, qui présente les apparences extérieures d'une vente de marchandises, n'est dans la réalité qu'un pari?

La solution ne saurait être douteuse si les parties sont convenues que, faute de livraison au terme fixé, l'opération se liquiderait par le paiement de la différence entre le prix fixé et le cours des marchandises au jour de la livraison (1). Cette clause indique clairement, en effet, que l'acheteur n'a point d'action contre le vendeur, à l'effet de le contraindre à l'exécution du marché, et que toute l'al-

1) Article 1965 du Code civil.

faire s'est réduite, dans l'intention des parties, à un simple jeu sur la hausse ou la baisse des marchandises vendues. Lorsque cette clause n'a pas été expressément stipulée, peut-on la présumer d'après les circonstances, et si l'acheteur actionne le vendeur en délivrance, ce dernier peut-il le repousser par l'exception de jeu? L'affirmative a été, à diverses reprises, admise par la jurisprudence, et avec une entière raison, suivant nous (1); mais il faut que les circonstances soient de nature à démontrer que l'intention des parties a été de ne faire qu'un pari sur les marchandises vendues; en cas de doute, on devrait réputer le marché sérieux et en ordonner l'exécution (2).

Les paris sur la hausse ou la baisse des effets publics constituent un délit; il est prévu et puni par l'art. 421 du Code pénal. Il n'en est point de même des paris sur la hausse ou la baisse des marchandises. Ils sont nuls et de nul effet, mais ils ne sont pas délictueux. Ils produisent cependant ce résultat contre le commerçant qui s'y est livré que, s'il tombe en faillite et s'il a consommé de fortes sommes dans des opérations fictives sur des marchandises, il doit être déclaré banqueroutier simple (3).

De plus, si la situation des parties avait déjà été

(1) Marseille, 11 février 1823. — 17 mars 1820. — 7 août 1827. — 17 août 1838.

(2) Marseille, 3 septembre 1838. — Cour de Bordeaux, 18 février 1843. — Marseille, 11 mai 1851. — Cour d'Aix, 11 novembre 1850.

(3) Code de commerce, art. 585.

Couetoux. 19

liquidée par le paiement de la différence, l'art. 1967 du Code civil décide que le perdant ne pourrait répéter ce qu'il aurait ainsi volontairement payé, à moins qu'il n'y ait eu, de la part du gagnant, dol, supercherie ou escroquerie.

LIVRE NEUVIÈME.

Des achats et ventes de navires.

Nous ne traitons que des achats et ventes de marchandises entre commerçants, et la vente des navires se trouve en dehors de notre cadre.

Nous ne signalons ici cette espèce de vente que pour faire remarquer qu'elle est assujettie à des règles spéciales.

L'art. 195 du Code de commerce porte que « la « vente volontaire doit être faite par écrit et peut « avoir lieu par acte public ou par acte sous signa- « ture privée. »

« Elle peut être faite pour le navire entier ou pour « une portion du navire, le navire étant dans le « port ou en voyage. »

On admet généralement que l'écrit dont parle l'art. 195 est exigé seulement pour la preuve, et non pour la validité du contrat.

LIVRE DIXIÈME.

Nous avons dit ailleurs que le contrat par lequel un commerçant s'oblige à livrer des marchandises à un autre commerçant, qui s'oblige, en retour, à lui livrer d'autres marchandises, constituait un contrat d'échange, et non un contrat de vente.

Du reste, l'échange est soumis aux mêmes règles et produit les mêmes effets que la vente, si ce n'est que chaque partie a les droits d'un acheteur et les obligations d'un vendeur.

Il faut pourtant noter une différence importante entre la vente et l'échange des marchandises. Nous avons exposé, à propos du droit de rétention, que le vendeur avait le droit, lorsque la vente était au comptant, de revendiquer son droit de rétention pendant huit jours, à compter de la livraison. C'est là un privilége spécial au vendeur, et le coéchangiste ne pourrait pas, croyons-nous, le réclamer.

POSITIONS

DROIT ROMAIN

I. Même dans les premiers temps de l'époque classique, la stipulation de garantie exigée par l'acheteur lors de la vente, lui permettait d'exercer un recours contre le vendeur, dans le cas d'une éviction réalisée au profit d'un tiers.

II. Dans certaines ventes, le vendeur est obligé de fournir à l'acheteur la *cautio duplæ*. Si cette caution n'a pas été donnée, l'acheteur peut agir *ex empto*, et obtenir une condamnation au double contre le vendeur. Mais, dans ce cas, les effets de la condamnation sont subordonnés à l'éviction de la chose vendue.

III. Quand l'acheteur a connu, lors de la vente, le danger d'éviction qui le menaçait, il ne peut agir en garantie contre le vendeur, même à l'effet d'obtenir restitution du prix qu'il a payé.

IV. Le vendeur n'est garant de la revendication par un tiers d'une servitude sur le fonds vendu, que s'il a vendu ce fonds, *uti optimus maximus*. Mais sa responsabilité serait suffisamment engagée dans ce cas par une simple réticence ou dissimulation.

V. L'action *ex empto* n'est pas novée par la *stipulatio duplæ*.

VI. L'erreur de droit ne peut en général servir de fondement à la *condictio indebiti*.

DROIT FRANÇAIS

VII. Un enfant naturel reconnu ne peut être adopté par ses parents.

VIII. Les dispenses de mariage accordées aux beaux-frères et belles-sœurs ne leur permettent pas de légitimer leurs enfants nés avant le mariage.

IX. L'enfant né pendant le mariage, mais conçu avant, n'est pas légitime, si, au moment de sa conception, ses parents n'étaient pas libres de contracter mariage.

X. La nullité d'une vente, pour cause de dol, peut être poursuivie contre un tiers acquéreur.

XI. La cession consentie par un héritier à son cohéritier est assimilée à un partage, alors même qu'elle ne fait pas cesser l'indivision d'une manière complète.

XII. La ratification, par le mari, d'un contrat passé par sa femme sans son autorisation, ne valide pas le contrat à l'égard de la femme.

XIII. Le droit de revendication du quatrième paragraphe de l'article 2102 doit être entendu dans le sens de la revendication du droit de rétention.

DROIT COMMERCIAL.

XIV. La vente par correspondance se forme au moment où celui qui a reçu les offres manifeste son acceptation.

XV. Quand les marchandises sont vendues en bloc, la vente est parfaite, et la propriété est immédiatement transférée à l'acheteur, lors même que le prix a été déterminé à tant la mesure.

XVI. La faculté de dégustation dont il est parlé dans l'article 1587 du Code civil doit être interprétée, dans les ventes commerciales, suivant l'intention des parties.

XVII. Dans les ventes de marchandises disponibles, la clause : *vue en sus* est toujours présumée, sauf stipulation contraire. Elle a cette signification, que l'acheteur demeure libre de se départir du contrat, tant qu'il n'a pas vu et agréé les marchandises vendues.

Mais il est tenu de se décider dans un bref délai.

XVIII. La vente commerciale est résolue de plein droit, et sans sommation, au profit du vendeur, à l'expiration du terme convenu pour le retirement.

XIX. Dans les ventes par filière, le réceptionnaire ne peut payer valablement que quand le livreur a été désintéressé.

XX. Dans les ventes par navire *à désigner* dans un certain délai, le défaut de désignation, dans le délai convenu, transforme le marché en marché ferme.

XXI. Dans les ventes à la consommation, avec faculté, pour l'acheteur, de recevoir à l'entrepôt sous déduction des droits de douane, les parties doivent être présumées avoir entendu parler des droits existants au jour de la livraison.

XXII. Le créancier, porteur d'engagements solidaires de plusieurs commerçants en faillite, peut figurer dans chacune de ces faillites pour la valeur nominale de son titre, alors même qu'elles ne sont pas simultanées.

ANCIEN DROIT.

XXIII. Le régime de la communauté de biens entre époux est d'origine franque.

XXIV. Il en est de même de la règle : *gignuntur heredes, non scribuntur*.

XXV. Les Scabini furent, sous les Carlovingiens, ce qu'étaient les Rachimburgii sous les Mérovingiens.

DROIT DES GENS ET DROIT PUBLIC.

XXVI. Les impôts qui avaient été prélevés par le gouvernement insurrectionnel de la commune ne pouvaient plus être perçus par le gouvernement régulier.

XXVII. L'étranger, divorcé suivant la loi étrangère, ne peut pas se marier en France.

XXVIII. Le mineur étranger qui, aux termes de la loi étrangère, a hypothèque légale sur les biens de son tuteur, peut exercer ce droit d'hypothèque sur les biens de son tuteur situés en France.

DROIT CRIMINEL.

XXIX. L'action en adultère n'est pas éteinte par le décès du mari, survenu au cours de l'instance.

XXX. L'article 59 du Code pénal doit être interprété dans ce sens que le complice est passible des mêmes peines qu'il aurait encourues s'il avait été auteur principal.

XXXI. L'action publique en banqueroute n'est pas subordonnée à la déclaration de la faillite par le tribunal de commerce.

Vu par le Président de la thèse,
RATAUD.

Vu par le Doyen de la Faculté,
COLMET-DAAGE.

Vu par le Vice-Recteur de l'Académie,
A. MOURIER.

PREMIÈRE PARTIE.
Achats et ventes en général.

CHAPITRE PREMIER.
DES CARACTÈRES GÉNÉRAUX DES ACHATS ET VENTES DE MARCHANDISES ENTRE COMMERÇANTS.

Critérium de la distinction des opérations civiles et des opérations commerciales. — Erreur de ceux qui trouvent ce critérium dans la spéculation. — Les opérations commerciales sont celles qui favorisent la circulation des biens. — Conséquence de ce principe au point de vue de la distinction des ventes civiles et des ventes commerciales. — De la vente contractée entre un auteur et un éditeur. — Vente d'une œuvre dramatique à un entrepreneur de théâtre. — Vente par un propriétaire des fruits récoltés sur ses terres. — Vente de produits manufacturés. — Vente par un propriétaire des produits de ses terres, après qu'il les a soumis à une préparation industrielle. — Parallèle de la vente civile et de la vente commerciale. — La vente civile a ordinairement pour objet un corps certain ; la vente commerciale a presque toujours pour objet des corps incertains. — Conséquence du fait précédent au point de la translation de la propriété (renvoi au chap. V). — De la vente de la chose d'autrui. — L'acheteur civil achète pour lui-même ; l'acheteur commerçant achète pour revendre : conséquences. — Les ventes commerciales exigent célérité et bonne foi : conséquences quant aux modes de preuve qui peuvent être admis en justice. — Définition de la vente commerciale. 13

CHAPITRE II.
QUI PEUT ACHETER ET VENDRE COMMERCIALEMENT.

Toute personne, capable de contracter, peut acheter et vendre commercialement, si elle n'est comprise dans un des cas d'exception qui ont été prévus par la loi. — Certaines prohibitions d'acheter et vendre sont communes aux ventes civiles et aux ventes commerciales ; d'autres s'ap-

CHAPITRE V.

DES EFFETS DES ACHATS ET VENTES.

CHAPITRE VI.

DES CAUSES DE NULLITÉ ET DE RÉSOLUTION DES ACHATS ET VENTES DE MARCHANDISES, ET ACCESSOIREMENT DU DROIT DE RÉTENTION, DU LAISSÉ POUR COMPTE ET DU REMPLACEMENT.

SECTION I. — DES CAUSES DE NULLITÉ DES ACHATS ET VENTES DE MARCHANDISES.

CHAPITRE VII.

THÉORIE DES RISQUES.

Une chose périt pour tous ceux qui ont sur elle des droits
réels ou des droits personnels. — Dans quel sens il faudrait entendre la règle: *res perit domino*, pour qu'elle de-
vînt exacte. — Dans une vente, quand la chose vendue
périt par cas fortuit, les obligations de l'acheteur subsistent-
elles vis-à-vis du vendeur? — Il faut distinguer: si la
perte de la chose est postérieure à l'exécution des obligations du vendeur, celui-ci conserve ses droits contre l'acheteur; si, au contraire, la perte est antérieure à l'exécu-

CHAPITRE VIII.

THÉORIE DES DOMMAGES ET INTÉRÊTS

SECTION I. — DES DOMMAGES ET INTÉRÊTS AUXQUELS PEUT ÊTRE CONDAMNÉ L'ACHETEUR.

SECTION II. — DES DOMMAGES ET INTÉRÊTS AUXQUELS PEUT ÊTRE CONDAMNÉ LE VENDEUR.

DEUXIÈME PARTIE

Des règles spéciales à certaines espèces parti-culières d'achats et ventes de marchandises.

LIVRE PREMIER.

De la vente à livrer.

CHAPITRE Ier.

DU CARACTÈRE PROPRE DE LA VENTE A LIVRER ET DE SA VALIDITÉ.

CHAPITTRE II.

DE LA LIVRAISON DES MARCHANDISES VENDUES.

LIVRE II.

De la vente par navire désigné ou à désigner.

CHAPITRE I.

DU CARACTÈRE DISTINCTIF DE LA VENTE PAR NAVIRE DÉSIGNÉ OU A DÉSIGNER.

CHAPITRE II.

DE LA DÉSIGNATION DU NAVIRE ET DES OBLIGATIONS DU VENDEUR EN GÉNÉRAL.

CHAPITRE III.

DES CONSÉQUENCES DU DÉFAUT DE DÉSIGNATION DU NAVIRE
DANS LE DÉLAI CONVENU.

CHAPITRE IV.

DES RISQUES DE MER ET DE LA RÉSILIATION DU CONTRAT.

CHAPITRE V.

DES DOMMAGES ET INTÉRÊTS

LIVRE III.
Des Ventes par filière.

CHAPITRE I.

DU CARACTÈRE ET DU MÉCANISME DE LA VENTE PAR FILIÈRE
EN GÉNÉRAL.

La vente par filière se compose d'une série de ventes à

CHAPITRE II.

DES VENTES PUBLIQUES EN GROS.

CHAPITRE III.

DES VENTES FORCÉES.

CHAPITRE IV.

DE LA GARANTIE DES VICES CACHÉS.

LIVRE SEPTIEME.

Des achats et ventes d'animaux domestiques.

LIVRE HUITIEME.

Des marchés fictifs.

LIVRE NEUVIÈME.

LIVRE DIXIÈME.

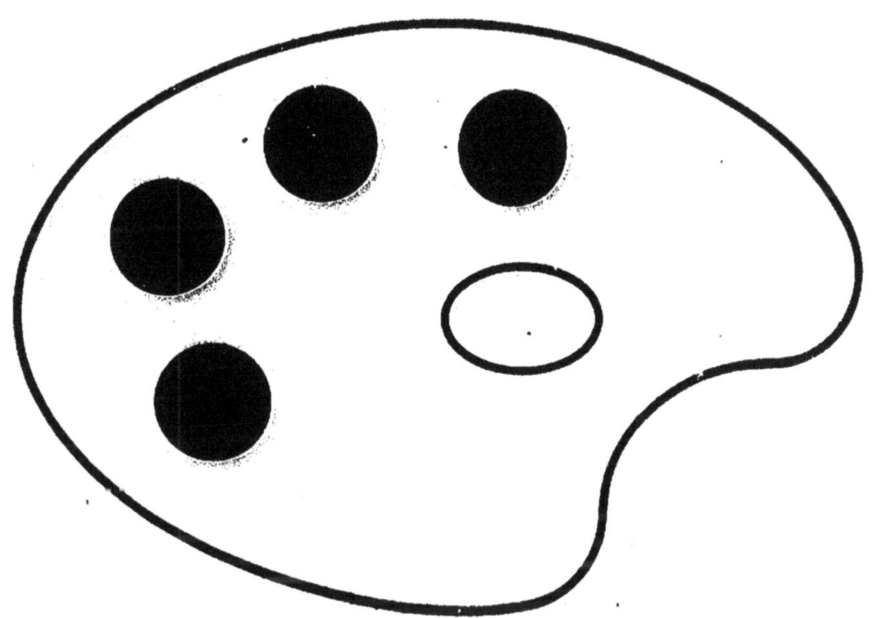

Original en couleur
NF Z 43-120-8

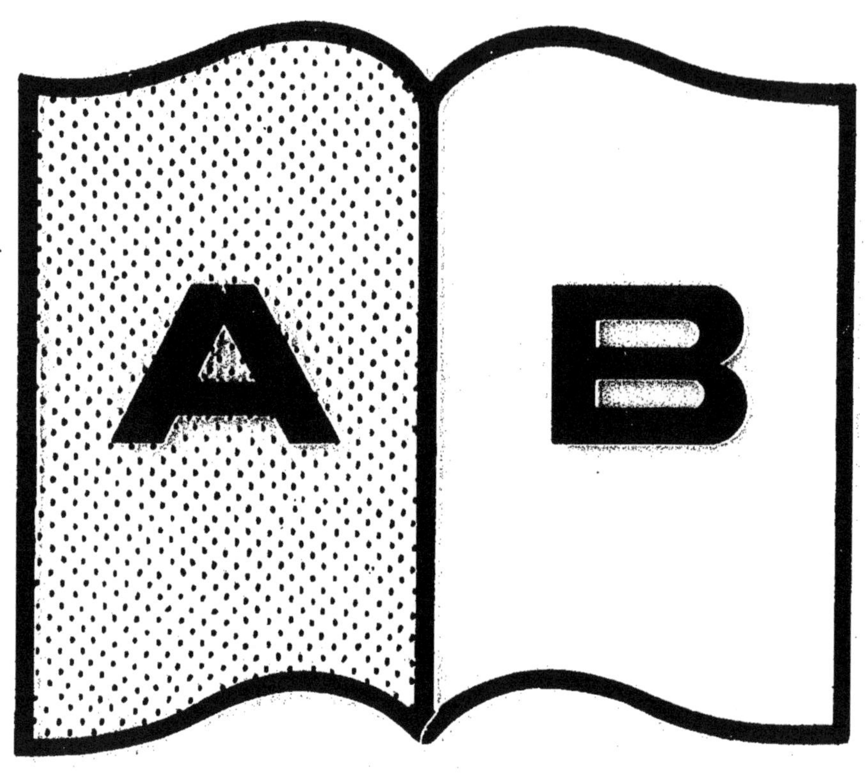

Contraste insuffisant

NF Z 43-120-14

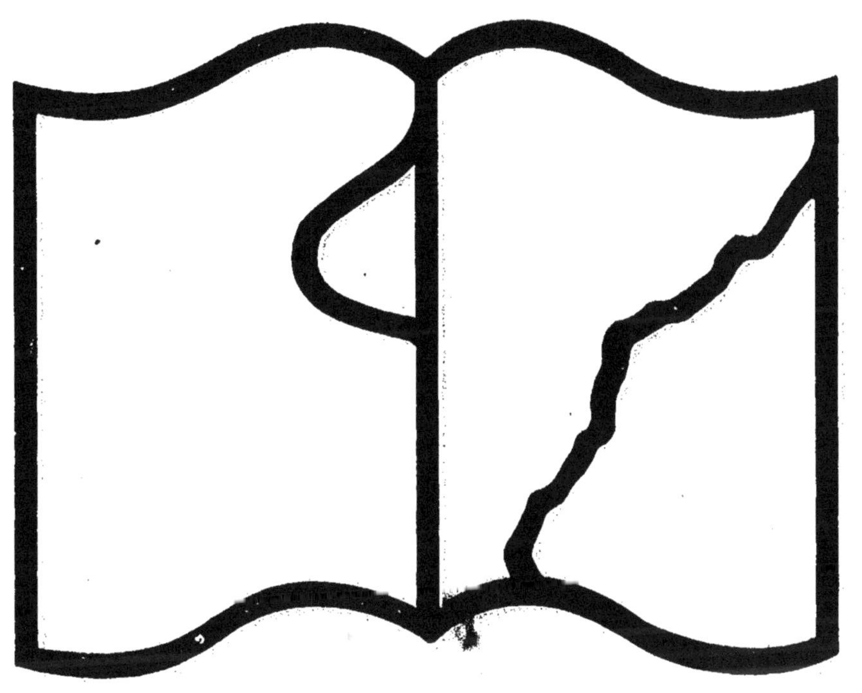

Texte détérioré — reliure défectueuse

NF Z 43-120-11

www.ingramcontent.com/pod-product-compliance
Ingram Content Group UK Ltd.
Pitfield, Milton Keynes, MK11 3LW, UK
UKHW020720120726
13693UKWH00001B/86